安田一郎［著］
安田宏［編］

ゾルゲを助けた医者

安田徳太郎と〈悪人〉たち

青土社

ゾルゲを助けた医者＊安田徳太郎と〈悪人〉たち

＊引用は、韻文以外は新字新仮名遣いに改めた。また、著者の言葉で要約した部分がある。
＊引用中の［ ］は安田一郎、編者による注記を示す。
＊参考文献の詳細は巻末にまとめた。なお、本文中に繰り返し出てくるため略記した書名は以下の通りである。
・『選集』――『安田徳太郎選集　二十世紀を生きた人びと』
・『資料1～3、24』――『現代史資料1　ゾルゲ事件（一）』、『現代史資料2　ゾルゲ事件（二）』、『現代史資料3　ゾルゲ事件（三）』、『現代史資料24　ゾルゲ事件（四）』
＊引用文中には一部不適切な表現が含まれるが、史料としての意味を鑑み、そのまま掲載した。

はじめに

本書の主人公である私の父・安田徳太郎は、フロイトを初めて日本に紹介したり、戦後『人間の歴史』（光文社）を出版してベストセラーになったこともある人ですが、本業は医者でした。しかし戦前は、たびたび検挙され、存命中は得体がしれない、悪名の高い人間と見られていました。

戦後父は芝の白金に住んでいました。老松のあるいい家でした。家の前の道を隔てて、三階建ての小学校が建っていました。あるときその一つの窓から、小学生でない成人男性の顔が見えました。当方がその方角を見ると、その顔は隠れてしまい、当方が隠れると、その顔は窓ガラス越しに現われました。小学校の三階の窓から見ると、私の家の玄関が見下ろすように見え、家に出はいりする人がよく見えるのです。このような状態が何日も続くので、これは、警察の張込みなのだと思いました。すると、父の所に出入りする人を調べているとしか考えられません。

またあるとき、アメリカ軍のジープが来て、父は連れて行かれました。帰りもジープで送られてきました。父が帰ってから聞くと、虎ノ門の米軍のＣＩＡ（Central Intelligence Agency）に連れて行かれたということでした。この場合の「インテリジェンス」は情報とか諜報という意味です。そこから二、三回訊問に呼び出されて、最後に「ドクター・ヤスダ。あなたは日本でもっとも好ましくない人物だ。いずれ沙汰があるから、自宅にいるように」と言われたということでした。父は、「こりゃー、重労働何年かの判決を受けるかもしれない」と観念したそうです。しかしその後、米軍からなにも言って来ませんでした。このとき父はちょうど五〇歳で、人生六〇年といわれた時代ですから、先もあまりないと思ったのでしょう、以来政治には一切かかわらなくなりました。このように父は、アメリカ軍諜報部にもマークされていた「悪名」高き人物です。

「類は友を呼ぶ」といいますが、「悪名」高き父のまわりには、かつては同じように悪名の高い人が出入りしたのでしょう。それで私がかいま見たそういった人の列伝を、「悪人列伝」のような具合に書いてみたのが本書です。

『悪人列伝』というと、私が真っ先に連想するのは、海音寺潮五郎氏の著書です。この本は、弓削道鏡とか、北条高時とか、徳川綱吉とか、田沼意次といった日本史上の悪名高き人物を論じた評伝で、名著の誉れ高いものです。この本を見ると、悪名高きこれらの人物は忠勇無双の人物ではないかという思いにかられます。私がかいま見た人々もそういう人物でなかったかしらと思います。

父とそのまわりの人々について書きながら、はからずも近代日本の一時代を振り返る仕事になりました。

二〇一三年三月一日

安田一郎

主な登場人物

＊順序はおおむね登場順

●**安田徳太郎**　本書の主人公。医師、著述家、翻訳家。京都の「浮舟園」（花やしき）に育ち、共産党シンパとして複数回検挙される。著書に『人間の歴史』、翻訳にフロイド『精神分析入門』、フックス『風俗の歴史』など多数。

●**山本宣治**　生物学者。労働農民党代議士として、治安維持法改正緊急勅令事後承諾案にただひとり反対し、その夜刺殺される。徳太郎の従兄弟。

●**堀口大学**　詩人、フランス文学者。『月下の一群』等の名翻訳により文壇に多大な影響を与えた。徳太郎にとっては叔母の夫の姉の子であることが判明。

●**大隈重信**　政治家、早稲田大学創始者。山本宣治は少年時代、大隈邸に住み込みで働き、花卉栽培の一部を任されていた。

●**山本たね**　山本宣治の母（徳太郎の伯母）で、京都「浮舟園」（花やしき）の経営者。朝日新聞の名物編集長・渋川玄耳や長谷川時雨の『美人伝』により新聞に紹介される。

●**久布白落実**　廃娼運動家。近代日本を牽引したジャーナリスト、思想家である徳富蘇峰とその弟の小説家・蘆花は叔父にあたる。安田一郎の祖母あこがれの人。

●**竹久夢二**　大正ロマンを代表する画家で、美人画で有名。花やしきに宿泊し、徳太郎のあこがれをかき立てる。

●**島村抱月・松井須磨子**　近代の新劇指導者と女優。イプセン『人形の家』やトルストイ『復活』の「カチューシャの唄」が大評判をとった。花やしきに宿泊し、素顔を徳太郎に見られる。

●**島崎藤村**　詩人、小説家。代表作は『破戒』、『春』などの自然主義作家。徳太郎と文通していた洋画家・宇和川通喩とパリで交流があったか。

●**近松秋江**　小説家。代表作に『別れたる妻に送る手紙』など。花やしきに逗留し、徳太郎の進路決定に重大な影響を与えた。

●**副島八十六**　日印協会理事。花やしきで出会った徳太郎をかわいがり、徳太郎が父のように慕っていた。

●**山口誓子**　俳人。俳句雑誌『ホトトギス』の黄金時代を築いた一人。徳太郎のまたいとこで、一時期一緒に生活する。

●**磯田多佳**　京都祇園の有名なお茶屋・大友のおかみ。長谷川時雨『美人伝』や谷崎潤一郎「磯田多佳女のこと」で描かれた。花やしきとの交流は深く、安田一郎とのほほえましいエピソードも残る。

●**秋田雨雀**　青森県生まれの劇作家、詩人、童話作家、社会運動家。徳太郎と「ソヴェート友の会」を作る。

●**山下徳治**　教育学者。秋田雨雀とともに、京都大学をやめた徳太郎を東京に誘う。

●**丹野セツ**　日本共産党が地下組織だった頃の最高幹部・渡辺政之輔の妻。ある事情で警察の管理下、安田家で静養していた時期がある。

●**関マツ**　日本共産党幹部・山本懸蔵の妻。丹野セツのために、徳太郎と秘密の交渉をする。

●**岩田義道**　日本共産党幹部の一人。特高警察の拷問により死亡。徳太郎が死後解剖の手はずを整え、拷問の様子が明らかになる。

●**河上肇**　経済学者。京都帝国大学でマルクス主義を研究したが、後に辞職して共産党員に。『貧乏物語』は当時のベストセラーになる。山本宣治を通して徳太郎とも親交が深かった。

●**小林多喜二**　プロレタリア作家。代表作は『蟹工船』。特高警察の拷問により死亡。徳太郎が遺体検分を行った。

●**宮城与徳**　国際スパイ事件であるゾルゲ事件の重要人物。検挙され未決拘留中に獄死。徳太郎は宮城との関わりによって、ゾルゲ事件に連座することになる。

●**リヒャルト・ゾルゲ**　ソ連共産党のスパイ。国際諜報団を組織して日本でスパイ活動を行う。徳太郎に命を助けられるが、その後検挙され、ロシア革命記念日に死刑執行される。

〔関連家系図〕

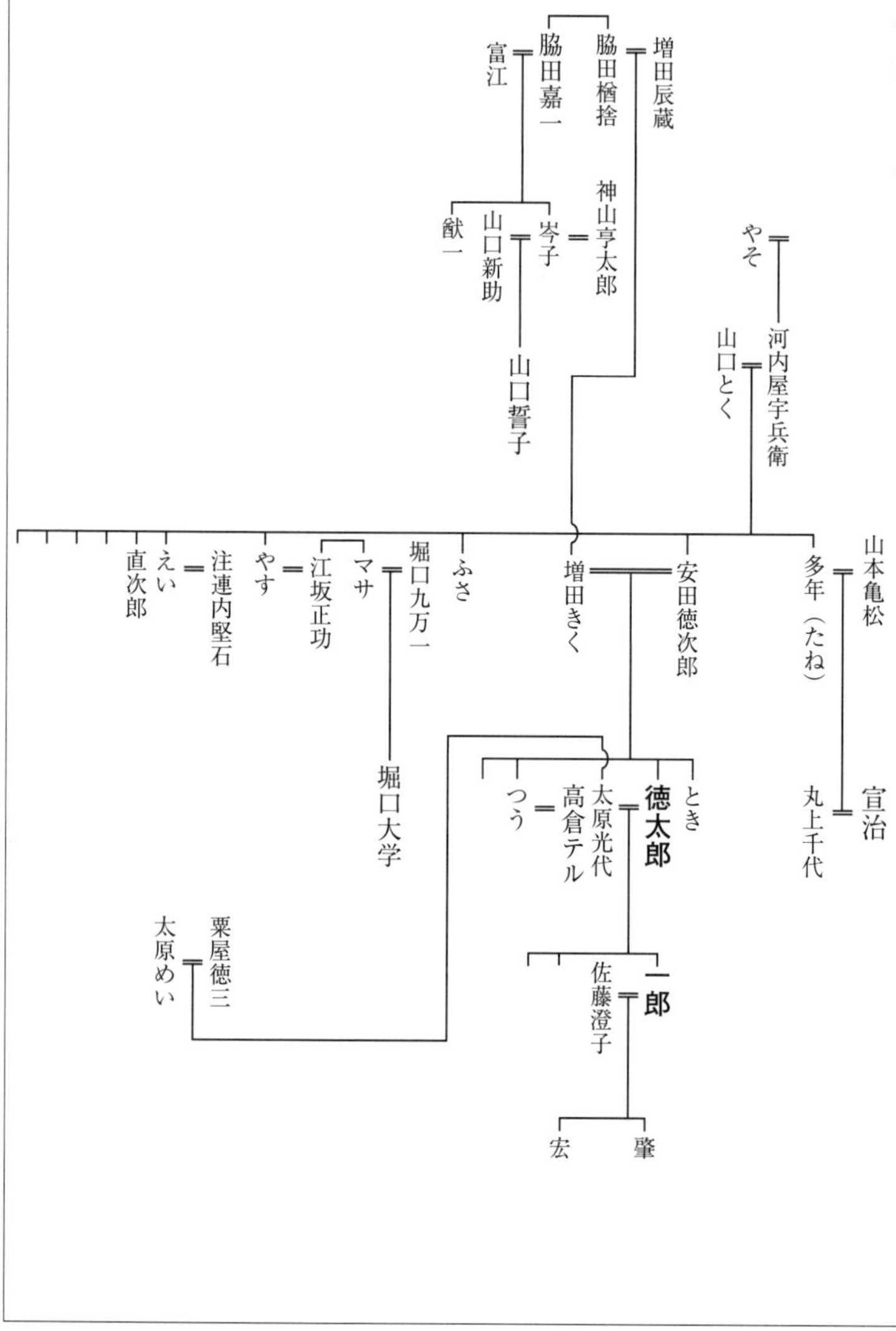
山本亀松
多年（たね）
宣治
丸上千代
やそ
河内屋宇兵衛
山口とく
増田辰蔵
脇田楢捨
脇田嘉一
富江
神山亨太郎
岑子
山口新助
猷一
山口誓子
安田徳次郎
増田きく
ふさ
堀口九万一
マサ
江坂正功
やす
注連内堅石
えい
直次郎
とき
徳太郎
高倉テル
太原光代
つう
堀口大学
一郎
佐藤澄子
肇
宏
粟屋徳三
太原めい

第一部　安田家のルーツ　京都花やしきの文化人たち

一、河内屋と花やしき

三条大橋の足袋屋・河内屋宇兵衛

私の父、安田徳太郎の実家は、京都のど真ん中の下京区三条通り河原町西入ル大黒町、すなわち三条大橋の西側で、河内屋という屋号の足袋屋を営んでいた。河内屋という屋号は、旧幕時代綿の産地であった河内の木綿を使っていたということから来たもので、出身地を指すものではなかった。出身地は若狭であったといわれるが、いつ京都に出て来たかはわからない。しかし、文化文政の頃、徳太郎の曾祖母にあたるやそは家付きの娘で、婿をとった。この夫婦は勤勉であったこともあろうし、足袋屋の経営がうまかったこともあったろうが、東海道を行き来する旅人の数が増えた幕末という時代のせいもあって、河内屋の商売は次第に繁盛し、店は大きくなり、奉公人を十数人雇うようになった。そして三条小橋の下を流れる高瀬川を高瀬船に乗せて伏見から運ばれてくる河内木綿を陸揚げする船着場に面して隠居所ができた。

三条大橋はいうまでもなく東海道五十三次の起点である。それで、江戸に向かう旅人はここで、河内屋の足袋を買って履き、また予備の足袋を幾足か買って行った。一方、京都に来るおのぼりさんはここで新しい足袋に履き替えて都に入った。家付き娘のやそは、老齢になってからも、昼でも薄暗い仏壇のある部屋にすわって商売の采配をふるった。

やそは、「つるつるさん」とよばれていた。その理由はあきらかでないが、その人の肌がなめらかであったということではなく、「ビンズル」さんとか、「ベンズリ」さんいう「なでぼとけ」の容姿に似ていたということではないかと、私は思っている。京都の寺院や町中には、「びんずる尊者」という羅漢の一人の像があり、庶民はそれをなでて病気の症状の回復を願った。たとえば、頭痛があるならこの羅漢の頭をなでた。それでこの仏の頭はつるつるしていた。薄暗い仏間に座っているこの女性を見ると、「びんずる尊者」を彷彿させたのだろう。ちなみに、「ピンドーラ」というのはサンスクリット語で「不動」という意味である。

この夫婦の子、すなわち徳太郎の祖父・宇兵衛の時代、河内屋は京都の豪商の一つに数えられた。安田家に一枚の証文が伝えられている。幕末維新史が専門の大庭邦彦氏に読んでいただいたのが図の下の文章である。

つまり、「徳川政権中に貸した金、五〇両は書面の通りたしかに返してもらった。よって、お宅にある借用証書は反故にしなければならない」ということである。徳川幕府が商家に金を貸した理由はわからないが、ともかく金を貸したのであろう。ところが慶応三（一八六七）年一〇月債権者の徳川幕府が崩壊した。そこで借金は返さなくてもいいと思っているかもしれないが、幕府の債権は明治新政府が引き継いだから、それを返して欲しいというおふれが出たのだろう。そこで河内屋も返したのであろう。当時は月七両あれば、親子五、六人が楽に暮らせたというから、五〇両は数人の人が半年働かなくても暮らせるほどの金額であった。明治初年の河内屋の裕福さがしのばれる。

　宇兵衛と山口とく夫妻には、一〇人の子供ができた。男三人女七人であった。いちばん上は女の子で明治二（一八六九）年に生まれ、多年《たね》といった（以下ひらがなで表記）。後にくわしく述べるが、山本宣治の母親である。二番目は男で、明治四（一八七一）年に生まれ、徳次郎といった。安田徳太郎の父親、つまり筆者の祖父である。あとの弟や妹については、そのつど触れることにする。

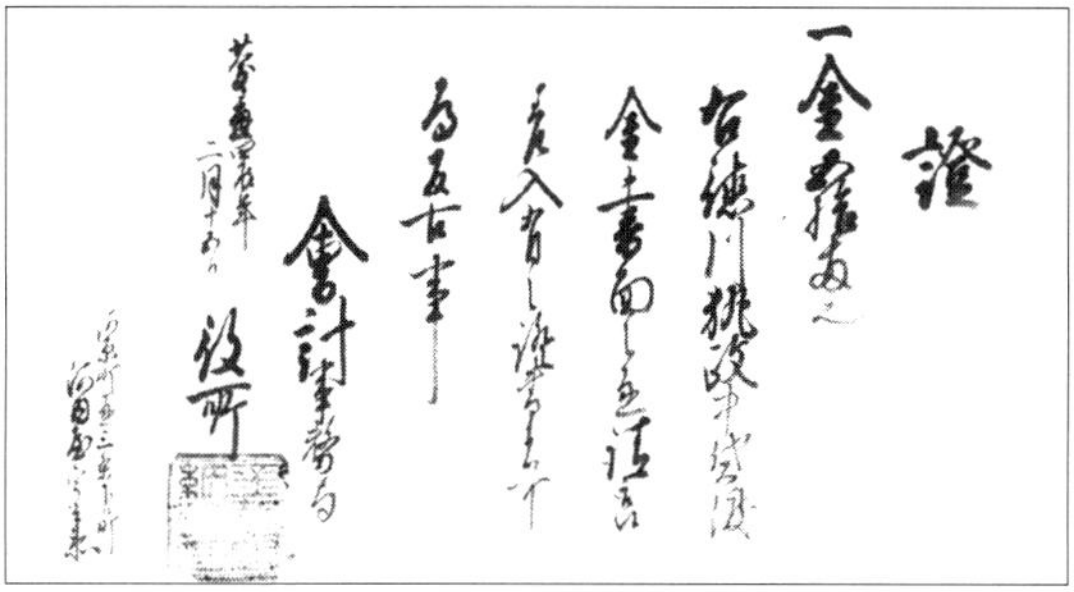

證

一金　五拾両也

右徳川執政中貸渡（みぎ、とくがわ、しっせいちゅう、かしわたし）
金書面之通請取候（きん、しょめんのとおり、うけとり、そうろう）
差入有之證書者可（さしいれ、あるの、しょうしょは）
為反故事（ほごと、なすべき、こと）

会計事務局　印

慶応四辰年二月十五日

河原町通三条下ル町　河内屋宇兵衛

河内屋の没落

河内屋の繁栄はしかし、鉄道の開通とともに一変する。明治七年大阪―神戸間に、明治一〇年京都―大阪間に、明治一三年京都―大津間というふうに鉄道が次第に延びて行き、それにつれて五十三次の街道筋は寂れていった。明治二二（一八八九）年七月一日、東海道線が全通し、毎日一回、新橋―神戸間に直通列車が走りだした。河内屋の足袋が爆発的に売れるという時代ではなくなっていた。

徳次郎は、明治二三（一八九〇）年、一九歳のときに突如行方不明になった。大切な御曹司がいなくなったというので、店では大騒ぎになった。そのうちに御曹司の手紙がハワイから来てひと安心し、番頭がハワイまで、迎えに行くことになった。この家出は東海道線の全通直後である。御曹司は家業の将来に見切りをつけたのであろうか。しかし自殺など考えないで、新天地を求めてハワイへ跳び出して行った明治青年の心意気は見上げたものである。しかしこの時代ハワイは独立した王国であった。これが、明治青年の心を引きつけたのであろうか。ハワイがアメリカに併合されるのは、米西戦争直後の一八九八（明治三一）年八月である。

番頭が長男徳次郎を連れて帰ると、両親としては、当然長男の身を固めさせるために結婚させようということになる。そこで、明治二六（一八九三）年四月、両親は徳次郎を、奈良県の大和郡山の人、父・増田辰蔵と、母・脇田楢捨《ならすて》の長女きく一九歳と結婚させた。

これより前、増田家は郡山から京都に引っ越して、三条大橋の東側の縄手で米屋を営んでいた。きくは「縄手小町」と言われるほどの美人であり、才気煥発な女性だった。そして夫婦は、男二人と女二人の子宝に恵まれた。「好事、魔多し」というが、結婚して九年目の明治三五年に徳次郎は、突如喀血した。それで、当時流行の転地療法をすすめられた。これはこの時代のベストセラーである徳冨蘆花《ろか》の小説『不如帰《ほととぎす》』の影響が大きかった。この小説の主人公・浪子は肺結核（当時は肺病といった）になり、逗子に転地するが、関西では転地先としては神戸の四つ先の須磨が有名だった。しかし須磨は家賃も高いので、そこより安く、まだ漁村だった、さらに二つ先の垂水《たるみ》で貸し別荘を借り、そこに一家六人が移ることになった。この転地療法中、徳次郎は、フロックコートをつけ、山高帽子をかぶり、ステッキをついて、息子をつれてよく松林を散歩した。オゾンの多い松林の空気が、結核菌を殺すと思われていたのだろう。当時、結核の治療法は大気、安静、栄養といわれていた。これに照らしてみると、「大気」はいいが、「安静」でなく散歩、つまり運動であることは、理解できない。この運動のせいか、翌三六年徳次郎の容態はにわかに悪くなり、徳次郎はその年の一〇月に三三歳で世を去った。それとともに債権者がどっと押し寄せてき、古い借用証書をたてに安田の家を乗っ取りにかかった。

こうして、河原町通り三条で六代続いた幕末の豪商河内屋は消滅した。二八歳の未亡人と四人の子供には、高瀬川沿いの家が残されただけだった。遺族がこの家を借家として貸すにしても、自分たちが住む家がなかった。このとき手を差し伸べたのが、死んだ徳次郎の姉で、総領の山本たねであった。

花やしきと山本宣治

たねは、明治二（一八六九）年七年一〇日に生まれた。彼女は娘時代からハイカラで、洋装をし、靴をはいて、保守的な京都人をびっくりさせたという。彼女には、下に弟が三人、妹が六人いたから、彼女にはいずれ婿養子をとって、分家させることになっていた。相手は河内屋四条支店の番頭であった。ところが、この番頭が詐欺にあって大金をとられた。そこでこの人は責任を感じて、明治一五（一八八二）年二月に琵琶湖で投身自殺した。このため、四条支店は閉めなければならなくなり、しばらく隠居所になっていた。

明治一九（一八八六）年たね一八歳のとき、ここで毛糸店を開き、かたや、四条教会に通い出した。この教会に山本亀松という中心的な信者がいた。やがて二人は結婚したいと思うようになったが「ヤソ［キリスト教徒］に娘はやれぬ」というたねの父親・宇兵衛の強硬な反対に出会った。そこで、二人は親の反対を押し切って明治二一（一八八八）年一月二一日に四条教会で結婚した。亀松三〇歳、たね二〇歳であった。

二人は勘当同然で結婚したのだから、生活の資を自分たちで稼がなければならなかった。それで、亀松の母親が内緒でくれた金と、たねが毛糸屋をしてためたわずかの金を元手にして、花かんざし屋をすることにし、牧師に相談したところ、アメリカから輸入した女性の装身具や化粧品も売りなさいと言ってくれた。店は新京極錦小路に借り、看板に「ONEPRICE SHOP」と英語で書き、その下に「わんぷらいすしよっぷ」、さらにその下に「まけぬといふたらほんまにまけぬ」と、当時の横書きの方式で右

堀口大学のこと

数年まえ東京都小平市に住む方が、自分は堀口大学について研究している者だが、お宅は堀口大学のご親戚でないかというお手紙を下さった。私は、これは初耳で、父や母からも聞いた記憶がない。そこで、父方の親類縁者でくわしいことを知っていそうな人は、山本宣治の末の娘しか現存している人がいないので、この女性に聞いたところ、祖母のたねには妹が六人いて、二番目の妹のやすの夫、江坂正功の姉の子だと教えてくれた。たしか神戸に住んでいたという。

そこで私の家の改製原戸籍を取り寄せて見たところ、やすは明治一〇（一八七七）年八月一八日に生まれ、明治四二（一九〇九）年一〇月二八日に前夫と協議離婚し、明治四四（一九一一）年一月一一日、新潟県岩船郡村上本町三九一番地の江坂正功と婚姻したとなっていた。小平市の方が送って来られた江坂家の戸籍謄本のやすの項は「明治四四年一月一一日京都市下京区河原町通三条下ル大黒町四十二番地安田徳太郎叔母婚姻届出同日受付入籍」となっていて、二つの謄本はぴったりあっている。私は江坂家の戸籍をじっと見ていて、次の文に目が止まった。「亡父正言長女マサ明治六年八月二五日生。明治二四年九月二八日新潟県古志郡長岡本町字長岡東神田堀口熊市妻トナル」。私はこれだと思った。大学の父は九万一《くまいち》であることは、多くの詩の本に載っているが、戸籍では、熊市になっているのでわからなかったのである。この二人の間に生まれたのが大学である。正功は明治一三年七月生まれなので、マサは姉である。したがって、やすの夫から見ると大学は姉の男の子、甥になる。

から左へ、ひらがなで書いた。当時は店頭で、店員と客が値段をまけろ、まけないと交渉して物を売り買いするのが普通だったが、この店では、この方式を改め、正札通りに売った。これが、「ワン・プライス」、すなわち「一つの値段」という和製英語の意味である。時代は鹿鳴館時代（明治一六―二〇年）の余燼もさめぬ頃であったのと、目新しい商品と斬新な商法で、この店は大繁盛し、数年のうちに夫妻は産をなし、東京、大阪、神戸に支店を置くほどになった。

明治二二（一八八九）年五月二八日に子供が生まれ、宣教師の宣をとって宣治と命名した。関西人は好んで省略して言うので、山本宣治を山宣《やません》とよんだ。

宣治は生来虚弱体質であった。それで両親は町中よりも郊外で育てたほうがいいのではないかと思った。そこで、明治二六年、宣治四歳のとき、京都府久世郡宇治町（現、京都府宇治市）の宇治川のほとりで、平等院の少し上流に六〇〇坪の土地を買った。今でこそこのあたりは旅館や料理屋が立ち並んでいるが、その当時は平等院からこの土地のあたりまでは一軒の家もなく、草ぼうぼうの荒地であったという。夫妻はここを東京向島の百花園のようにしたいと考え、日曜日にはここに来て雑草を刈り、土地を平らにして、木や花を植え、また京都の東寺の縁日に行き、売れ残った植木を買い占め、植木屋にそれを荷車に積んで宇治の屋敷まで運んで好きなところに植えてくれと頼んだ。植木屋は喜んでそれをせっせと宇治まで運んでくれた。こうして何年かたつうちに、庭は桜、椿、梅、かえで、松、桐、つつじ、もくれん、あじさいなどが咲き乱れる屋敷になり、人は誰いうとなく「花やしき」と名づけ、夫妻もまたそう呼んだ。

山本夫妻は明治二七（一八九四）年ここに念願の別荘を建て、宣治とともにここに転居した。ここはまた、ワンプライス・ショップの店員の慰労会の会場にも使われていた。夫妻はこの庭園のなかに茶室風の家や離れや亭を造った。安田未亡人とその幼な子（徳太郎の母と徳太郎）は、明治三七（一九〇四）年五月ここに引き取られ、茶室風の家のひとつをあてがわれた。

安田一家が「花やしき」に来たとき、山本宣治は、父・安田徳太郎の九歳上の一六歳で、父の記述によると（『選集』四〇頁）、過度の勉強のために神戸一中を中退して、「花やしき」で花の栽培をしていた。食事の前には、いつも「天にましますわれらの父は」と唱えた。畑を耕しながら、また水をやりながら、いつも大声で、賛美歌を歌った。読書の範囲は広かったが、彼が愛読してやまなかったのは、内村鑑三らの書いたキリスト教の論文であった。彼は矢車草、ぼたん、桔梗などの日本の花を栽培していたが、後には、東京から西洋草花の種を取り寄せ、それらも植えていた。それは、当時はまだ珍しかったパンジー、スイートピー、コスモス、バイオレットなどであった。一八歳のとき園芸見習いのために東京の大隈重信邸に入り、夜は神田の英語学校で勉強した。一年後坊主頭になって帰って来たが、一本何十円（当時は月に一五円あれば、家族四人の生活ができた）のランの栽培を任され心配のあまり神経衰弱になったのだと言った。

一方、安田徳太郎は、明治三七年四月に京都市中京区の初音小学校に入り、五月に兎道《うじ》小学校に転校した。宇治は茶所なので、茶摘みの五月は「茶休み」で、六月一日から学校が始まった。彼は二つ上の姉と一緒に登校したが、京都の小学校に比べるとここは小さく、きたなく思え、生徒は一学年が四〇人くらいだった。当時小学校は尋常科が四年、高等科が二年だったが、ここの小学校では高等科に行く人はいなかった。転校した翌日京都でのように、洋服を着、靴を履いて登校したところ、上級生が二、三〇人やって来て、「洋服だ！」と言って、徳太郎を袋叩きにした。これに懲りて、翌日は皆と同じく着物を着て、へこ帯をしめ、前だれをかけ、草履をはいて登校した。このように子供たちは自分たちとは違う者、異分子を迫害し、排除しようという傾向が強かった。

日露戦争

徳太郎が小学校に入ったのはちょうど日露戦争（明治三七年二月〜明治三八年九月）が始まって二、三か月目のころである。後年そのころを回想して、こう言っている。

都市資本主義は、都会に近い田舎［の宇治町］にすら入っていなかった。田舎はきわめてのどかであった。母親と子供三人で月一五円［当時小学校教員の初任給（月給）は一三円］でらくに生活できた。戦時気分はこの町をも包んでいた。戦争のおかげで、提灯行列、旗行列、祝賀会と、学校は授業をそっちのけにして、どんちゃん、どんちゃんとお祭り気分に陶酔していた。土曜日から日曜日にかけて京都の親戚に行って、芝居を見たり、提灯行列に連れて行かれたりした。やれ、どこが陥落したという号外が出ると、その夜は必ず提灯行列があった。あの特有のジンタ［明治大正時代に小編成で通俗的な曲を演奏した吹奏楽団。ジンタカッタと聞こえたので、そういったという］を先頭にし『勇敢なる水兵』の曲を吹奏しながら万歳万歳という声が京都の古い町にどよめいた。

明治三八年の四月頃だったか、町の公園にロシアの捕虜が来たという知らせに［宇治の］町中はひっくりかえるような騒ぎであった。私も公園に駆け出して行った。「露助《ろすけ》だ。露助だ！」と、子供も大人も、珍しそうに捕虜のロシア人を取り囲んでいた。大人も子供も町中総出の見物人であった。ロシア人は呑気に三三五五、桜の下でタバコを吹かしたり、菓子をかじったり、キャッキャッと子供にふざけていた。大きな体や風貌や、きれいな軍服が非常に珍しかった。私たちは敵愾心《てきがいしん》がまるでおこらなかった。ロシア人と英語で話ができる人は、町には一人か二人しかいなかった。そういう人が片言まじりでロシア人としゃべっているのを私たちは不思議そうに眺めていた。ロシア人は町の人々にしたしげにタバコや菓子やパンをすすめ、時計とか、ピカピカするナイフ、鉛筆、国の女の写真を見せたりした。大人も子供もロシア人のぜいたくな持ち物をうらやましそうに眺めたり、いじったりした。はじめはこわがっていた人々がだんだんロシア人になれてきた。あっちこっちで子供が乾パンを貰って、うまそうに食べていた。子供も大人もパンをくれと、ロシア人に手を出してせがんだ。私もはずかしそうに、手を出して、乾パンをもらった。まもなく日本の将校がピリピリと笛を鳴らした。ロシア人は二列に並んで点呼されて、みんな口笛を吹いたり、ガヤガヤ話をしたりして、呑気そうな、朗らかそうな顔をして、公園を去っていった。日露戦争は終わった。町でも六人の人が戦死した。

私は軍国主義のなかで生いたっていった。私たちの発育も生活も大変みじめな封建時代の延長であった。欧米の文化は私たちの田舎にはまだ浸透していなかった。学用品もあわれであった。習字は新聞紙にした。ノートは表紙にヤマトタケルノミコトの絵があるガサガサの［滑らかでない］紙であった。鉛筆はまだ日本でできなかったためか、一本一銭のババリア［ドイツのバイエルン］製のもので、これが一番芯が丈夫であった。そして学校で教えられたことは、戦争で勝っても、日本はまだまだ貧乏で、文明が低いということであった。私たちの生活は先生の言う通り、貧乏で、ロシアの捕虜より、文明が低いように思われた。（『選集』「ロシアの捕虜」）

ワンプライス・ショップの破産

日露戦争後には産業は急激に勃興し、明治三八年下半期から三九年春にかけて景気はすこぶるよかった。ところが明治四〇（一九〇七）年一月にその反動で株式が暴落し、金融恐慌が起こり、小銀行がつぶれた。大蔵省は明治二九年公布の「銀行合併法」によって、銀行の合併をすすめ、小銀行を大銀行の支店組織にする必要性を説いた。しかし合併の実績はかんばしくなかった。明治三四（一九〇一）年から大正二（一九一三）年までに、普通銀行三七四行が消滅したが、合併による消滅は五三行、残り三二一行は解散、あるいは破産によるものであった。

山本亀松、たねのワンプライス・ショップもこの嵐を受け、東京、大阪、神戸の支店が人手に渡った。そこで、宣治の母たねは宣治に言ったそうである。「あんたはんも、しっかりおしやす［しなさい］」と。これに対して、息子は「これからはお父さんやお母さんのすねをかじりません。ひとつアメリカへ行って、「モルガンお雪」のような金持ちになって帰ってきます」と言った（モルガンお雪とは、祇園のお茶屋で働いていた加藤雪が、アメリカのモルガン財閥の子息にみそめられて正式に結婚した際の名。当時大評判になった）。そして明治四〇年四月に宣治はカナダに渡った。親は行きの船賃だけを出し、以後親は息子に一銭の仕送りもしなかった。

山本宣治は明治四〇年四月、カナダのヴァンクーヴァーに行った。行き当たりばったりとは考えられず、しかるべき人に相談したり、自ら情報を集めたりしたのに違いない。彼は大隈伯爵邸に住み込み、高価なランの栽培を一任されていたのだから、まず大隈伯爵に相談したことは間違いない。

大隈は明治四〇年、老齢（六九歳）のゆえに政界を引退し、早稲田大学の総長に就任した。山本宣治少年が「あんたはんも、しっかりおしやす」と両親に言われたのは、実にこのときであった。大隈伯は外交畑で活躍することが多かったから、大隈伯に海外の事情を聞いたであろう。「殿様、アメリカ合衆国と英領カナダのどちらに行くほうがよろしいでしょうか」と一九歳の宣治少年は聞いたであろう。そのとき大隈伯は、明治初年イギリス公使パークスと外交交渉したことを思い出し、「そりゃ君、英領カナダにしなさい。日英同盟もあることだからのう。それにね、宣治君、今アメリカ合衆国、とくにカリフォルニアでは排日の気運が強く、日本人の労働者の移民を禁止しろと言っているのですよ。これを頭に入れておいてください」と言ったと思われる。

時のアメリカ大統領セオドア・ルーズベルトは、日露講和の斡旋をすると、その途端に日本を仮想敵国視し始めた。彼は「日本を贔屓《ひいき》するのはやめた」とうちうちには言っていた。大統領は、満州における日本の勢力が増大することに危惧をいだいていたからである。これに反して、日英同盟（明治三五年締結）は続いていた。だから、カナダに行くという選択は正しかったのである。というのは、明治四〇年一一月一六日、駐日アメリカ大使は日本政府に対し日本人労働者の渡航制限を励行するように申し入れ、また同年一一月一八日には「アメリカ労働総同盟」は日本人排斥を討議しているからである。そして翌明治四一年二月八日ヴァンクーヴァーに近いシアトルで、「排日同盟」の決議がなされた。その決議は、英語その他の欧州語の読み書きができないアジア人の移民を禁止し、成人に達した日本人が白人の学校に入ることに反対するというものであった。この記事は、明治四一（一九〇八）年二月八日付の東京朝日新聞に「六日 桑港《サンフランシスコ》 特派員発」として、掲載されている。そして大正時代になるとそれが実際にアメリカ合衆国の議会で可決される。山本がアメリカ合衆国に行っていたならば、彼の人生行路は違ったものになったと思われる。

カナダ時代の山本宣治と社会主義

実を言うと、カナダ時代の山本宣治少年については、よくわからない。私の父・安田徳太郎が少年時代に山本から聞いた断片的な話をもとにして、今から五、六〇年ほど昔に書いた文をここに書き写すだけである（『選集』「山本宣治と私」）。

山本少年は親のすねをかじらないと言明した以上、遠い異国でその日からカナダ人に混じって働かねばならなかった。単純労働移民である。すなわち、皿洗い、コック、ホテルの給仕、園丁、列車ボーイ、缶詰工場の職工、フレイザー河の鮭取り漁師の助手、日本人漁師福祉協会の通訳、伐採人夫、新聞売り子など二十いくつかの職業を転々としながら、お金を貯め、もう一度学校教育を受けなおすために、ヴァンクーヴァー市のストラスコーナ小学校の上級に入学した。二〇歳のヘンリ山本は、一二、三歳のカナダの子供たちと机を並べて勉強し、ユニオン・ジャック、つまり英国国旗の下で一緒に体操やお遊戯をした。後年山本は安田徳太郎に、学校で、アーヴィングの『スケッチ・ブック』に載っている

「リップ・ヴァン・ウィンクル」(Rip van Winkle) を習ったとき、先生が「『ヘンペックド・ハズバンド』[a henpecked husband：かかあ天下]とはどういう意味かわかる人」と生徒に質問したところ、幾人かの生徒が口を揃えて「キング・ジョージです」と言ったので、先生も生徒も笑いこけたという。「そんな答えをした生徒は、日本ならさしずめ感化院行きだね」と山本と徳太郎は大笑いした。

明治四三(一九一〇)年二二歳の山本は、ストラスコーナ小学校からヴァンクーヴァー市のブリタニア・ハイスクールに入学した。このときの入学試験の成績発表が英字新聞ヴァンクーヴァー・ワールド紙に載っている。それによると、ストラスコーナ小学校から二四名が受験して、一四名が合格しているが、そのなかで、フレッチャー君が六四五点、スティーヴス君が六四一点、ヘンリ山本君が六三二点をとり、三番の成績で、合格している。ハイスクールに入ってから、山本は必死に勉強して、いつも首席を押し通した。一九一一(明治四四)年七月三一日付のヴァンクーヴァー・ワールド紙によると、ブリタニア・ハイスクールのプレミニナリー・コース(予科)の進級試験で五五名中四一名が及第し、一、〇〇〇点満点で、ヘンリ山本君七二七点で一番、ヤング君七一五点で二番、ロバート君が七〇〇点で三番になっている。

英領カナダでの学校生活は、山本の生涯にとって非常に重要な経験であった。山本がカナダで受けた教育は品性の教育、自由にのびのびした民主主義教育であった。後年山本が議会で(旧制)高校や大学における学生主事の思想取締りに憎悪をもって抗議したのは、彼がカナダで受けた真の民主主義教育を日本にも徹底させたかったためであろう。後年山本はよく言った。「カナダの青少年は日本人と違って、気持ちが大きく、東洋人としての自分を決して差別待遇しなかった。級長選挙のときには、級友はこぞって私に投票したから、私は入学以来ずっと級長を務めていた」。

ハイスクールのカナダ人学生も、日本人の漢文にあたるギリシャ語やラテン語が苦手であったので、たいていの学生は予習をサボッた。そのため、授業の始まるまえに皆は、ヘンリ山本を囲んで、予習をする始末であった。

彼は数年間の肉体労働で身体もめきめき丈夫になり、この方面でも自信をもつようになった。キリスト教を通じて少年時代に植えつけられた西洋心酔も、カナダ人青少年と机を並べて勉強しているうちに、薄れて行った。キリスト教自体にも懐疑的にならざるをえなかった。彼はカナダ在住の日本人キリスト教信者の偽善的行為に飽き足らなくなり、白人ユニテリアン教会に走った。ユニテリアンはプロテスタントの一派であるが、イエスの神性を否定する教理で、日本には明治二〇年に宣教師ナップによってもたらされ、自由民権家、小説家の矢野龍渓《りゅうけい》（文雄）によって紹介され、社会主義者・安部磯雄《いそお》によって信仰された。こういった関係から山本には親しみがあったのではないだろうか。ある日彼はヴァンクーヴァーの水夫町の本屋で求めたダーウィンとハックスリの進化論の本をむさぼるように読んで行くうちに、一条の光明を見出した。そして、従来の園芸家志望を捨てて、顕微鏡のなかから世界を動かすなにものかを得ようとした。花を作って地上を美化しようという少年時代の理想を捨てて、ともかく虚偽を打破しようと思った。彼はキリスト教的人道主義とダーウィンの生物進化主義から一歩進めて、社会主義の宣伝パンフレットを読み始めた。この思想的転換は山本自身の言葉でいうと、「大逆事件と済生会の創立などで思い出多き明治四三、四年」、彼の二二、三歳のときであった。

明治四四（一九一一）年宣治の父が大病になったので、母は息子に帰国を促した。一二月、彼は颯爽とした紳士の姿で、帰って来た。

日本に帰国するにあたり、パスポートを貰いに領事館に行ったところ、担当者は「君の名前はブラック・リストに載っているが、これを書くと君の前途は台なしになる、そこでこのことは書かないから、日本に帰ったら、社会主義は捨ててまじめに勉強しなさい」と諭した。それで彼は帰国するや、この言葉を守り、断然親のすねをかじり勉強することにし、翌四五（一九一二）年二四歳で、同志社中学の四年に編入し、大正三（一九一四）年九月、京都の第三高等学校二部乙という課程に入学した。二部は理系学部進学課程、乙は、ドイツ語を第一外国語とするという意味で、理学部生物系、農学部系向きで、定員は三〇名であった。

そして同年花やしきで仲居をしていた丸上千代と結婚した。この人は「わんぷらいすしょっぷ」神戸支店の責任者であったが、ここが倒産したので、花やしきに来て、皆と同じように仲居をしていたのである。筆者は宣治氏の記憶はまったくないが、千代夫人はよく知っている。美人で、こぼれるような愛きょうがあり、きれいな京ことばを使うのが、印象的だった。

宣治は大正六（一九一七）年六月京都第三高等学校を卒業し、九月東京帝大理学部動物学科に入学し、妻と三人の男の子を連れて東京小石川に引っ越した。この頃東大の動物学科に入る人は、黒田、鷹司《たかつかさ》、徳川のような、旧大名や公家の出の人が多かった。その点で、山本は異色の入学者であった。そして大正九（一九二〇）年に「イモリの精子発生」という論文で同大学を卒業し、東京は官僚的で性に合わないといって京都に帰り、新設の京都帝大理学部大学院動物学教室に入った。ところが教室の研究論文発表会で、主任教授の動物分類学を痛烈に批判したために、この教授の怒りを買い京大付属大津臨湖実験所にとばされた。翌年生まれた女の子は、身体に障碍があった。これが契機になって、山本は涙もろく、一層やさしい人になった。「悲しむことをやめよ。世の中には自分よりもっと不幸な人がいるのだ」と彼は言った。こうして、虐げられた人を救おうという闘志がはげしくなった。

朝日新聞に載った花やしき（浮舟園）

さて、「花やしき」のほうは月日がたつうちに、文字通り花の屋敷になり、桜や紅葉の季節には、お庭を見せてくれとか、離れで休ませてくれとか、そのはては何か食べる物はないかという始末であった。そこで、たねは、大勢の女たちが家でごろごろ遊んでいるのはもったいないと、簡単な料亭を始めることにし、料理人や給仕は、他人に頼まず、自分たちがすることにした。しかしたねはクリスチャンだから、最初は酒は出さず、湯豆腐だけにした。しかしそのうち酒を出すようになったらしい。徳太郎の母も当然これを手伝うことになった。この一風変わった料亭を、朝日新聞の当時の有名な編集長・渋川玄《げん》耳《じ》が、明治四三（一九一〇）年朝日新聞紙上の「上方見物」のなかで、「浮舟園」として紹介した。一部を『選集』にもとづいて引用しよう。

宇治川の土手道を上って行く。道ばたに妙な家がある。小さな家がいくつもあって、その間に庭木がある。門は一つじゃ。その門に料理の看板がある。商売屋であれば遠慮はない。「若野何か食おう」。「何でも食べましょう」。門を入ってもだれもおらぬ。変な家じゃ。庭に入っていけども、迎える者、とがめる者もない。とある小座敷に荒くれ男が酒を飲んでいる。泉水の音がちゃらちゃら響いて梅の花がぷんぷん匂う。「あら姉さん、お客さまよ」。かわいい声にハッと思うて立ち止まれば、かたわらの茂みから走り出す少女、アオキの実に糸に貫いたのを片手にさげたのが、わしらに目礼して、門のほうへ走ってしまう。あっけにとられて見送ると、やがて「なんですね」とたしなめるような声とともに、やや年がさの娘が一軒の家の家のまえに現われて、みるみるわしらに近づく。ハイカラというあずま作りの髪に、リボンをつけている。わしらを案内して、眺望のよい座敷に行った。

「なんじゃか、変な所じゃないか」。「そうですね」。「苔野、油断ならんぞ。酒が来てもうっかり飲むまいぞ。おれは一滴も飲まんぞ」。「なんだって禁酒するんですか」。「この様子が変じゃ。しびれ薬を飲ます所かもしれんぞ。山賊の出店じゃなかろうかの」。「冗談言っちゃいけません。だけど、ちょいと変ですね。女中はみなハイカラなんですから。宇治の橋姫［宇治橋の守り神。宇治橋の中ほど東側に欄干が突き出たところがある。ここが橋姫を祀った所であり、茶の湯に使う水を汲む所でもある］なんて多少神秘的な連想も起こりますね」。「見い。あそこの木の下に土を掘っている男はひげがあるぞ。料理屋の亭主というふうじゃない。柔和らしいなかに威がある。ああいうのがおそろしいのじゃ」。

苔野も多少不気味な気がして、しきりにそこらを見回していたが、床の間からつと、一冊の本を取ってきて、「叔父さん妙です。こりゃバイブルですよ」。「なんじゃ」。「クリスチャン、ヤソ教のお経ですよ」。「それみたことか魔法使いの家じゃ」。「大丈夫ですよ。けれど、料理屋にバイブルも妙な調和ですね」。

先刻の娘、きれいな娘が膳を運んで来た。苔野はしきりに娘と話を始めた。面白そうに若い者同士話してはむやみと酒を飲むけれど、しびれはせぬ。

トイレに立つ拍子に柱にかかった貼り札を見つけた。細かな字じゃが読める。

「敬告――弊園儀は個人的別荘の目的をもって荊棘《けいきょく》［いばらの生えた荒地］を開き――この都のたつみ［東南］第一の絶勝名跡を弊園ひとり歓楽をほしいままにせんよりはむしろ、これを開放してもって――陸続ご来園――なお左の条々を諒せられて［もっともだと認められて］――」

「だいぶやかましいところじゃ」。左の条々は一四か条、その第一は、「お客さま方のお取り扱い方について は、誠心誠意家内総がかりで勉強いたしておりますが、万一御意にかないませぬことはご遠慮なくお叱り願います。できる限り改良いたします」。しまいの条はなんじゃ。

「一時のおいたずらにて、ちょこ、とっくり、その他の器具をお持ち帰りになること、園内お散歩のせつ、道なき道にお立ち入り、花、枝を折り取り、また他の客室をお覗き見などなさること、召使の者においたずらなさることなどは、固くお断り申しあげます。宇治　浮舟園主人」

ははあ。上方の客には、こんなことがはやるものとみえるわい。でも感心な店じゃ。

長谷川時雨『美人伝』の山本たね

当時の有名な女流作家・長谷川時雨《しぐれ》が読売新聞紙上に『明治美人伝』を連載し、その第二二回に「花やしき」の女主人・山本たねを紹介した。一部を引用させていただく。出典は、読売新聞大正二（一九一三）年八月二八日、木曜日、一三〇四八号五面下欄（単行本は長谷川時雨『美人伝』）である。当時、徳太郎は中学生であったが、その後も長谷川時雨との交流は続き、昭和になり青山で開業してからは「雪之丞変化」などで名高い夫の三上於菟吉《おときち》の診療をするなど、懇意にしていた。

とわるるも　いまはなかなかはずかしき　世を宇治かわの　きしの浮ふね

この和歌のぬしこそ懐しき浮舟の女である。この浮舟の女は、さる筋の人柄にはあらねど、和歌をこのみ、高崎正風、大口鯛二の両師につきてまなび、このごろは東都の文人と多く交わり、何事にも趣味ふかく風流に生き、趣味をあさりて日をおくる女である。浮舟の名は、手習いの君を好みてというよりは、家の名の浮舟園のゆかりからそうよべば、みずからもそう書くようになったのである。

底冷《そこびえ》の京都、ことに山近きところの浮舟園に、東都の文人の宿りし夜は、霰《あられ》ふれば炬燵《こたつ》に火を入れさせて文を語り、山桜ほのかに匂う宵は、扇ならして小唄を唄い、夜長には家の者狩りあつめてかた取りに、遠きよりの客に旅愁あらせじとの心づかひ、さては夏の夜なれば、酒をのせし船にて送り、秋なれば、宇治橋のたもとまで長き堤を、白張《しらはり》の小提灯手に下げて、前にたちなどして人の心をよろこばせるのであつた。

この女、京都は京極の生れ、蛸薬師下るところの花簪《かんざし》商ふ家にうまれたのである。夫君《つま》は同志社大学を出《いで》し人。浮舟園は二人の閑居にと、花をつくり、舟をうかべ、泉殿《いずみどの》にまがえた小さき亭《ちん》などしつらえて、風流の友の来るごとに手製のものに湯どうふなど、つくらぬままに出《いで》せしを、ところもところ、人も人、誰しも懐しきものにして、訪《と》ひよるままに、室の数も多くなし、いつとはなしに、なくてかなはぬ景情《けいじょう》ともにそなはりし、またなき家のやうに広く知られて、浮舟の女の名は雅客に知りつくされたのである。そこの女主《あるじ》、山本多禰子《たねこ》の名は知られずとも、この浮舟の女といふ名は、せまくとりても、京は宇治に、東《あずま》には文壇の一隅に語りつたへられることであらう。

朝日新聞の紹介は「キリシタン・バテレンの魔法使いの家だ。しびれ薬を飲まされるぞ」とはじめのうちは警戒するが、おわりにはお行儀の悪いお客にずけずけと注意するなど「感心な家だ」と言っている。これに対して読売新聞の紹介では、平安時代に逆戻りしたような錯覚にとらえられる。

東京の二つの大新聞による紹介によって、京都を訪ねた東京の作家、画家、学者は流行のように、大《だい》友《とも》（後述）のお多佳さんと花やしきのおたねさんのもとを訪れるようになり、大正のはじめに入ると、近松秋江《しゅうこう》、長田幹彦、吉井勇、谷崎潤一郎などが大友と花やしきを根城にして、祇園情緒の文学を制作して、いわゆる遊蕩文学の時代を現出した。島村抱月と松井須磨子も大正二年に花やしきにやって来て、みなに「カチューシャの歌」を教えた。第一次大戦の好景気の時代に入ると、「成金」の豪遊するところになり、俗化し、文人墨客はよりつかなくなったが、それでも、有島武郎などはよくやってきた。

二、廃娼運動と祖母

女子教育の制度

母方の祖母は、出自についていろいろと語った。祖母は厩橋（前橋）藩主池田侯の奥方付きの侍女の娘であった。廃藩置県のなか藩主が亡くなったとき、家臣たちが奥方に、「お子様もいらっしゃらないのだから、お里の岡山にお帰りになり、再婚していただきたい」と申しあげたが、奥方は「それなら、だれが殿様の菩提を守るのですか」と言われ、婚家に留まり東京の別邸に移られた。それでこの侍女も奥方と行をともにするつもりでいたところ、両親が結婚をして欲しいと言うので、お城勤めをやめた。しかし二八歳の元奥女中のお相手になる男性はなかなか見つからないと思われていた。ところが、たまたま殿様の菩提寺の四〇歳の住職との縁談がもちあがったので、この侍女は明治八年に住職と結婚した。こうして明治九（一八七六）年三月に生まれたのが、私の母方の祖母である。

明治五（一八七二）年学制が敷かれ、全国一斉に小学校ができたが、その内実は江戸時代の寺小屋と大差はなかった。農家の部屋とか、牛小屋の二階が教室にあてられることがあった。そして師範学校がまだない時代なので、教師は旧幕時代に寺小屋で教師をしていた人や、士族、僧侶であり、入学者は、大半が士族出身者であった。年限は下等（のち尋常）、上等（のち高等）小学校は各四年、教科は読み方、書き方、算術であった。

明治一五（一八八二）年、祖母はこの草創期の小学校に入学した。あるとき、「小学校時代にこういうことを習いましたよ」と言って、当時七〇代のこの祖母が「エジプト、トリポリ、チュニス、アルジェ、モロッコ……」と口ずさみ始めた。私は、これらのアフリカの地名をすらすらと言う祖母に感心した。祖母がこれらの地名を覚えていたのは、先生がこの地方について一生懸命に生徒に教えたからに違いない。しかし欧米先進国でなく、なぜアフリカの地名だったのだろうかと私は不思議に思った。世界史の年表を見てみると、一八八一（明治一四）年フランス、チュニスを占領。一八八二（明治一五）年イギリス軍、エジプトに上陸し、占領。一八八三（明治一六）年フランス、マダガスカル島を制圧。一八八四（明治一七）年ドイツがカメルーンを占領。一八八五（明治一八）年ベルリン会議で、列強はアフリカの分割を協議する、といった文字がつぎつぎに出て来た。すなわち、この暗記はヨーロッパの先進国がアフリカ植民地の獲得競争をしているという当時の国際情勢を、情報収集も十分でない明治初期に草深き地方の先生が生徒に伝えていたことを示しているのである。これは驚くべきことだと、私はこのときに思った。

私は今「草深き」といったが、一方では、祖母はキツネに化かされた話をよくした。町はずれを歩いているとき、提灯を下げて前を歩いている人がいる。こんな所にこんな人が住んでいるはずがない。あれはキツネに相違ない。化かされてはいけないと思っていると、ズドンと溝か肥溜めに落ちた。提灯をもった人は影も形もなく、提灯の火は見えない。「化かされた」のですよと祖母は言った。岡本綺堂《きどう》の

『半七捕物帳』などを読むと、江戸末期のこととして動物のことがよく出てくるので、祖母の言う話もあながち嘘ではないかもしれないと思った。

「私は東京の明治女学校に行きたいと思っていました。そこが、私のあこがれの的だったのです。ところが、明治一九年、私が数え一一歳のとき父がぽっくり亡くなったのです。それで、行かれなくなりました。悔しかったですよ」と、祖母はよく言った。住職であった父を亡くしたので、寺を新しい住職に明け渡さなければならなくなった。それで、残された母と娘は、町家に移った。祖母が東京に遊学するという望みはついえた。

あこがれの明治女学校

明治女学校は、牧師・木村熊二《くまじ》が明治一八（一八八五）年九月三〇日に東京府知事の認可を得て設立したキリスト教主義の女学校である。木村は明治三年森有礼《ありのり》に随行してアメリカに留学し、神学を学び、明治一五年帰国した人で、帰国後共立学校（現在の開成高校）などで英語を教え、島崎藤村や後述の巌《いわ》本善治《もとよしはる》に洗礼を授け、また明治二六年に信州小諸に小諸義塾を設立し、藤村を教師として招聘した人でもある。

ところで、いわゆるミッション・スクールはキリスト教のミッション、つまり伝道会社が、キリスト教を広めるために東洋諸国の開港時に設立したもので、女学校では、明治三年に設立された横浜のフェリス女学校と築地の居留地に設立された一致英和学校の女子部が最初であり、以後明治四年に横浜の共立女学校、七年に青山女学院、八年に神戸女学院、一〇年に立教女学校、一七年に東洋英和女学校などが設立された。

明治女学校はキリスト教主義の女学校であるが、ミッションではなかった。木村熊二と妻・田口鐙子《とうこ》は、かねがね女性の地位を向上するには女性にも小学校以上の教育が必要であり、日本の女子教育は日本人がしなければならないという考えをもっていた。明治女学校は夫妻のこの考えに賛同する人の寄付によって設立されたものであった。

ところが、鐙子は翌明治一九（一八八六）年コレラにかかって三九歳で急逝した。それで、明治二〇年に巌本善治が教頭になった。この女学校の名前が一世を風靡したのは、バーネットの『小公子』をはじめて言文一致で訳した、巌本善治夫人の嘉志子《かし》（ペンネーム若松賤子《しずこ》）、唱歌の作詞者の大和田建樹《たてき》、英語の津田梅子、ピアニストの幸田延子《のぶこ》（幸田露伴の妹。日本最初の音楽留学生）、日本最初の女医である荻野吟子ら有名人を教師にしたこと、洋裁、編み物のような新しい技術を外国人教師が教えたこと、巌本善治がわが国の婦人教養雑誌のさきがけになった『女学雑誌』を発刊し、その執筆者——すなわち島崎藤村、馬場胡蝶、戸川秋骨《しゅうこつ》、北村透谷《とうこく》、星野天知《てんち》ら新進文学者——を教師として登用し、文学的芸術的雰囲気が強かったことのためだという。

私の祖母が小学校高等科を卒業したのは、明治二二、三年と推定されるので、明治女学校が隆盛期に入った頃である。向学心の強い若い女性が当時評判の学校にあこがれたのは無理もない。しかし公立の女学校もまだない明治初年に、よほどの資産がない限り、女性が東京の学校に行くことはできなかった。

＊

いつのことか不明であるが、私の祖母の叔母夫婦のところに一人の若者が長州から頼ってやって来た。そこで、夫婦はこの若者をわが家に下宿させ、またこの若者の人柄を見込んで、郵便局に勤めさせた。それだけでなく、この若者を自分の姪と養子縁組させた。この若者が私の祖父である。明治二五（一八九二）年に私の祖父と祖母は結婚した。祖父数え二八歳、祖母数え一八歳であった。夫婦の間には男四人、女三人の子が生まれた。私の母は明治三八（一九〇五）年九月、日露戦争の講和がなったときに生まれ、世の中が光り輝くようになるだろう（あるいは、なって欲しい）という思いを込めて光代《みつよ》と名づけられた。ところが母のすぐ上の女の子が四歳のときにジフテリアになり、死亡したことがきっかけになって、祖母はメソディスト派の前橋教会の信者になり、子供たちをそこの日曜学校に通わせた。母たちの家の隣にはまた、ロシア教会があり、境には桑の木が植えてあるだけだった。それで子供たちは桑の垣根の下をくぐって隣の教会の庭で遊んだ。クリスマスの日には教会の扉が開いていた。なかを覗くと、薄暗い内陣にはロウソクの火が燃えていて、金色のイコンが屛風のように並んでいた。それは、子供心になんとなく恐怖心をよび起こした。これに反して前橋教会には聖画像はなく、牧師が聖書のお話をし、子供たちはオルガンに合わせて賛美歌を歌ったので、親しみがもてたのであろう。

しかしこのころ、日曜学校に行くことは、子供心にも世にはばかることのように思えた。祖父もまた、祖母や子供たちが日曜学校に行くことをきらっていた。それで日曜学校や教会から次第に足が遠のいた。

一方で、後年祖母はまた私には、「私［祖母］は、婦人矯風会の久布白落実《くぶしろおちみ》さんをとても崇拝し、久布白さんが前橋に講演に来られると、必ず聞きに行きました」と言った。しかしそれ以上くわしいことはなにも言わなかった。ただ「久布白さんがなさっていることはとてもいいことです」とぽつりと言った。

マリア・ルーズ号事件から廃娼へ

久布白落実のことを語るまえには、つぎのことを述べなければならない。明治五（一八七二）年六月一日ペルーのマリア・ルーズ号という船が航海中に暴風雨にあって船体が破損したと言って、この修理のために、横浜港に入港して来た。当時わが国は、ペルーとの間に和親条約を結んでいなかったので、慣例にしたがって、横浜港長プルヴィスの名前で、神奈川県庁に次のように申告してきた。それによると「五月二八日マカオを出帆。船籍ペルー。船長リカルド・ヘレロー。乗組員二一名、船客清国移住民二三一名。目的地カラオ（リマの近く）。到着七月九日。病人なし」とあった。ところが投錨四日後、船客の一人の清国人で、木慶という人が海に飛び込んで、港内に停泊していた英国軍艦アイアン・デューク号に泳ぎ着き、「自分たちは、ペルーでの労働移民として乗船したのに、勧誘されたときの甘い言葉とはまったく違い、虐待につぐ虐待を受けている。そこで、なんとかわが同胞を助けて欲しい」と訴えた。

そこで英艦長は翌日この清国人を英国領事館に身柄を移し、領事から神奈川県の居留地取締長に引き渡した。また艦長は、この件をイギリス公使ワトソンに報告し、公使はこれを副島種臣《たねおみ》外務卿に伝えた。この事件はまた米国公使からも政府に伝えられた。けっきょくこの問題は、剛毅な性格でもって知られた神奈川県令の大江卓に一任された。

大江卓は高知の郷士の出で、維新後民部省に勤め、人権問題で大きな功績をあげていた（明治四年一月えた非人の賤称廃止を建白）。大江が行った二回の審問によって、アモイが奴隷売買の市場になっていること、今度の清国人は脅迫と甘言でだまされて来たこと、すなわち買われた清国人は奴隷として永久に残酷な扱いを受けることを予期していなかったこと、月に四ドルという割合によい給料を貰えるという簡単な欲から雇われて来たこと、約定書も白紙に判を押して出し、それに後から本文を書き加えるという体裁で、およそ契約書の形をなしていなかったことなどがわかった。

しかし当時は、慶応二（一八六六）年に結んだ「横浜居留地取締規則」第四条に「条約未済国《みさいこく》人民ニ対スル事件ハ各国領事立会ノ上コレヲ処分スベシ」とあるため、日本の役人が立ち会っただけでは、後日判決に効力がなくなるおそれがあり、フランス、ドイツ、ポルトガルなどは、日本政府が裁判をする権利はないと反対した。しかし大江は裁判を押し進め、清国人二三〇人はだまされて乗船したのだと主張して、清国人側の勝訴の判決を下し、清国人を解放した。

ペルー政府はこの判決を不服とし、日本とペルー政府が相談の上、ロシアのアレクサンドル二世に国際仲裁裁判を依頼することにした。そして明治八（一八七五）年五月二九日に出たロシア皇帝の裁断は、「奴隷売買は文明国の風俗に反することであるから、その解放を命じた判決は非難すべきものでない。それゆえ、マリア・ルーズ号が受けた損害は、日本政府が負担するに及ばない」というものであった。

しかし船長が裁判の折、「日本では芸妓娼妓の名のもとに実際に奴隷売買を公認しているのに、外国の奴隷売買を非難するのは矛盾でないか」と言ったことに大江県令はひどくこたえた。そこで大江県令は、太政官に娼妓解放の建白をした。太政官も意を決して明治五（一八七二）年一〇月二日太政官令第二九五号をもって娼妓解放の布告を発した。


人身売買いたし、終身または年季を限り、その主人の存意に任せ、虐使いたし候は、人倫に背き、あるまじきことにつき、古来制禁のところ、従来年季奉公など種々の名目をもって奉公住まいいたさせ、その実、売買同様の所業に至り、もってのほかのことにつき、自今、厳禁たるべきこと。

娼妓芸妓など年季奉公人いっさい解放いたすべし。

右について貸借、訴訟そうじてとりあげず候こと。

右の通り定められそうろう条きっと相い守るべきこと。


これに関して司法省からも明治五年一〇月九日付でつぎの省令二二号が発布された。

一、人身を売買するは古来制禁のところ、年季奉公など種々の名目をもってその実、売買同様の所業に至るにつき、娼妓芸妓など雇い入れ資本金は、贓金《ぞうきん》［不正の手段で得た金］とみなす。故に右より苦情を唱うる者は、取り糺《ただし》の上、その金の全額をとりあげるべきこと。
二、同上の娼妓芸妓は人身の権利を失う者にて牛馬に異ならず。人より牛馬に物の返弁を求むるの理なし。故に従来同上の娼妓芸妓へ貸すところの金銀ならびに売掛滞金など一切債《と》るべからざること。
三、人の子女を金談上より養女の名目になし、娼妓芸妓の所業をなさしむる者は、その実際上すなわち人身売買につき、従前今後、厳重の処置におよぶべきこと。

この省令は当時「牛馬きりほどき」といわれ、「天下の痛快事」とみられた。しかし解放されて正業についた人も一部いたが、即座に生活に困る人、帰りたくても帰る家のない人、生活難から親と娘で入水《じゅすい》する人、行方不明になる人、側妻になる人、私娼になる人などが続出した。また娼妓の解放で、全国大小の遊郭は大きな打撃を受け、遊郭花街で繁栄している町も火が消えたようになって問題になった。これは、娼妓を解放すれば万事解決と考え、廃業した娼妓に対する救済策、善後策をなんら考慮していなかったためであった。そこで政府は今後は画一的な取締りはやめて、遊女の営業に関する細目は各府県令（知事）に一任することにした。

かくて、遊女をしたい人が、当局に願い出て鑑札を受ける際に守る「遊女渡世規則」や、この遊女が客と遊ぶときに借りる座敷の所有者が遵守する「貸座敷規則」が制定された。また「芸妓は芸を売る者なれば、いずれの場所にて業を営むとも苦しからず」という規則が制定された。ここで、太政官布告は骨抜きになり、遊郭は貸座敷に名前が変わっただけになった。ともかく大江卓らの努力にもかかわらず、遊郭、娼妓の問題は何も変わらなかった。しかし地方自治のレベルで廃娼が唱えられたことは大きな前進であった。

そのなかでもっとも先進的な県は群馬県であった。群馬県の廃娼運動がきっかけになって、明治一二年から二四年にかけて宮城、山梨、高知、神奈川の各県で、廃娼の請願書が議会で可決された。

群馬に住んでいた私の母方の祖父母も、当時県会がもめにもめた廃娼を話題にしただろうし、その行方に注目したであろう。

当時民間団体で廃娼を唱えた団体に婦人矯風会《きょうふうかい》があった。私の祖母が廃娼運動に関心をもったのは、上述のように群馬県では廃娼論がさかんであったせいもあるが、自分と同性のクリスチャンの女の人がそれを推進していることを知って感激したためでもあろう。この会は、英語ではWoman's Christian Temperance Unionと言うように、もとは、一八七四年にエリー湖に面したオハイオ州クリーブランドにウィラードによって「婦人禁酒十字軍」として始まり、一八八三（明治一六）年に世界的組織になり、キリスト教婦人矯風会になったものである。このとき同団体が日本に派遣したレビット女史の遊説に共鳴した矢島楫子《かじこ》によって、日本キリスト教婦人矯風会が結成された。このとき、矢島は禁酒だけでなく、世界平和、純潔をも目指した。矢島がこの会に共鳴したのは、彼女の夫が酒乱で、離婚したためであったと思われる。そこで、矢島楫子について述べなければならない。

矢島楫子は、天保四（一八三三）年、肥後熊本藩上益城郡津森村杉堂の庄屋・矢島忠左衛門、鶴子の六女に生まれた。親のつけた名前は勝子といった。徳富蘇峰、蘆花の母・久子は姉にあたる。安政五（一八五八）年二五歳のとき、隣村の林七郎の後妻になり、子女を三人もうけたが、なんらかの理由で（夫の酒乱という）、明治元（一八六五）年離婚して、生家に帰った。明治五（一八七二）年四〇歳のとき、長兄・直方が東京で病んでいると便りがあり、勝子は子供を置いて上京し、途上、楫子と改名し、東京で長兄の看護につくした。幸い長兄は全快した。このとき楫子は兄が信頼していた書生と恋に落ち、一女を生んだ。ところがこの書生は国許に妻子がいた。しかしこの事件は長い間伏せられていた。楫子の苦悩は深かったと思われる。明治六年、明治新政府は学制を発布し、小学校を整備し始めたが、人生四〇年といわれるこの時代に、四〇歳の矢島楫子は小学校教員というまったく新しい職業に挑戦したのである。不屈の精神であった。

そして新設の教員伝習所で学び、翌年虎ノ門近くの芝桜川小学校で教え、明治一一（一八七八）年にプレスビテリアン派が築地に建てたミッション・スクール新栄女学校の舎監になった。また矢島は、

熊本バンド

熊本藩は維新の波に乗り遅れたためにあせっていた。そこで明治四（一八七一）年細川公の肝いりで洋学校と医学校を建て、外国人を招聘して、選ばれた若者をそこに入れ、一挙に教育しようとした。洋学校にはアメリカ軍の砲兵大尉ジェーンズが招かれた。彼は厳格なキリスト教教育をした。一部の学生はこの先生の教えに強く感化されて、明治九年一月三〇日熊本城外の花岡山に集まり、キリスト教をもって日本を救おうと奉教趣意書に署名し、気勢をあげた――これが「熊本バンド」で三五名にのぼった。ここでいう「バンド」は、今日意味するように、「楽団」という意味ではなく、グループという意味である。

藩は狼狽し、ジェーンズを解雇し、洋学校を廃止した。行き場のなくなった熊本バンドの若者は新島襄《じょう》が開校したばかりの京都同志社に入学した。熊本バンドのメンバーには、徳富蘇峰・蘆花兄弟、海老名弾正《えびなだんじょう》（後同志社大総長）、浮田和民《うきたかずたみ》（後早稲田大教授）、横井時雄（横井小楠《しょうなん》の子息、牧師）、蔵原惟郭《くらはらこれかく》（日本共産党の蔵原惟人《これひと》の父）らがいた。

治一二年に築地の新栄教会で洗礼を受けた。その頃麹町中六番町の坂を下りていく右側に桜井女塾（桜井女学校）というミッション・スクールがあった。明治二三（一八九〇）年に桜井女塾と新栄女学校は合併して女子学院になり、矢島楫子は校長になった。

廃娼の闘士、久布白落実

さきに矢島楫子の姉が徳富蘇峰、蘆花兄弟の母であると述べたが、蘇峰の上に音羽という姉がいた。この人が、大久保真次郎に明治一五（一八八二）年一月に嫁して同年一二月一六日に生まれたのが、娘の落実である。それゆえ、徳富蘇峰、蘆花兄弟は、落実の叔父にあたり、矢島楫子は大叔母にあたる。

落実の父・大久保真次郎は医学を学んでいたが、紆余曲折を経て最後に牧師になる決心をして、明治一九（一八八六）年同志社に入学した。明治二二（一八八九）年に真次郎は卒業し、新島襄の指示で埼玉県の秩父に赴任した。三四歳であった。そして明治二六年に群馬県藤岡教会に移り、二八年に高崎教会に転勤した。

娘の落実は大叔母のいる女子学院に中学部四年半、高等部二年、計六年半いて、二一歳のときに、女子学院高等科全科を卒業した。

これよりまえの明治三四年に父はホノルルの日本人教会に転勤になった。卒業するや、母からすぐハワイに来いと旅費一〇〇ドル送って来た。それで、明治三五（一九〇二）年六月にホノルルの父の教会に行った。当時ハワイにはすでに日本人が十数万人いて、サトウキビ畑で働いていた。落実は土地の幼稚園に勤め、また土地の富豪の娘で、宣教師と結婚して近いうちに日本に行くという女性に日本語を教えた。それらの給料で、母が送ってくれた旅費一〇〇ドルを返済することができた。その翌年父はサンフランシスコ対岸のオークランドで日本人教会を立ち上げて欲しいと願う青年グループの要請を受けたミッション・ボード（伝道協会あるいは伝道会社の委員会）から招聘を受け、明治三七年九月親子三人（落実の妹弟は幼児のときに亡くなった）は、オークランドに行った。オークランドは学都バークレイにも近いので、神学校は四校あり、そのうちの一校である太平洋神学校に落実は入学し、夜は父がしている英語学校で教えた。

ある日オークランドで有名なブラウン牧師が落実のところを訪ねて来て、「あなたはこの町に日本人の売春婦が来ていることをご存知ですか。私は、そこに視察に行きたいのですが、あなたに通訳していただけないでしょうか」と言った。そこで承諾すると、町の警察署長も一緒に馬車で迎えに来た。行ったところは日本人町の荒削りの粗末なバラック建の家で、地面からすぐに階段になっていて、「日本人の昇降を禁止する」と日本文字で書いてあった。家の中は廊下をはさんで両側にマッチ箱のような部屋がいくつか並び、部屋の中には、テーブル・クロースをかけていないテーブルと椅子が二つと、ベッドが置いてあり、壁には三味線がかけてあった。ベッドには不恰好な洋服を着、顔色の悪い日本の娘が腰掛けていた。入って来たブラウン牧師たちを見て、驚きの表情をした。ブラウン牧師が「米国ではいっさいの奴隷を禁止しています。あなたが自由意志で働いているなら、仕方がありませんが、もしこの家にいたくないなら、私が面倒をみてあげますが、どうでしょうか」と自由廃業の勧告をした。すると娘は「私は好き好んでやっているのです。だからご心配はいりません」とせっかくの救いの手を拒んでしまった。他の二、三人の人に聞いても答えは同じだった。

落実は「好きでしているのです」と恥ずかしげもなく言うのを聞いて、自分の立っている大地が崩れるような感じを受けた。彼女たちがこういう「魔窟」に平気でいられるのはなぜだろうか、と考えた。それは、政府も社会もこういう「魔窟」を公に認め、性的娯楽の供給者とみなしているからであり、一度娼婦になると、前借りにしばられて、抜き差しならなくなるからであり、売春行為が、糊口をしのぐ手段となると、恥ずかしいと言ってはいられなくなるからである。もう一つの理由は、なるほど日本には「貞操」ということばがあるが、それは女性の道徳であったことである。なるほど、男性にも貞操を守る義務はあったが、それはたてまえにすぎなかった。こういう不平等な貞操観念を是正しない限り、売春婦が続出することを止めることはできないと、落実は考えた。そこで、落実は廃娼を自分の一生の仕事にしようと決心したのである。

＊

以上、私が久布白落実のことを不当にくわしく書いたのは、私の祖母にとって、久布白落実が、矢内《やない》原《はら》忠雄流に言えば「予の崇拝する人物」だったからである。しかし祖母は崇拝していますと言うだけで、くわしいことはなにも言わなかった。もっと聞いておけばよかったと悔やまれる。ただ戦後昭和二二年だったか、参議院の選挙がはじめてあったとき、祖母が「久布白さんに投票しました」とぽつりと言ったのが、祖母の口から久布白落実の名前を聞いた最後であった。

三、不安定な時代〜大逆事件

閉塞の時代

母は明治三八（一九〇五）年九月二五日に生まれた。それは東京日比谷の講和反対の集会が暴徒化し、焼討ち事件が起きた直後であった。だから明治四五年に小学校に入学したのだが、明治末のことをよく話した。夜の食卓はそういう昔話で花が咲いた。母があるとき、こんな話をした――年の瀬が迫ったある日、ラッコの襟のついたとんび（男性用の外套の一種。インパネスとも）を着て外出した祖父が家に帰ってくるやいなや、とんびを脱ぎながら「不景気だな。町はシーンとしている。人っ子一人通らない」と言った。この「シーンとしている」ということばが今でも耳に残っている、と母は言った。またあるとき、三人位の人がやって来て、たんす、机、鏡台、本棚などにベタベタ紙を貼り付けて行った。それを見ながら、祖父が「さあ、もって行け、もって行け」とどなった。これは税務署の人が税金の滞納者の家に来て、差し押さえをするためであった。税務署のまえに貼り出された滞納者の名簿を見た祖父の知人が、「みっともないから、支払えよ」と祖父を説得したので、支払ったが、祖父は税金が高いとどなりちらしたという。

一年半続いた日露戦争の費用として、一四億五、二〇〇〇万円かかった。これは日露戦争直前の一般会計の六、七年分にあたった。軍艦や大砲だけでなく、寒い満州で戦う兵士が着る毛織物の軍服の生地も輸入品であった。

日露戦争直後から一年は景気がよかったが、明治四〇年一月から不景気になった。うち国債の利息は日本銀行の紙幣で払えばいいが、一三億円の外債の利子は、金貨で払わなければならなかった。利子は六分のものも、四分半のものもあった。今平均五分とすると、利子だけでも毎年六、五〇〇〇万円金貨で払わなければならない。しかも戦後は毎年輸入超過であった。綿製品の輸入は多く、主食の米も天候によっては、輸入する状態であった。金貨は出る一方であった。しかも、陸軍は満州や朝鮮に駐留する軍隊が必要だとして師団の増加を主張してやまなかった。生糸と絹製品は、当時の日本の重要な輸出品であったが、桐生足利の絹織物は粗製濫造品で、悪名が高く、輸出には向かなかった。それは、典型的な「安かろう、悪かろう」の品であった。こういうことで、私の祖父が「シーンとしている」と言ったように、群馬県は不況の影響をとくにはげしく受けたのかもしれない。

戦中から戦後にかけては、戦前に陸軍大臣を三回した陸軍大将の桂太郎と政友会総裁の西園寺公望が交互に首相になった。これらの内閣は、税金の戦時の加算を戦後も続けた。私の祖父は「税金が高すぎる」と文句を言ったが、明治四五（一九一二）年度の所得税率は以下の通りである。すなわち年間所得三〇〇円の人は税三円に増徴が三円で、合計六円、五〇〇円の人は税六円で、増徴六円六〇銭で、合計一二円六〇銭、一、〇〇〇円の人は税一五円で増徴一九円五〇銭、合計三四円五〇銭である。要するに平時の二倍以上になった。

戦後は張り詰めていた緊張が一挙に解消されて虚脱した時代であった。期待していた賠償は得られず、民衆の失望と不満は大きかった。生存競争はますますはげしくなり、敗北者のなかには暴走する者、世をはかなむ者、神秘の世界に入り込む者、目標を見失って模索する者などさまざまな者が現われた。明治三六（一九〇三）年五月二二日、一高生・藤村操《みさお》一六歳が華厳の滝壺に跳び込んで自殺した。そのとき大樹につぎの文を彫り付けた。「巌頭《がんとう》の感　悠々たるかな天壌、遼々たるかな古今、五尺の小躯をもって、この大をはからんとする。ホレーショの哲学、ついになんらのオーソリテーを値するものぞ。万有の真相はただ一言にしてつくす。いわく「不可解」。われこの恨みをいだいて、煩悶ついに死を決す。すでに巌頭に立つに及んで、胸中なんらの不安あるなし、始めて知る大なる悲観は大なる楽観に一致するを」。当時この文を暗記している若者が多かったし、またまねをして華厳の滝に跳び込む者もいた。内閣統計局の調査では当時の自殺者数はこうなる。すなわち、明治三二（一八九九）年五、九三二人、明治三七（一九〇四）年八、九六六人、明治三八（一九〇五）年八、〇八九人、明治三九（一九〇六）年七、六五七人、明治四〇（一九〇七）年七、九九九人、明治四一（一九〇八）年八、三二四人、明治四二（一九〇九）年九、一四一人、明治四三（一九一〇）年九、三七二人、明治四四（一九一一）年九、三七三人、明治四五（一九一二）年九、四七五人。これを見ると漸増していることがわかる。なお植民地を除く内地人口は、明治三八年四、七六七万人、明治四二年は五、〇二五万人であった。

またこの時代肺結核が徐々に増加し始めた。低栄養と長時間労働と過密な寄宿舎制度と粉塵のもとで、若い女性を雇って行われた紡績業、製糸業は、女工の間に肺結核を蔓延させた。そこで、新鮮な空気の郷里に帰れと帰された元女工の結核患者が、今度は結核処女地の田舎の人々の間に結核感染を広めた。

内閣統計局の死因統計による結核死亡者数と、人口一万人あたりの結核死亡率（かっこ内）は次の通りである。

明治四一年九八、八七一人（一九・九）、明治四二年一一三、六二二人（二二・六）、明治四三年一一三、二〇三人（二二・二）、明治四四年一一〇、七二二人（二一・三）、明治四五年一一四、一九七人（二一・九）。すなわち結核による死亡者は徐々に増加して行った。この傾向は大正時代を通じても続いた（一万人あたりの死亡率は二二から二三であった）。石川啄木は詠んだ。「年ごとに肺病やみの殖えてゆく　村に迎へし　若き医者かな」、「かの村の登記所に来て　肺病《や》みて　間もなく死にし男もありき」、「肺を病む　極道《ごくどう》地主の惣領の　よめとりの日の春の雷《らい》かな」、「廻診の医者の遅さよ！　痛みある胸に手をおきて　かたく眼をとづ」、「今日もまた胸に痛みあり。死ぬならば　ふるさとに行きて死なむと思ふ」。そして啄木は思った。「月に三十円もあれば、田舎にては　楽に暮らせると――ひよつと思へる」。啄木はこの時代の青年を取り巻く状況を「時代閉塞」とよんだ。

臀肉切り

その当時のこととして、私が母から聞いた話として今でもよく覚えているのは、「臀肉切り」という事件だった。この事件は母が生まれる前に起きた事件だから、母が娘時代に親から聞いた話の受け売りだろうが、それ程それは世間を震撼させたのだろう。正確にいうと、明治三五（一九〇二）年三月二七日、ある母親が一一歳の子供と一緒に夜銭湯に行った。その帰りに母親が「砂糖を買って来ておくれ」

と子供に言い、母親が先に家に帰った。ところが、いくら待っても子供は帰って来なかった。そこで母親が店に行って聞くと、「ずっとまえに帰りましたよ」という返事であった。そこで大騒ぎになり、近所の人たちも手伝ってさがしたところ、民家の勝手口近くに遺体が見つかった。死体は尻の肉がえぐりとられていた。そこで、変質者の仕業だと推定され、捜査は東京市全域にわたって行われた。しかし手がかりはまったくなかった。

それから三年たった明治三八年五月二七日、東京の郊外代々木で、首吊り死体がみつかった。最初は自殺かと思われていたが、調べると被害者は麹町の薬局経営者・都築富五郎という者で、死の前日、野口という男から儲け話があると土地売買の斡旋をもちかけられ、土地代三五〇円を銀行からおろしたことがわかった。そこで野口男三郎《おさぶろう》という二八歳の男の名前が浮かび上がり、その男が逮捕された。

野口男三郎は大阪の人であったが、中学の学友の母親にすすめられてこの学友と一緒に明治三〇年上京して理学博士の家に下宿し、外国語学校露語科に入学した。はじめのうち男三郎は朝早く起き、まじめに通学していた。ところが、近所に住んでいる野口寧斎《ねいさい》という漢詩人の妹の曽恵という色白の美人に恋をし、なんとかして彼女に近づこうとした。しかし寧斎は男三郎の軽佻浮薄なことを見抜いて、妹に近づけさせなかった。ところが、寧斎がハンセン病で寝たきりであることを知り、男三郎は寧斎の歓心を買うために、熱心に看護をしたり、図書館に通ってハンセン病の治療法を調べたりした。そのうちにある本のなかに、人肉がハンセン病にいいと書いてあるのを見つけた。そこで、男三郎は近所の少年を殺してその肉を切り取り、舟を借りて、浜離宮の沖に漕ぎ出し、炭火で肉を煮て肉汁をとり、それを瓶詰めにして、寧斎と曽恵に飲ませた。こうして、男三郎は首尾よく曽恵と夫婦になることができた。しかし男三郎は学校にも行かないので退学になった。しかし彼は外語の学生のふりをし、外語を卒業したとするために、卒業証書を偽造して、それを野口家の人たちと大阪の実家に見せた。そのうちに野口家の人たちは、男三郎の無為徒食を怪しむようになった。そこで折から起きた日露戦争に通訳として行くとふれこみ、一〇か月ほど神奈川県の三崎にかくれていたが、後に姿を現わした。そのときには曽恵との間には女の子も出来ていた。男三郎の行動にますます強い疑惑をもった寧斎と男三郎の間には、いさかいが頻々と起こるようになり、男三郎はついに寧斎を絞殺した。しかし野口家では、それを表ざたにせず、脳出血で死亡したとした。その二週間後に男三郎は薬局店主殺しをして逮捕された。しかしこの事件は、当時の名弁護士・花井卓造の活躍で、少年殺しも寧斎殺しも証拠不十分で無罪になり、薬局店主殺しだけで死刑になった。

私はその後、大杉栄の『獄中記』を読んで、大杉が市電焼打ち事件か赤旗事件で捕まって東京監獄の未決監に入れられたとき、男三郎を見知ったことを知った。しかしお互いに口をきいたことはなかった。男三郎は監獄の職員に「ごまをする」ので、被告人の間には評判がすこぶる悪かった。死刑の執行がのびのびになっているのは、「ごまをする」ためだという噂があった。面会人に会う番がくるまで、被告人が待っている小さな部屋の壁にはほうぼうに、「極悪男三郎速かに斬るべし」という文句が爪で彫られていた。ある年、大杉が未決で東京監獄に入れられ、外の運動場で散歩をしているとき、男三郎が窓から顔を出し「ケンコウヲイノル」と片かなで書いた半紙を見せた。それで大杉は黙ってうなずいた。するとと男三郎は寂しそうに二、三度お辞儀をした。その翌日か翌々日、「とうとう男三郎がやられた」という噂が監獄中に流れた。

この頃には神秘的なことも評判になったなと、父が言ったのも覚えている。東京帝大心理学の福来《ふくらい》友吉助教授が、明治四三（一九一〇）年頃に熊本の御船《みふね》千鶴子という女性は、封筒のなかに入れて封をした名刺の字を正確にあてることができるし、錫《すず》製の茶壺のなかに名刺を入れ、さらにこの茶壺を木の箱に入れて封をしても、名刺の字を正確にあてると発表した。福来博士はこのような実験を何回もして、この能力を透視能力とよんだ。この能力のことは新聞にも載ったので、大評判になった。それで東京帝大の前の総長である物理学者の山川健次郎博士をはじめとする東大の文科、理科、医科の教授博士が多数立会いのもとに大々的な実験が行われた。この実験のときは鉛管のなかに名刺を入れ、両端をハンダでふさぐ方法が用いられた。このとき御船は名刺の字を言いあてたのであるが、翌年の一月一八日の報知新聞は、御船は山川前総長から渡された鉛管でなく、福来博士が渡した鉛管を手にもっていた、つまり鉛管をすりかえた、だから御船は大詐欺師だと書きたてた。その日の午後、御船は毒を仰いで自殺した。二四歳であった。

福来博士はまた、未使用の写真乾板に向かってなんらかの題目を念ずると、その字を乾板に焼き付ける能力がある長尾郁子という女性を見つけ、この能力を念写能力とよんだ。この実験も山川前総長の立会いの下に行われた。このときは実験助手の粗忽のために、乾板の入っていない箱が渡された。それで、山川前総長は郁子の前で土下座をして実験助手の粗忽をわびた。ところが翌日の新聞には、助手の粗忽も総長のわびにもふれず、念写は詐欺だと書きたて、総長の記事訂正の申し入れも無視した。長尾郁子は悲憤の余り、以後の実験を拒否し、二か月後に急性肺炎で急逝した。年四〇歳だった。

一八七七年というからこの実験の三三年前、エンゲルスは「心霊界の自然科学」（『自然の弁証法』）を書き、偉大な科学者が心霊術に夢中になっているのを慨嘆しているので、こういう実験は日本だけのことではなく、世紀末の世界的な現象だったと言えるかもしれない。しかし東京帝国大学文科大学の助教授ともあろう者が世をあざむくことは許されないとして福来助教授は罷免された。明治二五（一八九二）年久米邦武教授が「神道は祭天の古俗」と唱えて、東京帝国大学文科大学を罷免されて以来の不祥事であった。

済生会の設立

「大逆事件と恩賜財団済生会の設立で思い出深き明治四三、四年と、〔山本〕宣治さんはよく言っていた」と私の父は言った。それは山本宣治の二二、三歳のとき、カナダ在住時であった。彼は事件を実家から送られた新聞の切り抜きで知ったのであろう。

大逆事件は当時の人々に大きな衝撃を与えた。この事件に連座した人の一人に、大石誠之助という和歌山県の医者がいた（慶応三〔一八六七〕年一一月四日生、四三歳）。この人は金持ちが往診してくれというと、いやいやながら行くが、貧乏人が来てくれというとすぐ行って治してやった。それで、新宮あたりの人は大石を神様のように思っていた。後に首相を二度した若槻礼次郎は当時大蔵省の次官であったが、このような人が死刑に処せられることを知って、若槻次官は、これまでの政治は上層や中層に偏していて、下層に配慮が行き届いていない、それが今回の不祥事の一因であるに違いないと思った。貧乏人がいちばん困るのは医療だ。幸い明治天皇がお手元金を一五〇万円（当時白米一〇キロの東京の小売価格は一・五六円、現在は四、〇〇〇円とすると一五〇万円は、三八億円、また当時大卒初任給は東京で三〇円、現在では約二〇万円である。これで換算すると、一〇〇億円になる）下賜されたので、それをもとにし、財界、華族、その他の地方自治体からも寄付をうけて貧民救護団体を全国的に作ろうと考え、いろいろ金銭面の算段をしてから、あとのことは内務省（当時は衛生行政は内務省の所管だった）に一任した。これが恩賜財団済生会で、総裁は皇族、会長は桂首相がなった。

これは、今回はなるほど多数の人を天皇の名前で処刑したが、慈悲深い天子は、民の健康と福祉のことを考えているぞというなだめの意味があったことは否定できない。しかし病院が整備されていなかったこの時代に各地に済生会病院ができたことは重要なことであった。今日政治で、医療と福祉がもっとも重要であることを思うとき、これは時代を大きく先取りしていたことを示しているし、山本が早くも済生会設立の意義に注目していることは注目に値する。これはやがて、無産者診療所や労働組合立の病院に進んで行くのである。

大逆事件と世間の反応

明治四三（一九一〇）年五月二五日、宮下太吉、新村忠雄、新田融、古河力作らの無政府主義者が、六月一日には幸徳秋水（伝次郎）が湯河原から拘引されたという報道があり、世間は驚いた。しかし重大事件というだけで、はっきりしたことはわからなかった。ところが、翌明治四四（一九一一）年一月一九日、木曜日の新聞に「幸徳秋水一派の社会主義者二十六名に対する判決は一八日午後一時大審院大法廷において左の如く申し渡されたり」として発表があり、翌日の朝刊につぎの記事が出た。これを見た人ははげしい衝撃を受けたに相違ない。見出しは「大逆罪判決。二名の外悉《ことごと》く死刑」となっていた。見出しの「大逆罪」というのは、刑法第七三条「天皇、太皇太后、皇太后、皇后、皇太子又ハ皇太孫ニ対シ危害ヲ加ヘ又ハ加ヘントシタル者ハ死刑ニ処ス」という条文である。

幸徳伝次郎等二六名を被告にした予審意見書が大審院に提出されたのは明治四三（一九一〇）年一一月一日、公判の決定は一一月九日、公判開始は一二月一日、最終弁論終了は一二月二九日であった。法廷は証人喚問を許さず、非公開で行われた。翌四四年一月一八日新田融、新村善兵衛を除く二四名に死刑の判決が下され、一月一九日夜「天皇の思召し」によって二四名のうち一二名が無期懲役に減刑され、残り一二名が六日後の二四日と二五日に死刑が執行された。

大逆事件で衝撃を受けた人に永井荷風がいた。荷風は明治四三（一九一〇）年森鷗外、上田敏の推挙によって、慶応義塾大学文学部の教授になり、また『三田文学』の編集をも委嘱されていたが、「明治四四年慶応義塾に通勤する頃、わたしはその道すがら折々市ケ谷の通で囚人馬車が五六台も引続いて日比谷の裁判所の方へ走つて行くのを見」て、「小説家ゾラはドレフュー事件について正義を叫んだ為め国外に亡命した」のに対し、「わたしは世の文学者と共に何も言はなかつた。私は何となく良心の苦痛に堪へられぬやうな気がした。わたしは自ら文学者たる事について甚しき羞恥を感じた。以来わたしは自分の芸術の品位を江戸戯作者のなした程度まで引下げるに如《し》くはないと思案した」（『花火』）。そして荷風はこの事件を契機にして、現実から逃避した。荷風先生は大正五（一九一六）年教授を辞め、雑誌編集からも手をひいた。

＊

つぎに、大逆事件の弁護人で、被告に直接接した平出修《ひらでしゅう》の『逆徒』を見ることにしよう。平出は、独学で小学校代用教員になった後、明治法律学校で法律を学び、弁護士になった。そのかたわら、明治三〇年代から地方新聞や雑誌に短歌、俳句、評論を投稿した。明治三三（一九〇〇）年与謝野鉄幹、晶子の新詩社に入ったが、明治四一（一九〇八）年一一月新詩社が解散したあとをうけて、平出は出資して、明治四二年に石川啄木、平野万里《ばんり》らと『スバル』を立ち上げた。そして大逆事件が起きたとき、『スバル』の関係で鷗外と親しくなり、鷗外から無政府主義の知識を得て、大逆事件の弁護人になった。裁判の様子を小説にした『逆徒』から重要な部分だけを抜粋する。

明治四四年一月一八日、一代の耳目をそばだてた犯罪事件の判決の言渡しがあった。判決の理由は長い長いものであった。しかし判決は三人を除いた全員の死刑という無造作なものであった。すべての取調べが終わったとき、裁判長は被告らに最後の陳述を許した。この許しに応じて、陳述したものが二人いた。一人は、真野すず子だった。彼女はつぎのように語った。

「長い間御辛労をかけましたが、事件もいよいよ今日でおしまいとなりました。私はもうなにも申し上ぐることもありません。またなにも悔いるところはありません。私はどんな重いお仕置きになってもちっとも不満がありません。けれども私以外の多数の人々です。この人たちは、私どもとはなんの関係もありません。こんな犯罪計画を多人数と語っていては、とても成就することはできないものだと最初から私は気づいていました。ほんの四人きりの企てです。四人きりの犯罪です。それをたくさんの連累者があるかのように、検事廷でも、予審でもお調べになりました。それはまったくの誤解です。その誤解のためにどれほど多数のかたがたが苦しみましたか。あなた方はもうご存知でいらっしゃいます。この人たちには、年取った親もあり、幼い子もあり、若い妻もあります。なにも知らないことで、もし殺されるというようなことになりましたら、本人の悲惨はもとより、肉親や知友はどれだけ、お上をお怨み致しましょうか。私どもがこんな計画を企てたばっかりに、罪のない人が殺される。そんな不都合な結果を見るようになりますと、私は……、私は……、死んでも、死んでも……死にきれません……」

弁護人は、この陳述には共鳴した。いかにも女の同情がこもっている。人間の誠がひらめいている。本当に彼女の言うことを取り上げてもらいたい。彼自身も判官のまえに身を投げて哀訴したいと思った。

彼女の声は涙で聞き取れなかった。彼女のほほの色は紅色に染まっていた。彼女の持病だという肺結核患者の特徴があらわれていたのかもしれない。被告たちが退廷するときが来た。彼女が一番先に退廷する順序になっていた。弁護人が彼女に目礼した後すぐに、彼女は椅子から離れた。手錠がはめられ、腰縄がつけられた。彼女は手錠のままかがんで、編み笠をとった。ここを出てしまえば、彼らは再び顔を合わすことができないのだ。永久の決別である。彼女は心持背伸びして皆のほうを見た。彼女の顔は輝かしく光っていた。透き通った声で、彼女は叫んだ。「皆さん。さようなら」。彼女は笠で顔をおおった。そしてすたすたと廷外に小走りに走り出た。彼女の最後の一語が全被告の反抗的気分をそそった。「〇〇主義万歳」。第一声は被告三村保太郎より放たれた。全被告がこれに和した。「〇〇主義万歳」という叫び声が法廷に鳴り響いた。

それは判決を呪う被告たちの不平の声だと弁護人は解釈した。この小説は、当時の大出版社・博文館から出ていた雑誌『太陽』の大正二（一九一三）年九月号に発表された。しかし内務省はただちに発禁（発売禁止）処分にした。それで、長い間日の目を見なかった。著者・平出はその翌年の大正三年三月一七日に三五歳の若さで死去した。昭和三八（一九六三）年死去後五〇年、平出はよみがえり、著作集と多くの研究論文が出た。

＊

田山花袋の『東京の三十年』は、大正六（一九一七）年六月博文館から出版された。そのなかに「ある墓」という章がある。注意しないと読み流してしまう章であるし、不思議な章である。「ある」という言葉自体謎めいている。

花袋は散歩の途中、ひきつけられるように、その川の左岸にある小さな寺の墓地に入って行った。墓地にはさまざまな花が咲いていた。新しい卒塔婆、苔むした墓石、無縁らしい墓があるかと思うと、大きな大理石の墓があった。

私の探す墓はすぐ発見された。一堆の土饅頭であった。それでもお詣りするものがあると見えて、樒《しきみ》などが供えてあった。その葉が半ば萎《しお》れて黒くなっていた。塔婆が一本立っていた。私は感慨無量たらざるを得なかった。私はロシアの作家の小説の最後の章のシーンのなかに立っているような気がした。突き詰めた女の心、新しい女の心、そういう心や空気がこの日本に動いたということは、考えれば考えるほど大きなことであった。ニヒリスト以前のバザロフ、それよりも、もっともっと大きなことであった。私はじっとしてその土饅頭の前に立った。妹の墓の傍へ……。こう言って死んで行った女の胸には、新しい女だとは言いながら、やはりセンチメンタルな、情緒に富んだ心が一杯に充たされていたのであった。私はその周囲を見た。成程妹の墓らしい石があった。私はその時の光景を想像した。と、あらゆる世界の叛逆者の末路が一纏めになって、私の眼の前に集って来るような気がした。暫くして私はそこから出て来た。

もうおわかりのように、これは管野すがが、先に挙げた平出修の小説では真野すず子の墓である。花袋は管野すがの名も、墓の名前も、その場所も何も書いていない。あくまでも「ある墓」であった。引用者の私は、花袋と大逆事件との関連がぴんと来なかった。墓に詣るということはいっそう不可解であった。ところが、鈴木茂三郎の『ある社会主義者の半生』を見ているとき、つぎの文に釘づけになった。「鈴もさ」さんは幸徳秋水の遺品の蒐集家であったらしい。昭和三一（一九五六）年札幌の古書店から秋水の遺品が出た。そのなかに刑死直前の秋水あての書簡の束があった。その書簡を出した人は、「堺利彦、中江兆民、田岡嶺雲、田山花袋、中里介山、小山久之助、竹久夢二、内村鑑三、宮崎民蔵、木下尚江、北輝次郎、石川半山、田中正造、山口義三、加藤時次郎」である。これらの人はみな秋水と親しい人たちである。花袋もかくれた秋水ファンだったのだろう。それで、花袋は、秋水の妻・管野すがの墓にお詣りしたのであろうか。私はその墓は、代々木の正春寺であることを突き止めた。そこは、現在渋谷区代々木三丁目で、高速道路と文化学園大のキャンパスと新宿副都心の超高層ビルに囲まれ、昔日ののどかな面影はなかった。

四、父の日記〜文学との訣別

古い日記

さきに父・安田徳太郎が宇治の小学校に転校したことを述べたが、当時小学校は尋常科六年、高等科二年だった。中学校に入る人は高等科一年で中学校に入学した。それで、徳太郎は、明治四四（一九一一）年四月に京都府立第二中学校に入った。当時中学校は五年制であった。その頃宇治から京都に行く京阪電車はなかったので、二年生のとき、寄宿舎に入った。しかし日露戦争直後のことで、学校は軍国主義的で、生徒の気風は荒かった。このような雰囲気はキリスト教的雰囲気に育った彼には異質に感じられた。その上父親がなく、背が低かったので、上級生や同級生にいじめられた。そこで難を避けるために、寄宿舎の図書室にこもって、読書に親しんだ。

明治四五年二年生のとき、二、三人の上級生がこの蛮風に反抗して、読書会を作り、金を出し合って本を買い、それを回覧することにした。彼もこの読書会に参加した。この本のなかに、当時出版されたばかりの石川戯庵《ぎあん》の訳になるジャン＝ジャック・ルソーの『懺悔録』が入っていた。この訳には、上田敏と森鷗外の序文がついていて、その日付は明治四五（一九三〇）年六月になっている。この本は昭和五（一九三〇）年に岩波文庫に入った。これが、学校当局の知るところとなり、野々村富士雄という上級生とその他三名がフランス革命を起こした危険な本を読んだという理由で、退校処分になった。この事件は徳太郎が後年にしばしば書いた回想である（たとえば『思想』一九五三年一〇月号、一〇八六頁）。

＊

ところで、昭和三〇年代に花やしきに出入りしていた地元の中学教師がそこの蔵で、徳太郎が中学校時代に書いた日記を発見した。それは、明治四三（一九一〇）年、明治四五（一九一二）年（七月三〇日より大正元年）、大正二（一九一三）年、大正三（一九一四）年の『博文館 当用日記』である。ところがこの人は、長い間それを秘して私物にし、徳太郎の死後、その一部を無断で発表した。これはあきらかに著作権の侵害だが、それは問わないことにして、これが見つかった直後、徳太郎はヒマラヤのシッキム国王の戴冠式に招待されて、行くぐらい元気だった。また八四、五歳の最晩年には娘と一緒に暮らしていたが、することもなく、所在なさそうであった。このときこの中学教師が「こういう日記が見つかりました」と見せれば、徳太郎個人だけでなく、若き日の山本宣治についても、徳太郎がいろいろのことを思い出し、歴史の闇が明らかになったろうにと悔やまれる。

小説を読んだら退学だ

筆者は父が後年に書いていた回想と日記の記述をつきあわせたいと調べてみたが、明治四五（一九一二）年の日記には読書会や上級生の退校処分のようなことは何一つ書いてない。そこで、翌大正二（一九一三）年中学三年の日記を見ると、五月一日に「文学に対する（趣味）、文学趣味を有する輩、あつまって一会を組織する」という文を発見した。また同月八日「特別自習室にて白楊の会開かる。菓子を食いつつ話す」とある。白楊と命名したのは、「白樺」にあやかったためであろう。会はやがて『浴風雑誌』という同人誌を出すようになる。「浴風」は、この寄宿舎が、「浴風塾」という名前であったことから来たらしい。すると、この会は、読書会というよりも、文学のサークルらしい。

大正二年九年二〇日（土）「今日昼から雨降りなので、帰ろうと思ったら野々村さんが退校させられたと聞いた。実際案外だ。退校とは思わなかった。その理由は、第一に、浴風堂［寄宿舎の講堂か］で戸をぴしゃっと閉めて、校長の話を聞かなかったこと、浴風堂で自然主義のような演説をしたこと、庭球について反感をいだいたこと、運動［スポーツ］をしたい者はするという主義は本校に合わない、と運動会委員会のとき校長と衝突したこと。こんなことで、退校させられたという話。両方とも悪い。校長がいいとはいえない。野々村さんも悪い。しかし長い物に巻かれろ。勢力のあるものは勝つ。いくら理由があるとも、長い物に巻かれるのはあたり前だ。教師に反感をもってはだめだ。校長は神聖にして犯すべからず。面をかぶっておとなしく見せてと、伯母さん［山本宣治の母］も言われた」。これが、上記の回想に一致する。すなわち実際の事件が起きたのは、後年に思い出した年の一年後のことである。

九月二二日（月）「五年生には野々村さんの事が発表された。然し理由は新しい思想はこの二中には容れられないというだけだ。校長はあまり雑書を読んではならぬと言った。野々村さんは「個性を重んずる」と言われて、［寄宿舎を］出られたそうだ。新しい思想には、あんな破壊的分子も、上の者に反感を持つ心も、ないはずだ。あれは、野々村さんの小学校時代の性質だ。もうなにもいわない。今日の九時の汽車で発たれる。思想上の退校のレコードを作った野々村さんは、新しい近代思想や劇や自然主義を奥深く研究した人か。いやいや、生かじりだ。文学がそんな行為をしたのではない。野々村さんが個性を発揮されたからそうなったのだ。文学はいつも文学だ」。

九月二七日（土）「束縛だ。やはり束縛されているのだ。寄宿舎から早く逃れたい。そうだ。善は急げだ。ルッソオを恐れた校長。二中はいざ知らず。天下は広い」。

九月三〇日（火）「築山さんから注意書きが来た。第五条に小説を読んではならぬとのこと。加藤先生から、近日校長が各室を調べて、小説を読んでいるかどうかを見るという。持っているものは取り上げるか、［本人を］処分するというのだ。野暮な校長だ。やはり塾は一種の束縛を受けている。小説はそれを通して、思想を味わうものなのに」。

一〇月一〇日（金）「小説を読むと恐ろしいという観念は私には少しもない。片山さんの退校は理由もある。小説をたくさん読んだことや、森本の艶書？［男色ということか］が片山さんの本の間にあったので、森本がさきに退校させられたとわかった。それから、片山さんの小説が森本に預けてあって、発見されたために、危険思想で退校させられたのだ」。

一〇月一四日（火）「小谷と二人で善後策を論じた。第一に、塾を逃げるのが一番だ。校長は四丙［四年丙組］に話した話に、『三田文学』を読んだら退校さす。あんな思想は非常に恐ろしいものだ。空漠なものだが、それが頭にしみこむと、非常に恐ろしいと。野々村、片山を退校したのも、思想からだ。これから二、三人はきまって退校さすと話したそうだ。『三田文学』、こんな雑誌を恐れてわいわい言っている。耽美派の作品に」。

「遊蕩文学の撲滅」

以上ながながと引用したが、退校の理由は、「フランス革命を起こした危険思想の本」、自然主義の小説、あるいは、『三田文学』を読んだことであることがわかる。わが国における自然主義は、藤村の『破戒』（明治三九年）、花袋の『蒲団』（明治四〇年）で始まり、明治四二年から四三年、つまり上記日記の記事の三、四年前に頂点に達した。この時期に藤村の『家』（明治四三年）、花袋の『田舎教師』（明治四二年）、岩野泡鳴の『耽溺』（明治四三年）、近松秋江の『別れた妻に送る手紙』（明治四三年）等が発表された。また明治四三年五月に森鷗外、上田敏、永井荷風によって『三田文学』が発刊された。

臼井吉見の『大正文学史』によると、赤木桁平《こうへい》が大正五年八月読売新聞に発表した「遊蕩文学の撲滅」は『三田文学』を中心とする文壇の享楽主義的傾向に加えた攻撃であり、常識的な非難であっただけに、大きな反響と論争をよびおこした。直接攻撃をうけたのは、長田幹彦、吉井勇、久保田万太郎、後藤末雄、小山内薫らであった。

明治二〇年代にスパルタ的、禁欲主義的教育を受けた公立学校の校長にとっては遊里の巷を扱った小説などは許せなかったのに違いない。臼井吉見が「常識的な非難」と言っているように、それは当時の日本人の一般的な考えだったのだろう。この風潮に支援されて、この校長は、小説イコール遊蕩文学、イコール危険思想と短絡的に考えて、小説を読む生徒をどんどん退学させたのであろう。

父は晩年になってから「私の中学時代は、寄宿舎で小説を読んでも、退校になった。だから小説は明治時代の中学生にとっては、その後の社会科学（マルクス主義）の本と同じく禁断の実であり、下手をすると、命とりであった」（『思想』一九五三年一〇号、一〇八六頁）と書いている。

大正二年一〇月二一日の日記には、『浴風雑誌』に「日光の奥より」と題して三〇枚の原稿を書いたとある。一一月一一日には『浴風雑誌』の原稿、随想を書き始めるとあり、翌日には三一枚書いてやめたとある。一二月一日の日記には、「『浴風雑誌』を山田の家にたのむ。装丁は黒い囲みにした。ルソオの『懺悔録』のようにした」と書いている。これから見ると、先輩が退校になってからは、徳太郎がその発行を全部任されていたのかもしれない。一二月五日に寄宿舎の図書室で数名の友人と共に『浴風雑誌』の批評をしたり、「夕食まで文芸談をした。ゲーテがどうだ、鷗外さんがどうだと、話は泉のように尽きない」と日記に書いている。

一二月になってからは、寄宿舎を出たいという気持ちが強くなったらしい。

一二月一五日（月）「加藤先生に通学の件をたのむ。すぐ校長のゆるしがあったら、許すと。信用のあついのが嬉しい。外では寒風が吹いていた。嬉しいような、悲しいような感じが起こってくる。涙がこぼれそうに感じられた」。

一二月一八日（木）（『三田文学』一二月号の）「永井荷風さんの『恋衣花笠森』を読む。美し。浮世絵のように。近松の作か、あるいは西鶴の作にふれるように。あるいは錦絵を広げたようにも思われた。耽美派の詩人。本当に美のかたまりだ。私は美にふけりたいのだ。すべての美に憧憬《しょうけい》している」。つまり退学処分の恐れがある『三田文学』を読んでいる。これは禁止されている本を読むスリルもあるだろうが、寄宿舎を出る目鼻がついたという安心感もあるだろう。

一二月二二日（月）「長い二年半の生活を振り返ってみると、みじめなものだ。束縛されたり、圧迫されたりしても、掃除もしなければならなかったのだ。いやだといっても、どうしてもやらねばならなかったのだ。退塾のお許しが出た。嬉しいが、また名残惜しい気がする。風呂にも入った。晩餐会にも出た。六時の板木も鳴った。余興も終わった。ついに私は塾［寄宿舎］と別れなければならなかった」。

二学期の終了と同時に寄宿舎を出ることが許されたのであろう。

一二月二三日（火）「帰省の喜びが塾にみちみちていた。若い人たちのこの喜びの有様が言い尽くされようか。寝室と自習室の掃除も終わった。加藤先生にあいさつに行った。「学問は処世の要件ではない。人格の修養が第一だ」といわれた。私はなんとなくありがたかった。汽車で帰る。東寺《とうじ》の塔が見えなくなった。北山から天王山の連山、紫がかった野原、赤いレンガの工場も消えてしまった。自宅に帰って落ち着いた。はじめて自分のからだのように感じた。とうとう、私は逃げることができた」。

一二月二六日（金）「夕方飛脚が塾にあった荷物を持って来てくれた。もう塾にはなにも残っていないのだ。とうとう縁も切れてしまった」。

一二月二八日（日）「三重吉さんの描いた女は、いつもはにかんだような、おとなしい女、あるいはいかにもうなだれているような女であるが、花袋さんの描く女は、放縦で、男にしがみつくように思われる。私は両方を望みたい。放縦であってもかまわないが、一面またおとなしい、女らしいところも望みたい」。

小説を次から次へ読めたのは不思議に思われるが、当時花やしきには、そういう雑誌が「ころがっていた」という。この時代、花やしきは盛況で、お客は主に文人墨客であった。だから、雑誌は、そういう客が帰るときに置いていったものが多かったのだろうが、自分でも買っていた。

翌大正三（一九一四）年三月二一日（土）には、「詩を作りたい。小説も書きたい。そして心のなかの寂しさを紙の上にあらわしたい」とある。

四月二八日（火）「『文章世界』［博文館から出ていた文芸雑誌］や『新潮』などはいやになった。なんだか、『白樺』と『三田［文学］』が好きになった。『白樺』はおもしろい、非常な興味がある。一事一事にも［一つの事ごとに、万事に］人生の意義があらわれている」。

五月二八日（木）「白樺を読む。武者小路さんも非常におもしろい。あの人の小説や感想には非常に共鳴するところが多い。自分はいつとはなしに、なつかしい気になった。長与［善郎］とかいう人の『盲目の川』もおもしろい」。

九月五日（土）「武者小路さんの『おめでたい人』はあまり感心しない。近作にくらべると、なんとなく幼稚だ」。

父は後年「遊蕩文学撲滅が文壇にあらわれ、これにかわって学習院の華族や金持のぼっちゃんが人道主義の旗をたてて、文壇にのさばり出した。私は平民であったから、こういう華族や金持の文学にはほとんど興味がなかった」と書いている（『選集』「思い出の芸術家、作家」）。しかし当時の日記を見ると、白樺派の作品は読まなかったという後年の回想とはまったく違う。『白樺』はこの時期には自分で買っている。

大正三年一二月五日（土）「学校の図書室が泰西文庫を買い入れた。それは自分には到底想像されなかったことであった。すべての文学書が危険なものとみなされていたあの頑固な思想が薄れて行くのを自分は喜んだ」。ここに述べてある泰西文庫というのは、博文館が創立二五周年を記念して刊行し始めた「近代西洋文芸叢書」のことであろう。それは、ツルゲネーフ『処女地』などの翻訳書のシリーズである。軍国主義的な中学校にも、大正時代の空気が徐々に入り始めていた。

少年の一人旅

時代を先に進みすぎたきらいがあるので、少し逆戻りしたい。父・安田徳太郎の少年時代の日記にしばしば登場するのは、犬丸静吉と副島八十六《やそろく》という人物である（副島については一〇六頁参照）。

犬丸はどういう人かはわからないが、日記を読むと、宇治の水力電気の若い技術者であったらしい。この人は花やしきに来ると、徳太郎少年をかわいがり、カルタ、五目並べ、百人一首をして遊んでやったり、夏には宇治川に蛍を取りに行ったり、算術（算数）を教えたり、水力電気の工事の話をしたりした。それで、徳太郎少年も犬丸によくなつき、犬丸が来ると、母親の許可を得て、部屋に跳んで行ったり、京都の犬丸の家に泊まりに行ったりした。母親が仲居をしていたので、学校から帰っても家に母親はいないし、母の帰宅が遅く、寂しく感じていた少年にとっては、犬丸の家に泊まり、京都の町を一緒に歩くことは、大きな喜びだったらしい。つまり父のいない少年にとっては、犬丸は父親の役割をしていたのである。

明治四三（一九一〇）年、高等科一年の夏休み、生まれて初めて一人で、東京の叔母（母親の妹）の家に遊びに行った。今日では、京都から東京まで二時間ぐらいだから、はるかに遠い国とは思えないが、今から一世紀まえの二〇世紀初頭には、京都から東京まで急行で一四時間かかった。今の感覚でいうと、ヨーロッパに行くのよりも遠い。知らない土地に一人で行くのだから、一三歳の徳太郎少年はおそらく泣き出したいくらいに心細かったであろう。母親は、あの子は父親がいないから、あんなに甘ったれになったのだとか、腑抜けになったのだとかと言われまいとして、心を鬼にし、これも息子のためだと自分に言い聞かせて、息子を一人旅に出したのであろう。おそらく母親は「あんたのお父はんも一人でハワイへ行かはったし、兄さん〔山本宣治〕も一人でカナダへ行かはった」と息子に言って、激励したのであろう。

八月五日（金）晴「いろいろ支度して、晩、犬丸さんにお菓子をもらい、九時の汽車で宇治をたった。伯父さん〔山本宣治の父〕は駅長に言ってくれた。京都で乗換えて、東海道線で東京の空へ走った」。徳太郎少年は午後一〇時五六分発の汽車に乗ったと推定される。これだと豊橋が午前四時、浜松五時、静岡七時、山北、国府津は一〇時頃なので、晴れなら富士山を眺めることができたであろう（この時代は現在の御殿場線が東海道本線であった）。午後一時ちょっとまえに新橋に着く。日記を見ると、次の通りである。

八月六日（土）曇「今は汽車の中だ。四時頃目をさました。浜松の景色を眺め、三保の松原を賞して、富士山を眺めながめ、箱根のトンネルもあまり沢山で、あきあきした。横浜から新橋まで寝てしまった。叔母さんがむかいに来られた。電車にて浜町に行った。晩、両国の川開きの花火を見に行った」。

翌七日（日）曇「午後一時に日本橋通りのワンプラに行った。少し話をして、兄さんの家へ電話をかけた。兄さんと一緒に前田の敏男君を訪ねた。浜町に帰った」。

「日本橋通りのワンプラ」というのは、さきに述べた京都京極のワンプライス・ショップの東京の支店であり、現在高島屋があるあたりである。「浜町」は徳太郎の叔母の住まいである。この家は瀬川と言った。息子の私の少年時代の記憶では、家はたしか日本橋橘町で、風呂敷の卸しをしていた。前田の敏男は、徳太郎のいとこである。「兄さん」は日本橋区大門通りの安田直次郎という人であろう。直次郎は、山本宣治の母親の弟である。つまり徳太郎の叔父で、当時二四歳であった。後にこの人は、宇治に帰り、「花やしき」内で、ビア・ホールをやっていたらしい。

さて、日記にもどると、明治四三年八月八日、九日、一〇日と連日雨であった。

八月一一日（木）「昨日大雨が降り、関東では何十年ぶりの大洪水で、汽車が不通になった。兄さんと二重橋、日比谷公園、芝の増上寺、愛宕神社、泉岳寺、靖国神社、そこの遊就館［古今の武器や戦利品の陳列場］、浅草などを見に行った」。一二日には上野の動物園と浅草に行った。一三日は雨。一四日には、靖国神社に行った。当時は靖国神社は神社というよりも、東京の盛り場の一つだった。一五日には、「上野の博物館でミイラを見た。それから青山へ行き、青山御所と東宮御所を見た」とある。

ところで、東京に電車がはじめて走り出したのは、明治三六（一九〇三）年で、新橋から品川までであった。これは東京電車鉄道、略して「電鉄」と言った。この会社は明治一五年から馬を動力源としていた東京馬車鉄道の後身で、軌道をそのまま使い、動力を電力に変更して、上野、浅草、日本橋、銀座、新橋、品川と路線を延ばして行った。翌三六年には東京市街鉄道、略して「街鉄」が生まれ、三田、増上寺、日比谷、三宅坂、赤坂見附、青山一丁目、青山四丁目、渋谷という路線や、日比谷、小川町、飯田町、半蔵門、四ッ谷、新宿という路線や、日比谷、三原橋、茅場町、水天宮、両国橋、厩橋、上野広小路、本郷三丁目、万世橋という路線などなどができた。また明治三七年には、東京電気鉄道、いわゆる外濠《そとぼり》線ができた。これは、四ッ谷、市ヶ谷見附、御茶ノ水、神田橋、鎌倉河岸《がし》、常盤《ときわ》橋、八重洲河岸、数寄屋橋、内幸町《うちさいわいちょう》、溜池、赤坂見附という路線である。明治三九年にはこの三社が合併して、東京鉄道（略して「東鉄」）になり、明治四四年に東京市営になった。すなわち市電が誕生した。そのほかに甲武鉄道電車があった。これは現在の中央線電車で、当時は御茶ノ水―中野間であった。徳太郎少年が東京に遊びに来た頃はこのように、東京の電車網が整備されてきて、東京がますます便利になり出した時代だった。

また日記に水害のことが書いてあることからわかるように、当時東京には下水道がないために、雨が一寸長く降ると、道路はぬかるみになり、雨水が流れて、水害が起きた。当然、生活汚水はしみこみ式であった。また洋風ホテルや西洋式の建物が増え始めるにつれて、それらの建物は水洗便所になった。しかしその汚物はそのまま川に流され、やがて川は鉄漿《おはぐろ》どぶになった。東京の代表的ホテル、帝国ホテルの裏の川も鉄漿どぶになり、悪臭が強烈であった。尾崎咢堂《がくどう》東京市長のとき（明治三六年から四五年まで）、これが大問題になった。日露戦争に勝ち、一等国になったといっても、東京の内実は、発展途上国の首都であった。

徳太郎少年はこの電車網を利用して、当時の東京の観光スポットを見に行った。浸水して通ることができない所は、違う路線を迂回して行ったし、直兄さんと一緒でなく、一人で行き出した。

八月一七日（水）「水害で不通だった東海道線が開通した。日比谷公園に行った」。一八日には三越に行った。「僕の買えるものはない。みな高価なものばかり」と徳太郎少年はなげいている。

二一日（日）「昼から浜町のおばさんと、六人で、千住行きに乗って吉野橋［吉野町か山谷町］で降り、日本堤を通って吉原を見に行った。まるっきり動物園のようでいやだから、すぐ出て、浅草に行き、花屋敷で活動［映画］を見た。夜は副島さんと五目並べをした」。

二二日（月）「副島さんのところへ行こうとして、電車の江戸川橋で下車して、尋ねまわって、やっと副島さんのところに着いた。午後、南極探検隊長白瀬《しらせ》中尉の馬を見た副島さんは、その馬に乗られた。帰りは朝日新聞社に行き、銀座でアイスクリームを食べた。晩は蓄音機を聞かせてもらって、泊まった」。

白瀬中尉は同年一一月に芝浦埠頭を出港し、明治四五（一九一二）年一月一六日に南極大陸に上陸し、四か月後の六月一九日に日光丸で横浜に帰ってきた。出発前に、白瀬中尉が馬に乗って副島さんの家に来たのであろう。徳太郎少年が帰ろうとしたら、銀座へ行こうと副島さんが言い、そのうち、泊まって行けということになったのであろうか。

二三日（火）「大隈さんのお屋敷に行った」が、会えなかった。平日に中学生が元首相に会いに行くという度胸には恐れ入る。山本宣治が大隈重信の家でランを栽培していたことから思いついたのだろうか。「晩に神楽坂にいった」と書いてあるので、大隈さんのお屋敷に泊めてもらったらしい。当時は政治家の家には、書生や食客が何人もいたのであろうから、中学生が一人くらい泊まってもどうということはなかったのであろう。

二九日（月）は「日韓合邦記念日。浜町のおじさんと岩佐病院へ兄さんを見舞いに行った。叔父さん

はお店へ行かれ、僕一人だけで、兄さんとこで遊んだ。一一時に別れを告げ、人形町から通り［のワンプライス］へ行った。七時頃電車で浜町に二人を呼びに行った。七時半からいよいよ提灯行列。二万人の提灯。九条侯のお姫さまが来られた。花電車も通った。一一時頃帰った」。

日韓併合条約は明治四三（一九一〇）年八月二二日午後五時に調印され、二九日に公布された。この提灯行列はこの公布の祝賀である。徳太郎は、後年この提灯行列を思い出して、「日本橋の丸善の隣の親類の家の二階から見物した」が、「何となく殺気だった薄気味わるいものであった」と書いた（『思い出す人びと』八九頁）。日本橋丸善の隣の家というのが、「通りのワンプラ」であろう。日記にある「呼びに行った」というのは、ここで見ようと従兄弟たちを呼びに行ったのであろう。

木村毅氏の『丸善外史』という本に明治四四年四月の日本橋開橋式の記念絵葉書が載っているので、それを転載させていただく（上図）。

絵葉書の左端が新築された丸善、右端が新築の日本橋である。「通りのワンプラ」が丸善の右隣（日本橋寄り）ならば、この絵葉書

に描かれているが、左隣（京橋寄り）ならば絵葉書には描かれてない。それでも徳太郎少年が行った四か月後の東京のメイン・ストリート、日本橋通りの店のかまえ、規模がおよそ想像できるだろう。提灯行列のときも大勢の人が出た（動員された）と言われているが、日本橋開橋式の絵でも、溢れるほどの人出である。

三〇日（火）「いよいよ今日帰京する。荷物をこしらえ、甘納豆を榮太楼に買いに行った。二時半に孝ちゃん、兄さんらと一緒に新橋に行ったが、六時まで待たなければならないので、博文館に本を見に行った。三等急行に乗った。汽笛の声も悲しかった」。

三一日（水）「午前五時名古屋で目が覚めた。一一時に宇治に着いた。いろいろ東京のお話をして、お土産を分配した。晩もお話でもちきり」。

徳太郎少年は、伯父さんを除いて、他の人が行ったことがない東京に行って来たのだから、得意満面で東京のことをしゃべったのだろうし、一人旅ができたし、東京の電車にも乗れたのだから、万事に自信がついたであろう。

明治天皇崩御

明治四五（一九一二）年中学二年生のときの日記は残っているが、その内容は学校の授業のことが多い。「試験で、書くことなし」として、六月から七月までは空白である。ところが、日記は次の文で再開された。

七月三〇日（火）「午前六時起床。すぐに学校に行く。今上天皇薨去の報。帰りて号外を見れば、今上天皇三〇日午前零時四三分心臓麻痺にて薨去あらせられたりと。嗚呼《ああ》ついに聖上陛下は、天へ昇られた。晴れ渡る野にはなにか悲しみの色があらわれて、街の外もいとどさみしき思いがした。ついに皇太子嘉仁《よしひと》親王が践祚《せんそ》せられた」。高等科一年のときの日記に比べると、大人っぽく、文章が上達しているのに驚かされる。

大正元年七月三一日（水）「午前七時起床。宮中の報は、時々刻々号外をもってしらせが来る。天皇陛下が零時四三分崩御あらせられて、皇太子が［午前］一時に宮中賢所《かしこどころ》において、践祚せられ、ついで妃殿下が皇后職につかれ、大行天皇［崩御後おくり名のない先代の帝］をおくり名して、明治天皇と称す。陛下の御陵は、山城桃山御料林地、桃山城跡と定められた。大葬は東京青山練兵場［現在の明治神宮外苑］にて八月下旬から九月上旬［の間］に施行せられるはず。お棺は白木檜で、一晩のうちにしあげたほど。お別れ式があった」。

九月二六日（木）「夕方六時より月見の宴会。去年のような豆餅に月がこうこうと照らし、その光で、スキヤキと昔の野営のことも思い出される。終りに、校長は無礼なる谷本博士は、おまえたちがなぐっても、殺しても、我輩は退学させないと。なぐれ」。これは、京都帝大の谷本という教授博士が、乃木将軍の殉死は売名行為だと論評したことにたいして、京都府立二中の校長が憤慨して、「殺してしまえ」とか「殴りに行け」と月見の宴のときに、生徒を扇動したことを指す。日記のその先を見ても、この件については、何も書いてないので、殺しに行ったり、殴りに行ったりした生徒はいなかったようである。しかし校長たるものがこのようなことを言うのは、明治時代でも不謹慎だし、教育者としては失格でないだろうか。

明治天皇が亡くなったとき、漱石の『こころ』のなかの先生はこう言った。「そのとき私は明治の精神が天皇に始まって天皇に終わったような気がしました。もっとも強く明治の精神の影響を受けた私どもが、その後に生き残っているのはひっきょう時勢遅れだという感じが烈しく私の胸を打ちました」。先生のこのことばは、この時期の明治人の心情を表わしたものだといわれた。

竹久夢二の記憶

大正元年一二月二四日（火）（□は解読できない箇所）「午前七時起床。七時半寄宿舎に別れを告げて、七条［京都駅］から宇治へ。帰ると、夢二さん、竹久さん。こんな人が来ておられるとは！□□□してもらい、スケッチ・ブックなどを見せてもらう。四、五日まえから来られて、展覧会で買った堂茶屋［?］の娘をもってきてくださったのだ。野田、犬丸さんを一つにしたような人であるから［近所に住んでいる人のように、ということか］、今日帰られると言うので、切にとめたが、だめ。おせいさん、お千代さん［仲居さん］と姉さんと、自分の像を描いてもらった。晩九時の汽車でステーションまで夢二さんを送る」。

徳太郎は一九七六（昭和五一）年「竹久夢二」について次の回想文を書いている（『思い出す人びと』三五頁以下）。ちょっと長いが、一部分を引用したい。

山宣はその年の一九一二年（大正元年）一一月二三日から一〇日間、岡崎公園にある京都府図書館で開かれた第一回夢二作品展覧会に行った。冬休みに宇治に帰ったとき、山宣はわたくしに「正月に君の先生が来るよ」と言った。「先生ってだれですか」と聞いたら、「竹久夢二さんだ」と言った。これにはびっくりした。つまり山宣は展覧会で竹久夢二さんにあって、正月に宇治「花やしき」に来て、しばらく滞在するよう勧めたのである。

大正二年一月一日に竹久夢二さんは約束どおり宇治「花やしき」にやって来た。わたくしたちは中二階のいちばん立派な座敷に招じて、家中総がかりでもてなした。山宣はわたくしを紹介して、「この少年は夢二さんのいちばん熱心な崇拝者です」と言ったので、恥ずかしくて、顔が赤くなった。わたくしはおそるおそる夢二さんに「夢二というのは、おじさんのほんとうの名前ですか」と聞いてみたら、笑いながら、「茂次郎《もじろう》というのが本名です」と返答された。翌朝あいさつに行ったら、これからみなさんに画を描きましょうというので、みんな集まっていろいろ描いてもらった。私は大きな硯り石で、墨をするように命ぜられた。その翌年に山宣夫人になったお千代さんはたいへんな美人であったので、夢二さんはこの人をモデルにいろいろ描いた。「指環を差し上げましょうか」と言って、指に環をつけたり、「花かんざしを差し上げましょうか」と言って頭の上に花を描いた。それから夢二さんは「ぼくの崇拝者という徳太郎君にも記念になにか描きましょう」と言って、しばらく考えてから、窓からはるか向こうに見える宇治橋をさらさらと描いた。夢二さんにかかると、宇治橋も夢二式の風景画に変わってしまった。夢二さんは五日ほど滞在されたが、ちょうど正月であったので、屋敷の前で、羽根をついたり、夜はトランプ、歌かるた、アップダウンという遊びをして楽しく暮らした。それから夢二さんは宇治駅から奈良鉄道に乗って、奈良に行って、一〇日ほどスケッチ旅行をして東京に帰られた。

ところが大正二年一月一日の日記を見ても、「竹久夢二がやって来た」とは書いてない。正月には、徳太郎少年は大阪に遊びに行ったり、母方の大阪の親類の子が遊びに来たりしている。すると、晩年の回想は、実際は大正元年一二月二四日に起こったことである。日記の「像を描いてもらった」というのが、空想で大きく膨らんで楽しい回想になったのであろう。少年は、「夢二さんにもっと泊まってもらいたい。そしていろいろのゲームをしたい」と思ったのであろう。しかし夢二はそれを押し切って帰って行った。少年のこの欲求不満が楽しい空想物語になったのに違いない。羽根つきをしたり、カルタをしたりした。そして五日泊まっている。空想は満たされなかった願望の実現である。この空想物語を亡父は晩年に思い出したのであろう。念のために、明治四五年と大正三年の一月一日の日記を見たが、竹久夢二の名前は出てこない。

この年、つまり大正二（一九一三）年の七月、徳太郎の伯父（山本宣治の父）がみんなを東京に連れて行ってやろうといって、伯母だけが留守番をして、伯父、息子の宣治、仲居さんの千代、徳太郎の母（きく）と姉（とき）と徳太郎の六人で豪華な旅行をした。その最終日のことだ。

大正二年七月三一日（木）「昨日夕方宇治から電報が来て、五人に帰れというので、伯父さんが先に帰られ、あとの人は今日帰られる。すぐに通り［のワンプラ屋］に行ったら、用意の最中。うちの者五人と日本橋橘町の叔母さんの六人で、白木屋へ行って買物をした。エレベーターにも乗った。それから三越に行ったら、夢二さんに会った。兄さん［山本宣治］が喫茶店で休んで、なにか話していられた。食堂で七人が飯を食べた。おいしかった。すぐ電車で雷門へ。汽船で向島へ行った。桜の木がずっと堤に並んでいた。向島の言問団子を買って、それから竹屋の渡しに乗り、待乳山を見て、浅草へ行った。夢二さんがいちょうの木の由来、また四面の観音さんのことをも話して下さった。十二階［凌雲閣ともいったタワー。当時の浅草の名所。大正一二年の関東大震災で半壊し後撤去］に上って、ヨカローに行った。文士の集まるところだ。広いところだ。コーヒーとカステラと果物を食べて出た。通り［の人］は、みなが九時の汽車で帰られるので、見送りに行った。夢二さんも一緒だった」。

それから六三年後の昭和五一（一九七六）年の父の回想はこうなっている。

その年［大正二年］の八月におじがみんなを東京に連れて行ってやろうというので、おばだけが留守番をして六人で特急に乗って豪華旅行をした。［行先は上記の日記に書いてあるのと同じ］。東京に着くと、竹久夢二さんが「正月のお礼にみなさんにご馳走をしましょう」と迎えに見えた。わたくしたちは、夢二さんに案内されて、たしか本石町にある文士がよく行く「ヨカロウ」というレストランで西洋料理をご馳走になった。それから銀座に出て、アークランプの輝く、柳並木の歩道を散歩して、カフェーでコーヒーをご馳走になって、そこで別れた。夢二さんの細腕で六人もご馳走してもらってなんとも気の毒だと、山宣は繰り返し言っていた。その年の暮れにわたくしは夢二さんから、『どんたく』と『昼夜帯』をいただいた。これは非常な感激であった。（『思い出す人びと』三七頁）

両者を比べると、「よかろう」以外はまったく違う。六〇年の歳月が記憶をまったく変えてしまった。しかし何度か行った博文館の所在地本石町と「よかろう」というレストランの名前は、記憶から消えなかった。そして、その上に別の記憶がくっついてこの回想録ができたように思われる。「その年の暮れに、『どんたく』と『昼夜帯』をいただいた」とあるが、大正二年の暮れの日記には、夢二が来たという記載はない。それゆえ、記憶の誤りである。『どんたく』については、翌大正三年九月二七日（日）の日記に府立図書館に行き島崎藤村の『微風』（緑蔭叢書第四編として新潮社から出た短編集。大正二年刊行）を返し、夢二の『どんたく』を借りたとあり、「絵はみんな切って、なくなっていた」と書いてある。それゆえ、『どんたく』をいただいたという後年の回想は誤りであろう。花やしきに来訪した作家としては大正二年一二月一四日の日記に「石井柏亭《はくてい》さんが新婚旅行でやってこられた。四枚画をかかれた」という文があるだけである。念のために、暮れよりもう少し昔にさかのぼって調べると、大正二年一一月九日に、長田幹彦と吉井勇が来たという文があるが、夢二が来たという文は見あたらない。

夢二が大正二年一月一日に花やしきに来たという話は、事実ではなく、空想物語だとさきに書いたが、今回の七月三一日の件は、夢二に会ったことは間違いないが、場所が正しくない。「よか楼」は雷門の電車通りをへだてた向かい側にあったレストランで、明治四四（一九一一）年頃にパンの会の会員が集まったところである。大正二（一九一三）年一六歳の安田徳太郎少年が「ヨカローは文士の集まる所だ」と日記に書くほど、ここは有名であったらしい。この有名なレストランに夢二は、京都からの遠来の客人を連れて行ったのである。安田徳太郎少年が「広いところだ」と書いたように、この詩人も「ひろびろと静かな」とよんでいる。

カチューシャの唄

大正二（一九一三）年九月一日（月）二学期が始まった。徳太郎少年は九月八日から四〇度の熱が続き、脚が痛く、寄宿舎で一週間近く寝ていた。この直後から寄宿舎で、上級生の退学処分の騒ぎが起こった（本章冒頭で述べた）。それで徳太郎少年は、九月二〇日に、教師に反感をもってはだめだ、校長は神聖にして犯すべからずだと反省した。しかし一方では、寄宿舎から早く逃げようと思った。

翌年の日記。大正三（一九一四）年一月一三日（火）桜島が噴火したと書いてあり、一四日には「うちの縁側にも灰が降った」とある。一九日にも新聞は噴火のことで埋まっていると書いている。二四日には、新聞には桜島のことは書いてないが、今度はシーメンス会社のコミッション（口銭）事件で大騒ぎだと書いている。これは、艦艇の購入に関連してシーメンスが海軍軍人に贈賄をしたというものであった。二月一一日（水）の日記には、これに関連して内閣不信任案が提出され、一〇日東京日比谷では、国民大会が開かれたと書いてある。このように、大正三年の日記には、これまでと違って、政治や社会に関する記載が多い。また通学の電車が混んでいるという記載も多い。それで女学生の集団のなかに、わざわざ入って行く級友がいると、徳太郎少年は憤慨している。

三月二〇日（金）伯父さんは兄さん（山本宣治）の同志社普通部卒業式に行った。「兄さんは一四〇名中二番で卒業し、大きな賞品を貰われた。［僕も］ぱっと、特待生になってみたいと思った。しかし代数で失敗しているから危ないものだ。なれるだろうかと思ったり、まったくなれやしないと思い直したりした」。

＊

トルストイ原作の『復活』を島村抱月が脚色し、松井須磨子が演じる新劇が大阪で公演され、大評判になったのは、大正三年三月であった。それで、この芸術座が京都にも来て、南座で公演することになった。

四月二五日（土）「南座に『復活』の芝居を見に行きたかった。が、だれもつれて行ってくれぬ。小谷と話して、具合よく二人で行くことになった。二等六〇銭を払って、二階の正面に陣取る。第一幕の夢の場の二部が一番いい。あの須磨子が透き通った声で「カチューシャかわいや」の唄を歌う。カチューシャとネフドーリュフの会見の場の写真を見て、カチューシャが、あくまよ、あくまよ、と叫ぶところからは、須磨子一人の芝居になった。あの声、あの顔、あのほほの色、そこに長い間の努力があらわれているではないか。須磨子の芸術に心を奪われた」。少年がこの感動を家族に伝えたのだろうか、二七日にお母さんも姉さんも南座に行った。

五月四日（月）「島村抱月さんと松井須磨子さんが花やしきに来られたと聞いた。カチューシャの唄を歌った舞台の主人公は、この花やしきでは、舞台で見たように美しく、チャーミングな姿ではなかった。へりくだった、女優さんくさくない、あたりまえの女だ。そこになんとなく、立派なところを感じた。もしはでな着物を着、立派なお化粧をほどこしたなら、到底あの真面目な芸術を得られなかったろう」。

五月六日（水）「「カチューシャかわいや　別れのつらさ　せめて淡雪　とけぬ間に　神に願いを　ララかけましょか」［島村抱月作詞］と歌いながら、学校へ通った」。

こんな文もある。

八月一〇日（月）「暑い日であった。昼から、いとこのSちゃんと自分はハモニカ、Rちゃんはあんまの笛、姉さんは琴、妹は三味線で、ピーピー、シャンシャン、ペンペンとみなでカチューシャをやりだした。［宣治］兄さんは帳場からとんでこられた。伯父さんは夜やってくれといわれた。夜みなで合奏をした」。

藤村は泣いていたか

大正三年八月に、第一次世界大戦が勃発した。徳太郎少年は日記で、戦時下にパリにいた宇和川通喩《うわがわみちさと》という洋画家から来る手紙にふれている。

徳太郎は後年この人について大阪の美術家のグループの人で、東京の美術学校を出た人で、自分はこの人のスケッチによくついて行ったと言っている。花やしきに来たお客であったのだろう。徳太郎少年の日記には、この人のパリの住所として、日本大使館気付となっていて、夫婦でパリにいたらしい。

後年安田徳太郎は、こう言っている。「わたくしはその当時島崎藤村の『エトランジュ』［これは、朝日新聞に載ったもので、後述のものとは違う］というフランス通信を読んでいたので、宇和川さんに文豪の近況をたずねてみたところ、宇和川さんから、この先生はどういうわけか、わたくしたち日本人とちっともつきあわない、下宿に引きこもって、泣いてばかりいる、日本人なかまでも、奇妙な男だとの噂であるとの知らせであった」（『思い出す人びと』九四頁）。

ところが、この文に該当するような記事は徳太郎少年の日記にはない。九月一八日（金）の日記には、「宇和川さんのところから手紙が来ていた。宇和川さんと巴里の小さなお友達の写真。一二歳ぐらいで、宇和川さんより、背がうんと高い。それと、フランス兵の露営の絵葉書。八月一〇日発の手紙が三十日以上かかるのだ。『朝日』に藤村さんの巴里通信が出ていた。このさえた筆、巴里の町の寂寞《せきばく》たる風景が、前の宇和川さんの手紙とともに目に浮かぶ。自動車が、馬車が、なくなり、オペラ（座）は閉ざされ、ピアノ一つ弾かない巴里の人の悲惨な光景に同情した。日本は幸福だ。直接に戦争について、なにも関係していないから」とあるが、藤村が泣いているようにみえない。私の手元に三代名作全集『島崎藤村集』という昭和一六（一九四一）年九月（三版同年一〇月）に河出書房から出た本があり、そのなかに『仏蘭西土産』という作品が入っている。これを見ると藤村がパリにいたとき、藤村の下宿（アパルトマン）を訪れた人や食堂で一緒に食事をした人が多かったことに驚かされる。つまり、「在外研究員」とよばれた文部省の留学生と、私費留学の画家たちである。そのなかでも、藤村はある晩、石原純、河上肇、竹田省との会話を楽しんだことが出ている。これらの学者は、ベルリンに行く途中にパリに寄ったとか、日本に帰る途中にパリ観光に来た人で、パリ滞在は数日であったが、これらの人と、藤村は夜が明けるまでしゃべったと書いてある（五〇―五二節）。

この本によると、オーストリアがセルビアに宣戦布告し（大正三〔一九一四〕年七月二八日）、パリ籠城の噂が出たとき、パリ在住の日本人四、五〇人ばかりが、パリの日本大使館に集まり、とりあえず団結しようとか、委員会を作ろうという話が出た。集まった日本人のなかには、平素顔を見たことも、口をきいたこともないような人もいた（六一節）。そのなかに、宇和川さんがいたと推定されるのだが、藤村の本にはその名前は出て来ない。その後、委員会は毎週二回開かれた。いずれ在留日本人一同が、大使館に籠城するようなときが来て、食料が欠乏して、お粥でも、なんでもすすらなければならなくなるかもしれないと、皆が思った。明治三三（一九〇〇）年の北清事変（義和団事件）のとき北京に籠城したことがある石井大使は、万一のことを思って、大使館職員にそろそろイタリア米を買い集めさせていると言った。その席で、パリ在住日本人は、全部で一〇〇人あまり、そのうち二〇人は軍人だということが報告された（六三節）。しかしこの章にも、宇和川さんの名前は出てこなかった。

藤村は大正三年八月二七日頃、柚木（久太）、金山、足立（源一郎）、正宗（得三郎）らの四人の画家と一緒に、フランス中央部のリモージュに疎開し、しばらく正宗画伯と一緒に暮らした。藤村は一一月中旬にリモージュを去り、一人でボルドーに行った。ボルドーには日本大使館が疎開していた。藤村はボルドーから、二か月半ぶりにパリに戻った。正宗画伯も、パリに帰っていた。藤田嗣治《とうじ》はずっとパリにいたという。『仏蘭西土産』を見ても、「藤村さんは下宿にこもっている」とか、「泣いてばかりいる」とは思えない。

＊

安田徳太郎少年は、大正三（一九一四）年一一月二〇日（金）「宇和川さんから手紙が来ていた」として、こう書いている。「封を切ると、まだパリには入れぬので、リヨンにいることや、ひまにまかせて、友達の写真をいじっていることが書いてあった。ついこの間来た手紙には、リヨンの菓子店の子供が、前に出した宇治の絵葉書を非常に欲しがったので、それを子供にあげたが、次に子供が宇治に手紙を出したいというので、住所を教えてやったとある。英文でなにか書いてよこしたら、喜ぶだろうと書いてあったので、なにか書いてやろう。印刷物は巴里ではやっている流行節（歌）で、ドイツとの戦争のことである。学校の先生に、ピアノで弾いてもらって、戦時下のフランスのことをしのんでくださいと書いてあった」。この日記には、藤村さんのことは、なにも書いてない。

そこで私は、戦時中の昭和一六（一九四一）年に出た『仏蘭西土産』ではなく、大正時代に出た『エトランゼエ』を見なければならないと思った。戦時中は、男が泣くなどという女々しいことは許されなかったからであった。『エトランゼエ』は、藤村がフランスに行ってからから八年後、帰国してから五年後の大正一〇（一九二一）年五〇歳のとき、在仏中に故国の新聞に送った原稿の記事の切抜き、在仏中に知人友人から貰った手紙、旅行中に求めた絵葉書、見たか、聞いた芝居、オペラ、音楽会のプログラムなどなどを参照して新たに書き下ろしたものである。この本は、翌大正一一（一九二二）年九月、春陽堂から出版された。私が手に入れたのは、昭和三〇年の新潮社版である。これを見て驚いたことは、『仏蘭西土産』は『エトランゼエ』とまったく同じであったことだ。ただ前者では、後者の最後の「エトランゼエの後に」の約二頁が削除されている。現在と違って戦時中はカタカナ語を使うことは好ましくないとされていたので、「エトランゼエ」は「仏蘭西土産」になったのだろう。後者が出たとき、藤村は存命であった。

私は二種類の本を手に入れてから、「泣く」という言葉にとらわれないで、もう一度丹念に読むことにした。すると、この本の終わりに近い九六節につぎの奇怪な文章があることを発見した。

誰か部屋の扉《ドア》を叩く音がする。何時から懇意にするともなく、私のもとへ来るようになった一人の外国人がある。日がな一日寂寞に閉される思いをしたり、訪れて来るものも少ない旅の窓に国のほうのことを案じ暮らしたりして、煤けた壁も慰みの一つに独りで時を送るような折には、きまりで「決まって」の意味か」その外国人が扉を叩きに来る。そして私の前に肱掛け椅子を引き寄せ、そこに腰掛けてしみじみとした調子で私の話相手になってくれる。「これが君の子供から送ってきたお清書かね。細いペンで書いた字ばかり見つけていて、こんなに大きく書いた字を見ると、不思議な気もするね」。こんな調子で私に話しかけるのも、あのエトランゼエだ。

はじめ私は、エトランゼエが実際に来たのだと思って、読み流してしまった。もう一度読んだときには、妄想かなと考えた。しかしその先を読んだとき、どうもそうではなさそうだと思った。

藤村があるときリュクサンブール公園に行ったところ、新しく白い大理石の碑が置かれていた。この碑は昨年ぐらいから、設置の工事が行われていたものである。見ると「スタンダールに献ず」となっていて、表面には生年と没年、裏面には著書目録が彫ってあった。「ゆかしい石碑だな」と思って帰ってくると、「下宿には例のエトランゼエが私を待ち受けていてくれるような気がする。そういう石碑一つでも、私はそれを見つけた時の旅人らしい歓びを分けずにいられなかった」。

また、電車から降りてサン・ミッシェルの石橋の上にかかると、ノートル・ダム寺院の古塔が、桃色の夕日に染まるのを見た。藤村は今さらのように、フランス人の建築的才能と伝統を重んじる意志を思い、尊敬と羨望の念を禁じえなかった。藤村はフランス人は、「やっぱり違うなあ」とつぶやいた。そういうとき「私の側へ来て、内にも外にもいて、私の言おうと思うことをよく聴いてくれるような気のするのもあのエトランゼエだ」(『エトランゼエ』または『仏蘭西土産』九六節)。

これらの文から見ると、エトランゼエは実在の人ではなく、幻想、つまりまぼろしである。人は手足のどれかを、切断されると、なくなった手足があるような感じがする。このような手足は幻影肢といわれ、古くから知られていたものである。藤村の幻はこういうものでないかと私は思った。藤村はこの幻に話しかけ、またそれに自分で答えているのである。つまり自問自答である。

藤村はこの「エトランゼエ」をこう説明している。それは「自分の影法師のようでもあり、外からこっそりやってくるもののようでもあり、こうした長い旅の途中に隠れ潜んでいたもののようでもあり、私がエトランゼエを迎え入れる心持はちょっと説明することができなかった。ただ感ずることができた。あたかも暗夜の実在を感じ得られても、それを説明することのできないのに似ていた。私は正宗君や高村君に笑われるのを恐れて、ついぞ、こんなことを誰にも口外したことはない」(同上九七節)。

また、つぎの文もあった(同上九五節。また『新生』前篇一二一節)。

旅人よ。夕方が来た。何をお前は涙ぐむのだ。お前の穿き慣れない靴が重いのか。この夕が重いのか。それとも明日の夕方が苦しいのか。

旅人よ。なぜお前は小鳥のように震えて居るのだ。仮令《たとえ》お前の命が長い長い艱難の連続であろうとも、なぜもっと無邪気な心を持たないのだ。

飛行機が飛んだ

藤村がパリに行った翌年の大正三（一九一四）年七月は、飛行機が飛んだというので、京都では、大騒ぎになった年であった。徳太郎少年の日記から引用する。

七月五日（日）「飛行機など見物に行きたくなかった。あのむせかえるような雑踏のなかを人の肌の臭いをかいでいるくらい不愉快なことはない。それより青い蚊帳のなかでたった一人ねているほうがどれだけ愉快であるかしれない」。

七月七日（火）「今日は少し曇り気味で、飛行は中止になった。飛ぶだろう、飛ぶだろうと、待っていたが、京都の空を一度もかすめなかった。お母さん、伯父さん、伯母さん、姉さんが、深草の練兵場へ飛行機を見に行ったと聞いた」。

七月八日（水）「用意の鈴が響きわたって、少したつと、深草練兵場［京都の南部の伏見区］で、号砲が鳴った。「飛行機だ、飛行機だ」と叫んでいるうちに、ふわりと小さい飛行機の影が空に映った。幾何の時間は、皆の心が上の空に引かれた。一人が叫ぶと、「ドー」と、教室から跳んで出る。そのうち、ゴーゴーというプロペラの響きがたちまち響いた。心地よい飛行、トビのように飛んで行く、高左右《こう》さんの飛行振り。自分の心はもうすっかり空にはせていった」。

九月一二日（土）「二百二十日の風がちょうど冬の木枯らしのようにゴーゴーと吹いた。朝寝をしたので、急いで家を出た。外はなんとなく、寂寞たる感じがする。人も歩いていなくて、風は白い砂をあげている。今日は萩田さんのモーラス飛行機が上がる日だ。こんな風の日に上がるものかと、自分たちは、けなしていた。歩いていると、プロペラの音が響き渡った。飛行機だ。トビのような形。高い空を縦横に飛び回っている。その勇ましさ。私たちは、萩田さんの飛行振りに感心してしまった。京都の人。どうしても、そう想像することができないほどだ。京都の生んだ飛行家の前途を祝した。学校はその話で持ちきりだ」。徳太郎少年はその前日日記にこう書いている。

九月一一日（金）「愛宕［山］も比叡［山］も、幾千年の影を保っている。京の町は依然として、古い香りが残っている。そこに京都の特色がある。なんら活動の気も変化もない。地震も大火もない。東京はそれと反対だから、事物、自然は毎日変わって行く。京都の人は、のんびりしている。京都の電車は静かに走っている。そこにはなんとなく、古の香りが残っている。新しい建築物にも、なんとなく京都の趣がある」。こういう京都の風土のなかから、萩田さんのような飛行家が出たので、徳太郎少年は「想像することができないほど」と言ったのだろう。

飛行機に対するこの熱狂は、京都人だけでなかった。田山花袋は『東京の三十年』の最後の章「飛行機」のなかで、飛行機について明るい未来を描き出した。だが徳太郎少年は一つの危惧を表明した。

一〇月七日（水）「学校で、大江先生が時局について、感想文を書いてもって来いといった。感想らしい感想はないが、感じたことがある。戦争は何万年のちも、たえることはないと感じた。科学の進歩は、戦争をますます悲惨なものにする。そして、空にも陸にも地中にもあらゆる精鋭な武器が並べられ、今後の戦争は恐怖の中心になるだろう」。

徳太郎少年の危惧は早くも的中した。パリの島崎藤村は翌大正四（一九一五）年三月に次のようなことを書いた。

三月二三日の夜ドイツ軍の飛行船がパリ市中と市外に爆弾を落として行った。二四日には町々の警戒は一層きびしくなって、あらゆる街路の灯火は消された。その晩は寝台に上ってから、けたたましい物の音に目をさました。自動車で飛ぶ〔原文のまま〕警戒のラッパが深夜の町々に響き渡った。『ゼプランだ』〔ツェッペリンのフランス語読み〕。それがとっさに私の頭へ来た。私は急いで身支度をした。屋外は暗かった。灯火ひとつ漏れる窓もなかった。私は天文台まえの広場まで歩いて行って見た。そこまで行くと、遠い夜の空をてらすサーチライトがものすごく私の目に映った。敵の飛行船を捜そうとするらしいその光は、どうかすると右からも左からも町の空を貫いた。

（『エトランゼエ』または『仏蘭西土産』九八節）

＊

昭和一七（一九四二）年頃の筆者が中学生のとき、叔父一家が大磯に住んでいた関係で、私は夏休み中は大磯で暮らした。ある日、山側のほうへ歩いて行ったところ、瀟洒な家の垣根の向こうで、足音に気づいたのか、立派な顔をした老人が私のほうを見た。しかしすぐに顔をそむけた。そのとき私はとっさに、写真で見た藤村さんそっくりだと思った。この老人は、実際には、藤村さんでなかったかもしれないが、私は藤村さんだと思った。当時私は『破戒』を読み、感激していたので、これで藤村さんを一層身近に感じた。後に藤村の年譜を見たところ、「昭和一六年二月神奈川県大磯町に一戸を借り受け、東京と往復す」と書いてあった。

近松秋江――正宗白鳥のはなし

私の父、安田徳太郎は中学四年生の頃、近松秋江という作家に、職業の選択について訓戒を受けたとよく言った。

では近松秋江とは、一体何者なのか。近松秋江（以下秋江という）は本名を徳田浩司《ひろし》といい、明治九（一八七六）年岡山県和気郡藤野村字藤野に生まれた。家は農家であったが、豊かであったようである。秋江は、明治二五（一八九二）年に岡山県立中学校（現岡山朝日高校）に入学した。この時代中学校は各県に一校ぐらいしかなかったので、レベルはきわめて高かった。それで秋江は中学の授業についていけず、翌二六年中学をやめて、大阪の商業学校に入る準備のために、大阪に行き勉学した。その試験には合格したが、身体虚弱のために、不合格になった。後上京し、慶応義塾、二松学舎、国民英学会など転々としたが、病弱なために学業は続かなかった。しかし明治三一（一八九八）年早稲田の前身、東京専門学校文学部歴史科に入った。そのとき正宗白鳥（忠夫）と知り合った。履歴書のような記述では、秋江のことはよくつかめないので、同窓で隣村出身の正宗白鳥の話をまず聞こう。

秋江と正宗は卒業後も東京にいることにし、白鳥は、早稲田出版部の編集者になり、秋江は当時の大出版社・博文館に勤めた。しかし秋江は二か月くらい行っただけでやめてしまった。そのうち下宿代にも困るようになり、先輩の口ききで、白鳥がいる早稲田出版部に割り込んできた。彼は正宗のしている『文学講義録』をいくらか手伝い、そのかたわら、『早稲田学報』という雑誌の仕事をすることになっていた。それで、秋江は正宗よりも、高い給料をもらっていた。ところがこれ幸いとばかり、そのどっちにも身を入れてしなかった。秋江は白鳥の椅子のそばに来て、あくびをしたり、「校正なんていう仕事はおもしろくないな」と言ったり、お前の顔は「だれだれの小説の主人公の顔に似ているな」と無駄口をたたく。「そんなばかなことを言わないで、ちゃんと校正をしろよ」と白鳥が言うと、自分の席にもどって校正を始めるが、十分もたたないうちにその手を止めてしまう。それで、誤植だらけの講義録が出ることになった。また定刻まえに退社したり、おふくろの還暦祝いに行くと言って、会計係の所に行って、給料を二か月分前借りして、白鳥に挨拶もしないで、郷里に行ってしまう。一方白鳥は『文学講義録』の主任だから、編集も校正も一人でしなければならなかった。白鳥は後に言った。「私はひとたび職を得たら、多少は不平があろうとも、どうにか辛抱して、先方から追いだされるまでは勤めを続けるような人間なので、講義録編集といったようなおもしろくもない仕事でも、最初に得た職業を一年未満で放棄するはずはなかったのに、秋江と事をともにするのがいやさに、簡単に出版部を離れた。私は今後、秋江とはけっして仕事をともにしない」と決心したという（『流浪の人』）。

徳太郎少年が見た秋江

再三述べたように、安田徳太郎少年が中学三、四年生のときに書いた日記が残存している。その大正二年一一月九日（日）に「長田幹彦さん、吉井勇さんが来られた。二人は夜遅くまで、うちの人と話していられた」とある。おそらく文学趣味がある女将（徳太郎少年の伯母）がお相手をして、話がはずんだのであろう。

翌大正三（一九一四）年五月二五日（月）には「徳田［近松］秋江さんがこられた。顔の黒い、顔の長いありふれた顔」とあり、顔の輪郭のスケッチが描いてある。しかしそれ以上のことは何も書いてない。ところが、翌日の日記はつぎのようになっている。

五月二六日（火）の日記。「職業ということが非常に大切であると思った。毎日毎日なすこともなしにぶらぶらして何が楽しいのだろう。心がはりつめてこそ、楽しみをうることができるのだ。心がゆるんだら、人間はろくなことを考えやしない。そこに職業の楽しみがある」。

父安田徳太郎は後年近松秋江について、こう語った（『思い出す人びと』、『選集』「思い出す芸術家、作家」）。

私は中学上級になって、そろそろ自分の一生の職業を決めなければならなくなった。時代はちょうど第一次世界大戦の始まった翌年［大正三年七月から］であった。こんな時代にどういう職業が将来有望かは、ハイティーンなどには見当がつくものでなかった。いろいろ聞いてまわったあげく、高校から大学にはいるのが、一番安全な投資の道であるとなった。クラスの様子を内偵してみると、秀才組はこぞって工科に行くらしかったが、電源開発や炭坑に勤めて、辺鄙な山の中で暮らすのはさびしいなと考えた。私は小学校でも、中学校でも、作文だけはいつもクラスで一番だったが、体操のほうはいつも落第点に近く、実弾射撃のとき、引き金をひいた途端にドンと空を撃って、みんなの物笑いになった。そこで、つらつら考えたあげく、自分の才能を生かして、作文で、メシを食う道はないだろうかと思案した。その結果、思い切って文科に入って、小説家になってやろうと考えた。

ちょうどそのころ、近松秋江という小説家がうちにとまっていた。秋江さんはその頃、まだ文豪でなく、文豪の卵ぐらいであった。ちょうど私は受験勉強で一生懸命であったが、秋江さんは庭づたいに、私の家に入り込んで来て、私の本棚をじろじろ見ながら、「徳太郎君はなかなかえらい本を読んでますな」とほめてくれた。そのとき、私はペーター「イギリスの文芸評論家」の『ルネサンス』という英語の本を字引を引きながら読んでいた。「ウン、これは高等学校で読む本だ。中学生のくせに、むずかしい本を読むな」とえらく感心した。そこで私はおそるおそる「私は文科へ行きたいのですが」とたずねてみたら、秋江さんは急にむずかしい顔をして、「いけない、文科などへ絶対行くものじゃない。あれは人間のカスが行くところだ」とまるで吐き出すように言った。「僕も若気のあやまちで、早稲田の文科を出て、小説家になったが、これは一生の失策だった。実は政治をやりたかった。政治科を出ていたら、今ごろはひとかどの立派な政治家になっているのだが」としみじみとした調子で言った。ふと秋江さんの袖口をみるとボロボロに破れていて、みるからに貧乏そうであった。

ところが、この秋江さんはうちに泊まりながら、毎日朝早くから、どこかへご出勤になって、夜遅く帰って来る。私は毎日勉強をすませてから、誰もいないころを見計らって風呂場に行くのであるが、私が入っていると、いつでも秋江さんが入ってくる。そして私をつかまえて、湯船のなかで、ことこまかく自分の一日の行動を話すのである。秋江さんは、祇園の金山太夫というお女郎を身うけし、このお女郎と一緒に京都で二、三か月暮らしていたが、お女郎のほうが松江さんに愛想をつかして逃げ出して、姿をくらましてしまった。そこで秋江さんが狂ったようになってそのお女郎の行方をさがしているということであった。

だいたい秋江さんという人は、うちの仲居さんにいわすと、とてもいやらしい人だということであった。秋江さんは、べつに仲居さんにいたずらをするというのでなく、第一に首がロクロ首のように細長く、陰気な顔で、仲居さんの顔をじっと見つめて、突然「私のお嫁さんになってくれませんか」と切り出すので、ぞっと身震いがするというのであった。仲居さんの間ではいつとはなしに、秋江さんは色気狂いだということになってしまった。

私はまだ一七歳であったが、この秋江さんが毎日風呂のなかで、今日は女の家に行ったら、女の父親が出てきて、頭ごなしにどなりやがったとか、今日は西陣のほうにかくれていると聞いたので尋ねて行ったら、いくら探しても、家が見つからなかったとか、今日は、笠置のつぎの、女の郷里の大河原まで汽車〔関西本線〕に乗って行ったが、その母親がどうしても会わせてくれなかったとか、毎日そういう話ばかり聞かすのでうんざりしてしまった。

ところがどうであるか。大正五年の『中央公論』の春季特別号〔四月号〕の広告がデカデカと載った。その真中に大きく近松秋江「葛城《かつらぎ》太夫」とあって近来にない大傑作だとうたってあった。私も家へ送ってきた『中央公論』をこっそり読んでみた。驚いたことに、秋江さんが私に毎日毎日風呂のなかでベラベラしゃべったことが、そのまま小説になっているではないか。ただ違うのは、伊賀の上野の山はどうだとか、木津川の流れはどうだとかいう景色はお添えもので、あとは全部そのままであった。読んでから私は『中央公論』をポンと投げ出して、思わず「あほらしい」とどなった。私はよほど「葛城太夫」にがっかりしたためか、それ以来日本の小説は読まないことにしている。

副島八十六のこと

大正五（一九一六）年三月安田徳太郎少年は京都府立二中を卒業して、工科はいや、文科はだめとなって、残るは医科だけ、と大正三、四年頃結論して、大正五年七月、第三高等学校理科三部（医学部進学課程）を受験した。しかし不合格であった。そこで、徳太郎少年は、おそらく気分を一変し、再起をはかるために、旅に出かけたいと思ったのであろう。あるいは、母親が行くことを薦めたのかもしれない。旅行先は山形県の米沢であった。その後東京に帰った翌日の九月八日、久しぶりに牛込喜久井町の副島八十六邸を訪問した。

さて、徳太郎少年が幼いときから父親のように慕い、また徳太郎少年を将来はおそらく娘の婿にしようと考えていたらしい副島八十六は一体、どういう人物かと思った。そこで、筆者は国会図書館に行き、当時の資料を調べることにした。その結果、副島には、『印度の大勢』（一九三〇年）、『義太夫論』（一九三一年）、『義太夫盛衰論』（一九四二年）という著書があることがわかった。さらに『第十四版 大衆人事録』という本を探し当て、それを見たところ副島八十六は明治八（一八七五）年八月六日佐賀県に生まれ、明治二四（一八九一）年上京して、青山学院に入学した。明治三〇（一八九七）年に南洋に行き、帰国後、南洋、インド親善に尽くした。対印度雑貨組合顧問。著書に『帝国南進策』、『開国五十年史』などがある、と書いてあった。とすると、この人が宇治の花やしきに来たのは、三〇代の後半であったと考えられる。

その後私は、副島八十六氏が、大正五年八月号の『中央公論』に「印度の現在及将来」として論文を書いていることを発見した。肩書きは日印協会理事になっている。つまり、徳太郎少年が副島邸に来た一、二か月まえに氏の論文が載ったのである。だから、氏はこの論文を徳太郎少年に見せたかもしれない。日記には次のようにある。

九月九日（土）「朝より副島様に伴い、日比谷の日印協会に至る。ここにて副島様が今度出版される『帝国の印度政策』の原稿校正の仕事をする。ここは目抜きの場所で、自動車、自転車、荷車、電車の雑音激しく、耳も聾するばかりである。原稿の統計の数字を読む。昼食に花月の上品な弁当を食べ、後、大阪の朝日、毎日を読む。久しぶりに関西の新聞十日分を読んだ。変わったことはない」。

京都大学の矢野暢《とおる》教授の『日本の南洋史観』（一九七九年、中公新書）を見ると、上の『人事録』に挙がっている、副島の『帝国南進策』大正五年の要約が載っている。ここで副島はつぎの建議をしている――南方各地の主要なところに領事館を設置せよ。またシャム（現タイ）、シンガポール、ジャワ（インドネシア）、オーストラリア各地に銀行の支店をつくれ。政府が補助金を出して、航路を拡張せよ。外国語学校にマレイ語、シャム語、印度諸地方の現地語を教えるコースを作れ、海外事業に身を投じる若者を教育する殖民学校を設立せよ、と主張している。

父と山口誓子

父は一年浪人して、大正六（一九一七）年九月第三高等学校三部に入学した。明治二一（一八八八）年文部省は、高校を一部法学部、文学部、二部を理学部、農学部、三部を医学部進学課程に定めた。だから父は医者になろうと決心したのである。それには、「文科なんかに行ってもしょうがないぞ」という、近松秋江さんの忠告も効いたのだろう。この年三部は定員三〇名で、倍率は四〇倍といわれ、難関であった。入学すれば、まず下宿のことを考える。幸い、徳太郎の母の叔父にあたる脇田嘉一《かいち》が、上京区（現在は左京区）岡崎福の川に住んでいた。そこで、そこに下宿させてもらうことになった。その家は、京都大学病院の前の通り（春日北通り）を東に行くと、京都人が「黒谷《くろだに》さん」とよぶ金戒《こんかい》光明寺の西門に突き当たるが、門に入らず、交番の角を北に曲がり、坂を少し上がったところの左側少し引っ込んだ所にあった。

この寺は、浄土宗の開祖・法然上人が、比叡山の黒谷から山を下りて来て、紫雲たなびくこの土地に感動して（他の説によると、法然の師が比叡山の黒谷とともに、京都のこの土地を与えたという）、庵を結んだ所である。そしてこの地で上人は、末世の凡夫は自力では成仏できず、「専修念仏」、すなわち南無阿弥陀仏とただひたすら念仏を唱えることによって、仏の他力で極楽において成仏できるという教えを広めようとした。ときあたかも、戦乱の続く源平時代であったので、この教えは武士の間に大きな支持を得た。法然上人は一二一二年に入寂し、寺の山門は応仁の乱（一四六七年から七八年まで）で全焼した。江戸時代にもしばしば火災にあったが、その都度復興した。三重塔（文殊塔）は徳川秀忠供養のために寛永一一（一六三四）年に建てられた。現在の山門は幕末に造営され、本堂（御影堂）は昭和九（一九三四）年焼失し、戦時下に再建された。この寺は観光地ではないが、広大な山腹を切り開いて作られた由緒ある墓地のある土地である。この地ははじめ「新黒谷」とよばれたが、後にここが「黒谷」になり、比叡山のほうは「元黒谷」になった。

下宿する家のあった場所についての上記の説明は、嘉一の孫、山口新比古《ちかひこ》、後の俳人、誓子《せいし》の回想によるものである。

＊

安田徳太郎、第三高等学校２年、大正８年

昭和五八（一九八三）年四月二二日に徳太郎が亡くなって数日後、山口誓子先生よりつぎのお手紙をいただいたと、母から知らせがあった。

　三重県へ三日間旅行をして帰宅致しましたら留守中の新聞にて御父上の御逝去を知り駭きました。

　昔岡崎の家で一緒に暮らしたことを想ひ出し悲しみに涵っております。

同封のものを御霊前にお供え下さいませ。
四月二十六日　山口新比古

母が「あんたは誓子さんを知らないだろうから、私からお返事を差し上げました。あんたは書かなくてもいいでしょう」と言うので、お礼状を差し上げなかったが、大変失礼なことをしたと、今でも悔いている。ともかく私は、誓子先生の記憶がまったくない。誓子先生は大阪の住友に勤められ、私の父は昭和五年東京に転居したからである。

代言人・脇田嘉一

新比古の祖父・脇田嘉一は大和郡山で生まれた。嘉一は生地「こうりやま」を「氷山」と漢字で書いて、「ひょうざん」と読ませて、それを号にした。明治人は号を作るのが好きだった。嘉一は幕末郡山藩に仕えた。家老の織田行忠は嘉一を愛して、娘の富江を嘉一に娶わせた。二人の間に、岑子《みね》という姉と猷一《ゆういち》という弟ができた。

嘉一にはまた楢捨《ならすて》という姉がいた。楢捨は同じく郡山の人・増田辰蔵に嫁した。辰蔵は大阪に出て米屋になったが、後に京都に移った。この間に生まれたのがきくで、その子が安田徳太郎、私の父である。父は母きくに連れられ、人力車で大和郡山に行ったことがあると言ったが、それはいつのことか、私は知らない。新比古も、子供の頃祖父母に連れられて郡山に行き、土間の広い家に泊まり、朝に茶粥を食べたという。郡山のことを思うと茶粥のことを思い出すと、新比古は言った。

維新後嘉一は京都に出て、代言人になった。「代言人」という言葉が登場するのは、明治五（一八七二）年八月三日江藤新平が「太政官無号達」で公布した文書だというが、同年八月二四日司法省無号達ではじめて、その職制が規定された。いわく「各区代言人ヲ置キ自ラ訴フル能ハザル者ノ為ニ之ニ代リ其ノ訴ノ事情ヲ陳述シテ冤枉《えんおう》［無実の罪］ナカラシム」と。ついで明治九（一八七六）年代言人規則が公布され、以後代言人の免許のない者は、これに従事できなくなった。明治二六（一八九三）年三月弁護士法の公布により、代言人が弁護士に改められた。嘉一がいつ代言人になったかはわからない。しかし嘉一の弁論は有名で、彼が弁論する日にはそれを聞くために、大勢の人が裁判所に詰めかけたという。

嘉一は自由党員で、家には書生や壮士を大勢置いていた。このとき嘉一は、同志社と臨済宗相国寺の北にある上御霊神社の近くに住んでいた。

自由党は明治一四（一八八一）年一〇月に結党したが、政府のはげしい弾圧にあって、明治一七（一八八四）年一〇月二九日解党した。一方一般党員のなかには、解党が続くため方向を見失うものや、逆境に耐えられないものが出て、鬱屈した気分がみなぎった。このとき、この傾向を憂えた星亨《とおる》、中江兆民、末広鉄腸《てっちょう》は全国懇親会を東京で開いて、大同団結しようという檄を飛ばした。会合は明治一九（一八八六）年一〇月二四日、浅草の有名な演説場、井生村楼《いぶむらろう》で行われた。以後毎年各地で行われるようになった。翌明治二〇（一八八七）年一〇月一四日新生楼にて、大同団結の大懇親会を開いた。主として西日本の党員が集まり、出席者は三八五名にのぼった。そのなかに、京都府からの参加者として、脇田嘉一の名前があがっている（『自由党史』下巻、三六九頁）。
また自由民権時代の歴史にくわしく、それについての歴史書をいくつか書いた絲屋寿雄《いとやとしお》が、こういうことを書いている。

私の少年時代によく私の家に遊びに来た脇田嘉一という自由党の壮士がいた。郡山藩出身の士族で氷山と号し、柔道何段かの腕前で選挙になると活躍する院外団のボスの一人であった。京都の祇園祭の宵宮の夜、烏丸四条の交叉点で雷巡査という綽名のついた田中巡査に、「こらこら左側を通行せんかッ」と叱責された。脇田老は右側を歩いていたのである。「天下の大道を左側を歩こうと右側を歩こうと人民の自由ではないか」と応酬したので、田中巡査は「言うことがあれば交番所でいいたまえ」と脇田老の腕をつかんで検束しようとした。その田中巡査の手を逆にとって、「えいッ」とばかりに放り投げたので、脇田老一人に四人も五人もの巡査が武者ぶりついてきて大立廻りとなり、ついに高手小手にいましめられた脇田老は五条署に検束された。自由民権の壮士と巡査とは氷炭相容れない間柄で、いつもこんな風にやりあったものらしい。（『流行歌』二九頁）

こう書くと、絲屋寿雄が目撃した事件のように見えるが、そうではない。というのは、絲屋は、明治四一（一九〇八）年に京都に生まれた人だからだ。とすると、絲屋が両親か町の人などから聞いた伝聞であろう。しかし私は、脇田翁が、絲屋少年に語った若き日の回想でないかと推測している。後で述べるが、明治四四（一九一一）年嘉一翁は樺太に渡った。しかしその後翁は慣れぬ気候のせいか病を得て、京都に帰って来た。その年ははっきりしないが、大正二（一九一三）年頃らしい。絲屋五歳のときである。

脇田翁は、こういう話もしたという。花見の頃になると、自由党の壮士は運動会というのをやる。旗やのぼりを立てて花見に行く。目的地に着くと、花見の客を相手に専制政府を攻撃する演説をぶつ。あげくのはてに巡査と衝突して、大立廻りになる。スポーツの運動と政治運動の運動はその源が同じなのだというのが、脇田翁の説であった。演歌はこの壮士によって始められたのだ。演説を歌でやるから演歌である。新聞の論説のような文句に節をつけて歌って藩閥政府を攻撃するのだ。政府の言論弾圧に対する壮士の精一杯の抵抗だった、と翁は言った。

嘉一と誓子と徳太郎

さて、嘉一には、岑子という娘がいた。女性が女学校に行くのがきわめて珍しかった明治初期、岑子は女学校を出た。そして、神山亨太郎と結婚した。神山は京都帝大法学部（明治三〇年六月創立）の前身である第三高等中学校法学部（明治二七年創立）出身の弁護士であった。代言人であった嘉一は、弁護士という新しい職種の娘むこに大いに期待したと思われる。ところが神山は明治二九（一八九六）年八月に肺結核で亡くなった。享年三一歳であった。上述の黒谷の墓所には、「法学士神山亨太郎之墓」という墓石が建っている。岑子は、岡崎の実家に帰った。しかし岑子の実母はとうの昔に亡くなり、父の嘉一には、岡崎神社の神官の仲人で、先斗町《ぽんと》の芸妓が後妻に来ていた。当然、この人と女学校出の出戻りの先妻の子とはそりが合わなかったであろう。岑子は本ばかり読み、その上耳が遠かったので、家にこもりがちだった。母岑子はこんなわけで、実家には居づらかったであろう。そこで縁あって山口新助と結婚した。明治三二、三（一八八九、九〇）年の頃と思われる。この人が新比古の父である。

新比古の父は鹿児島県姶良郡国分町（現、国分市）の人で、上京して東京物理学校（現、東京理科大学）で学び、電気技師になり、京都蹴上のインクラインの発電所に勤めていたが、まもなく大阪中ノ島の大阪ホテルに勤めたので、両親は新比古を手放し、祖父に預けた。

「これが私の一生の岐《わか》れ目になった」と新比古は後年にいった。新比古は母親から離されたので、もらい乳や人工栄養で育てられた。しかし義理の祖母は自分を愛してくれたと、新比古は言っている。新比古が小学校二年のとき、明治四二、三（一九〇九、一〇）年の頃と思われるが、祖父嘉一は政治的な理由で京都にいられなくなった。それで、上京して、長男家族が住んでいる東京府豊多摩郡千駄ヶ谷村の家に同居した。

その後嘉一は、芝の新堀町に移った。新堀町は、現在の芝二丁目の一部で、芝公園の近くである。嘉一の家は芝園橋の近くにあったらしい。嘉一が自宅の近くのユニテリアン教会に行き、友愛会の鈴木文治の社会主義の講演を聞いたという場所は、後に友愛病院という総同盟の病院になった所か、あるいはその近くであったと思われる。もし病院ならば、徳太郎が一時勤めていた所である。これについては、後で述べる。

明治四四（一九一一）年嘉一は、樺太日々新聞社の社長に推挙された。それで、単身で樺太に渡った。その年の六月嘉一の娘、つまり新比古の母親・岑子が泉佐野の自宅で自殺した。夫山口新助が九州に出張して留守中の事件であった。「父は外向、母は内向それだけでも合うはずがなかった。それに父は家を忘れた。それは母の耐えがたいところだった」と、後年新比古は言った（「私の履歴書」）。祖父は、母が再婚するとき、短刀を渡して、「家へ帰ってくるな」と言ったという。祖父は新比古少年にも武士の切腹の仕方を教えるようなところがある人であった。母は帰る家もなく、また帰ることもできず、死ぬ以外にはないと思ったのだ。

筆者の私も、少年時代にこの話はよく聞かされた。喉を掻き切って死のうとしたとか、短刀が錆びていて、切れなかったので、二、三日は生命があったらしいとも聞いた。私なども、なんとか助けられなかったのかしらと思ったものだ。

こんなことを書くのは、プライバシーの侵害でないかと言われる方がいるかもしれないが、哲子自身も著書にこのことを書いているので、ここに書くことにした。

明治四五（一九一二）年に嘉一が迎えに来たので、新比古は祖母テルと一緒に樺太へ渡った。青森にはまだ桟橋がなく、はしけで青函連絡船に乗った。樺太には小樽から大阪商船の船に乗った。宗谷海峡では船がはげしく揺れた。船は大泊（現、コルサコフ）に着き、そこから豊原（現、ユジノサハリンスク）へは樺太庁の小さい汽車に乗った。祖父は豊原では長男猷一の家族と同居していたので、新比古らもそこにしばらく同居した。猷一は樺太庁に勤めていた。ときの樺太庁長官は平岡定太郎《さだたろう》であった。この人の孫が平岡公威《きみたけ》、つまり三島由紀夫である。

まもなく嘉一一家は樺太日々新聞社の二階に住んだ。そこから新比古は豊原尋常高等小学校に通った。大正三（一九一四）年三月小学校を卒業して、大泊中学に入学した。当時豊原には中学がなかったからである。それで、中学の寄宿舎に入った。寄宿舎は衛戍《えいじゅ》病院、つまり陸軍病院のあとなので、薬の臭いがしみこんでいた。上級生に少年雑誌に短歌を投稿して、当選している子がいたので、新比古も負けずに俳句を投稿して、入選した。

さきに述べたように、嘉一は病を得て京都に帰り、猷一も病になり京都に帰った。新比古は一人樺太で頑張っていたが、昔祖父が面倒をみて、その恩義を感じていた京都帝大教授・佐々木惣一先生が、高等学校に入るには辺境の中学ではだめだと言われるので、大正六（一九一七）年に京都に帰る決心をし、先生の口ぞえで京都府立一中に編入した。祖父嘉一は当時政友会京都支部の幹事をしていたが、その収入では暮らせないので、不足分を友人から貰っていた。それで、新比古の学費は中学も高校も大学も全部、佐々木先生から出た。府立一中に編入したとき、またいとこの三高生、安田徳太郎が岡崎の家に下宿することになり、一緒に暮らした。

五、父母の結婚

今都ではやる結婚式の型

私は大正一五（一九二六）年一二月一一日京都市下京区今熊野剣宮六二番地で生まれた。大正天皇が一二月二五日に亡くなって、一二月二六日から昭和元年になった。だから、昭和元年は六日間しかない。翌昭和二（一九二七）年一月私は数え年では二歳になったが、満では生後一か月にすぎなかった。

生まれた場所は現在は東山区になっている。ここは下り東海道線が京都に入る直前にある東山トンネルの左側にあたる。父は母と結婚することが決まった一月に京都中を探して、この地が気に入り、ここに決めたらしい。当時ここは新しく開けた土地であり、新居は新築の二軒長屋でガスと水道がついていた。父・安田徳太郎は当時京都帝大の付属病院に勤め、患者を診るかたわら副腎皮質の内分泌（つまり、ステロイド）の研究をしている医者であった。一九二一年にインスリンが発見され、内分泌研究は医学の先端を行く分野だった。けれども、当時大学病院の一つの研究室を通じて給料をもらっている人は教授、助教授、講師、それに有給助手の四、五名で、それ以外の七、八〇名の医者は無給であった。それどころか、大学院の授業料を払っていた。周りの人は、「徳太郎はんは定収入もないのに、結婚しやはって、これからどうしやはるのや？」と心配したという。

父は京都に住んでいたが、東京の日比谷大神宮で大正一五年二月六日結婚式を挙げた。仲人は注連内《しめのうち》堅石《かきわ》、えい夫婦であった。注連内（この珍しい名前は、注連縄《しめなわ》から来たらしい）氏は陸軍の歯科医官出身の歯科医で、ロンドンの町並みを彷彿とさせる東京丸の内の赤煉瓦の洋風建築、三菱六号館の二階で歯科の診療所を開業していた。東京のこの土地、この場所で歯科をしているというステイタスの高さで、この歯科医は、親類縁者のなかでは一目置かれていた。夫人は、花やしきの女将・山本たねの妹である。したがって私の父からみると叔母夫婦になる。一方私の母は、群馬県前橋の人であった。この時代京都から東京に行くのに一番早い特急でも一二時間かかり、群馬県前橋まではさらに三時間ぐらいかかったから、今日の感覚では、日本からヨーロッパへ行くぐらい離れていたであろう。こんなに離れていた二人を結びつけたものは何かしらと、息子の私は思う。

さきにも述べたように、父は母方の叔母が東京にいた関係から中学生の時代ころから上京する機会が多く、将来は東京の山の手に住みたいと考えていた。さらに、父は京都帝大医学部の学生のころから当時有名な総合雑誌『改造』などに原稿を書いていたが、その後北原白秋の弟・鉄雄の知遇を得て、この人が経営していた出版社アルスから翻訳を依頼されて、上京する機会があり、関東大震災後、東京の出版界がめざましく発展していることを見て、将来文筆で身を立てるには東京に出なければだめだと考えたらしい。自分は上京する機会が多いし、「嫁はん」は群馬の人、仲人は東京に住んでいるし、仲人の身内には神官がいるということだから、今都ではやるものとしての、日比谷大神宮での結婚式を考えたのであろう。私の父母の結婚式は、関東大震災後約二年半だったので、大隈重信邸にあった日比谷大神宮は仮神殿であった。

シュトラッツ、フロイトの翻訳

以前、名古屋の中京大学文学部の図書館学教授をされている未知の方が、ご尊父の古い本を見つけたのでお送りするといって、シュトラッツの『女性美の研究』という本を送ってくださった。シュトラッツ(一八五八―一九二四)はウクライナのオデッサに生まれ、ドイツの諸大学で医学を修めてから、オランダ軍の軍医になり、ジャワ(インドネシア)に駐屯し、最後にハーグに永住した医者で、その女性美の研究は当時ひじょうに有名であった。九巻近い本を書き、その本には女性の裸の写真がたくさん入っていた。実を言うと、赤い表紙の上下二巻の同名の父の訳本は、家にあったので、よく知っていた。しかしその方が送ってくださったのは、表紙が暗緑色の一巻本で、はじめて見るものだった。その最後に「読者へ」として三頁の父の文がついていた。これもはじめてだった。それには、こういうことが書いてあった。

父母の結婚式、日比谷大神宮、大正15年2月

内務省の検閲の結果は、子供の裸と、後ろ向きの裸と、老人の裸はいいが、他はすべて消殺せよという命令に依ってそれらを全部削除して印刷にとりかかった。そして［大正一二（一九二三）年］九月上旬に発行ということになって、全部完成された時にあの震災でめちゃくちゃになってしまった。私たちはがっかりしてしまった。しかし捲土重来の勢いで、東京は復興して行った。出版界は同時に非常に活気づいて、私の訳本も再びあかるみに出ることになった。ところが、出版まぎわになって、先に許可したもののうち十枚を削れといわれた。その理由は、震災後風俗が弛緩しているので、去年許可したものもよろしくないというのである。そして例えば海水浴場にいる七歳、十歳、十一歳の子供の裸の写真も禁止になり、お情にか一歳半の子供だけが許可になった。私はこの無残に骨抜きされた訳本を社会へ提供するのを恥ずかしく思う。今ロダンの彫刻、サロンの名画も展覧会に並んでいる。ところが、海水浴場にいる七歳の女の子の写真は風俗を乱すからだめだ、という役人の頭の構造は、私には分らない。

翌大正一三（一九二四）年五月一五日、この本はアルスから出版された。ここは、北原白秋の詩集を出していた出版社で、この頃には大杉栄の本を多数出していた。その後は「児童文庫」という子供向けの全集を出して、話題をさらった。それはさておいて、五年かけて訳し、すったもんだの末にやっと出た父のこの訳書は当時はかなり評判だったらしく、印税を八〇〇円（定価は三円五〇銭）もらい、三〇〇円を母に結納として贈り、残りを結婚式などの費用と生活費にあてた。

一九二一年連合国がドイツに科した莫大な賠償問題がきっかけでドイツのマルクが大幅に下落し始め

た。父はこれ幸いと多数のドイツ語の本を購入した。そのなかにはフロイト全集があり、そのうちの一冊『精神分析入門』が気に入り、これを訳そうと思ったらしい。これも同じくアルスから出してもらった。この本は、大正一五（一九二六）年三月に上巻、昭和二（一九二七）年一一月に下巻が出て、日本における精神分析の最初の翻訳書になった。父はこの上巻の校正刷りをもって新婚旅行に行ったというのが、母の後年の回想である。ついでにいうと、その後出たアルス『精神分析大系』は、父が購入したドイツ語の全集を多くの訳者が訳したものである。

磯田多佳女と私

両親が住んでいる近くの大和大路を四条通りに向かって歩き、二つ目の角を左に曲がった道が新橋通りである。ここから四条通りにかけては、祇園とよばれ、格子作りのお茶屋が多かった。お茶屋は女性がからだを売る店ではなく、芸を売る店で、そこで働く女性は京都では芸妓《げいこ》とよばれ、お客を前にして京舞いを見せたり、三味線を弾いて、一中節《いっちゅうぶし》や清元や端唄を歌ったり、お客とだべったり、お客と駄じゃれをとばしたり、お客と一緒に和歌や俳句を詠んだり、日本画を描いたりした。お酒とおつまみぐらいは出すが、食事は出さなかった。食事が欲しいという客には近所のすし屋か仕出屋から取り寄せた。

祇園のお茶屋は格式が高く一見《いちげん》の客、つまり紹介状のない客はとらなかった。この茶屋のひとつに、「大友《だいとも》」というお茶屋があり、そこのおかみは、磯田多佳といい、「大友のおたかさん」という名前で知られていた。この人については、谷崎潤一郎の「磯田多佳女のこと」にくわしいが、この本によると、多佳の父は舞鶴藩の武士で、明治維新後京都に出て来て、縄手近辺で手習いの師匠をしているうちに芸者と親しくなって世帯をもち、その間に生まれた子供が、多佳だという（戸籍では平仮名でたか）。彼女は父の影響もあって、読書の趣味が深く、尾崎紅葉、巌谷小波の知遇を得、また浅井忠《ちゅう》に絵を学んだともいわれている。一六、七歳のときに芸妓になり、大友を開いた。明治四〇年九月、京都画壇で活躍していた浅井忠の支援を得て陶器店・九雲堂を四条通りに開き、お茶屋をやめた。ところが、浅井がこの店に出品して三か月後の明治四〇（一九〇七）年一二月一六日に、突如五一歳で亡くなった。それで多佳は店を兄（弟ともいう）に譲り、お茶屋を再びすることにした。

その後多佳の名声はますます高く、明治四三（一九一〇）年七月の雑誌『新小説』には、多佳は、豊竹呂昇《ろしょう》（当時の有名な女義太夫）、上村松園（画家）、福田英子（自由民権運動家）、平塚明子（雷鳥、婦人参政権運動）らとともに、「代表的婦人」として紹介された。明治末から大正時代には、この大友には、長田幹彦、夏目漱石、吉井勇、谷崎潤一郎のような文人墨客がさかんに訪れた。

また大正二（一九一三）年八月二八日木曜日の読売新聞（一三〇四八号）には、花やしきの山本たねを紹介した女流作家・長谷川時雨の連載『明治美人伝』の四六回に「磯田多佳女」が載っている。

ありし日の大友は白川《しらかわ》に面し、床下を流れるせせらぎの音が聞こえたという。吉井勇の「かにかくに祇園はこひし寝るときも枕の下を水のながるる」という歌は、この情景を詠んだものである。しかしこの有名なお茶屋も、終戦直前の昭和二〇（一九四五）年三月一九日、強制疎開にあって取り壊された。しかし多佳はその頃病床にあり、同年五月亡くなったので、長らく住んだ家の取り壊しの光景を見なかったことが、せめてもの救いだったと彼女を知る人たちは言った。建物の跡に上記の歌碑が建っている。

この女性は、花やしきにも、これまでしばしば来られたので、花やしきに住んでいた私の父を昔からよく知っていた。それに多佳の家と私の両親の家はすぐ近くなので、多佳はよく私の父母の家にやって来て、二歳くらいの私と遊んでくれたらしい。「らしい」と言ったのは、そんな古いことは私の記憶にないからである。

*

お多佳さんは、家でくしゃくしゃすると、よく来なさった。そして、あんたのお相手をしてくださった。あるとき、あんたが、通りを通る大原女《おはらめ》の口まねをして、「花いらんか」［花はいりませんか］と言ったら、お多佳さんが「花、おくれやす」［花をください］と言わはった。あんたはしばらく考えて、鼻を手でさわってから、その手をお多佳さんのほう動かして、鼻をあげるしぐさをしたの。そしたら、お多佳さんは「一郎ちゃんは即興詩人やな」と笑うこと笑うこと。これで、くしゃくしゃもとれて、すうっとしましたと言って帰らはった。

と祖母や母はよく言ったものだ。後に私は、『即興詩人』という鷗外の本の表題として明治時代にはとりわけ有名だったこの言葉は、こういうときに使うのか、さすが「文学芸者」と言われるだけのことはあると妙に感心した。

谷崎潤一郎の本にも、「時には厭なお客の座敷にも出、面倒臭い帳附けなどもしなければならなかったが、それでも一日の営み［仕事］を終えて自分の部屋ときまっている三畳に這入り、床下を流れるせせらぎの音を聞きながら枕に就くと、その日の労苦がきれいに洗い去られ、頭の中のくしゃくしゃが一遍にすうっと忘れ去られて安らかに眠ることが出来るといつもそう云っていた」と書いてある（「磯田多佳女のこと」）。外づらをよくしなければならないだけ、ストレスも大きかったのだろう。

私は中学二年生のとき、伯母に連れられて、お多佳さんの家に挨拶に行った。そのときなにがあったかな、とこの原稿を書きながら考えた。美人ではなく、京ことばで、「もっさりした」、つまり野暮で、垢抜けない人だった。それに色が黒かったなと思った。こんなのは、いい加減な記憶だと思っていた。それで谷崎の上記の「磯田多佳女のこと」と、これよりも年代的には古い「青春物語」をよく見たら、やはり「色の黒い人」と書いてあったのには驚いた。さらに、私の父が書いた『思い出す人びと』にも「色がひじょうに黒かった」と書いてあったのにはまたびっくりしてしまった。

第二部　戦争の時代　ゾルゲを助けた医者

六、社会主義の医者

成金と米騒動

大正三（一九一四）年七月第一次大戦が勃発し、貿易や海運が止まると、日本経済は苦境に陥った。それで明治末以来の不況は一層強まった。この状態は約一年続いた。ところが、大正四年下半期から、交戦諸国からの需要で輸出が伸びると、景気はよくなり、やがて未曾有の好況がきた。

この成金的性格をもち、急速にのしあがった商店として神戸の「鈴木商店」の名前を逸することはできない。鈴木商店は明治七（一八七四）年、鈴木岩治郎が開いた小さな店で、はじめは、外国商館が輸入した砂糖や小麦粉を引き取り、それを売りさばいていたが、新しい領土になった台湾で樟脳《しょうのう》生産を始めたところ大当りをし、ロンドン、ニューヨークにも駐在員を置くようになった。当時社員は三、〇〇〇名を超えた。

その頃鈴木商店に松下という米相場の予想の名人がいた。収穫期が来ると、どんな専門家の予想よりもこの人の予想が的中した。大正六年まで米は余り気味で、米価は下がっていたが、大正六年五、六月頃から米の値段が上がり気味になった。米予想のこの名人は、「今度は米が足りんようになりますせ」と言った。これは、第一次大戦が進むにつれて、日本の工業化が進み、人口が大都市に集中し、米の消費がふえたこと、今まで雑穀を食べていた農民が、生活にゆとりができたので、米を食べるようになったこと、米の輸出が増加したこと、インフレが進み、肥料の価格や労賃があがったこと、米価の先高を見込んで、成金や米屋が米の買占めを行ったこと、これらの原因のためであった。しかし特に重要なことは、大正七（一九一八）年八月二日、ときの寺内正毅内閣がシベリア出兵を決定したことであった。

つぎの数字はそれを物語っている。

大阪の正米《しょうまい》（実際に売買される米）相場では、一石（一〇斗＝一〇〇升）あたり、大正六（一九一七）年一月には一五円四〇銭、六月には二〇円四七銭、大正七年一月には二三円七八銭、六月には二八円五六銭、八月一日には三六円一〇銭になった。ところが八月二日になると、政府が出兵のため大量の米を買い入れるという思惑から、米価は急激に上がりだした。すなわち、八月三日には三八円二〇銭、八月五日には四〇円五〇銭、八月七日には実に四七円に暴騰した。この値段だと、小売は、安い米でも一升五〇銭を超えた。

大正七（一九一八）年七月二二日の夜、富山県下新川郡魚津町（現在では蜃気楼の見える町として知られている）の漁民の妻たちがいつもの井戸端会議を開いて、「近頃の米の値上がりは本当にやりきれない。年の初めは一升二四銭だったのに、一〇銭以上値上がりした。これじゃ、ガキに米の飯をくわせてやれない。この値上げは米を県外に出すためだから、明日は米の積み出しをやめてもらおう」と言った。このあたりは零細漁村であるうえに、この年は不漁で、亭主たちは樺太に出稼ぎに出ていたが、そこも不漁で、帰る旅費もなく、女房たちは、ほそぼそとぞうり編みの内職をしていた。そこで、漁村の女房たちは、町の米屋や役場に押しかけ、米を安く売ってくださいとおとなしく頼んだ。ところがいくら頼んでも、米はいっこうに安くならなかった。そこで女房連の鼻息は急にあらくなった。

八月三日隣町の中新川郡水橋町（現、富山市内）の女房連約二〇〇名が、海岸に集まり、米屋を襲い、所有の米を他に売らないことや米の安売りを嘆願して、これを聞き入れないならば、家を焼き払うと宣言した。この騒動には、漁師町の女房だけでなく、一般民衆も加わった。米屋の倉庫には米が山ほど積んであった。女房たちは荷役を妨害し、また米を県外に運び出そうとする荷車を見つけると、荷車を襲って、路上に米をぶちまいた。逮捕者が出ると、警察に押しかけて釈放しろと叫んだ。

八月七日滑川町会は資産家の寄付によって、一升三五銭の安売りを決めたところ、「二五銭にしろ」と叫んで、役場前に座り込みを始めた。さらに九日の夜暴徒が竹やりをもって、米屋を襲うという噂がたった。そこで、滑川警察署は、近隣の警察署の応援を得て、制服私服の警官が警戒に当たった。この厳戒にはさすがの女房連も歯がたたなかったのか、富山の米騒動はうそのように静まった。しかしこの米騒動はやがて西日本に広がった。

報知新聞社記者・鈴木茂三郎（戦後社会党委員長）は取材のため、大正七年八月一二日に神戸に入った。その夜の神戸は全市を挙げて大動乱のなかにあった。栄通りは、一団、二団、三団と群集のいくつもの塊が歓声をあげてねり歩いていた。栄町四丁目の鈴木商店の元本宅が焼かれ、鈴木の兵庫精米所が焼かれ、鈴木の代弁新聞、神戸新聞が焼かれ、神戸製鋼所、神戸信託も灰になった。旧ミカドホテルの鈴木商店の焼打ちは歓声と怒号のなかで行われた。群衆は建物の前を遠くから囲んで、石を投げつけた。

すると、ガランカラカラと、ガラスが落ちた。電灯が消えた。「やれやれ」と群集がどなった。建物のなかが真っ赤に燃え上がった。

翌一三日鈴木記者が湊川公園に行くと社前の木を囲んで、演説会が始まっていた。鉢巻をしめ、はかまをはいた壮士風の男が日本刀を振り上げながら、「寺内内閣を倒せ。富豪をやっつけろ。今夜は米俵をかくしている○○寺に押しかけろ」と演説した。

この「成金天下」の時代の京都の状態について、生粋の京都人であった私の父徳太郎はつぎのようなことを述べている（『思い出す人びと』八六頁以下）。

大正三年八月ヨーロッパ大戦が勃発した。そのおかげで、連合国から神戸へ船舶やチャーター船の注文が殺到して、翌年になると、棚ぼた式に船成金が現われた。後に虎大尽とうたわれた山本唯三郎は、一力《いちりき》の万亭《まんてい》に一〇円札（一〇円は大卒初任給の三分の一。現在大卒初任給二〇万円なので、一〇円は今日の約七万円にあたるだろう）を何千枚縄で縛って乗り込み、それを大広間の床の間にデンと置いた。それから祇園の芸妓と舞妓を総あげして、飲めや歌えの大散財をし、宴たけなわの頃を見計らって女たちに命じて、床の間に置いた一〇円札を百畳敷きの大広間にびっしり並べさせた。そして「えらいやっちゃ、こら、こら、こら」と一〇円札を足蹴にしながらみんなで踊り狂い、最後にお大尽は、「好きなだけ、もってけ」とどなった。女たちは嬉しさのあまりキャキャキャと金切り声をあげて、畳の上に散らばったお札を拾い上げて袂に入れた。そしてお開きになった。

この話は京阪神に鳴り響き、大小の成金が祇園町に押しかけた。そして祇園町で豪遊した。このお金は貧乏な京都をうるおした。お金が入れば、男は遊び、女は着飾った。お金は祇園と西陣に流れ、西陣織と友禅染めが飛ぶように売れた。今度は呉服屋の旦那衆が船成金に負けじと祇園で遊んだ。

大正四（一九一五）年一一月一〇日、大正天皇即位の大典が京都で行われた。このとき各町内が揃いの元禄袖の晴着を着て男も女も薄化粧をして、編笠をかぶり、なかには山車《だし》をしたてて、かねや太鼓、三味線のはやしを入れて、「ベッピンないか、ベッピンないか、ヘチャ〔醜い女。低い鼻。関西の方言〕でもたんとすりゃ、ええじゃないか」と歌いながら、四条通りを円山公園までねって行った。この行列は夕暮れから深夜まで、三日間つづいた。祇園の芸妓も舞妓も揃いの晴着で、編笠かぶって、三味線をひきながら、旦那衆と一緒に、「えらいやっちゃ、えらいやっちゃ」と踊りながら四条通りをねって行った。行列の男たちは、沿道の見物人に向かって、大声でわざとエロチックな流行歌を合唱したが、それは内務省の風俗壊乱罪に対して、「縛ってみるなら、縛ってみろ」という示威運動であった〔東京でもこの日これと同じく、芸者の行列があった。ところが、東京では、観衆が暴徒化し、芸者を襲ったと、荷風が述べている〕。

こういう好景気は、そうとう続いたが、その半面、「ギチョンチョン、ギチョンチョン、パイのパイのパイ、パーナこと、パナナで、フライフライフライ」という奇妙な流行歌に反映されたように、物価が二倍からパイのパイのパイと三倍にはねあがって、それこそ西陣で「お米が高いので、おかい〔粥〕さんを一杯すすろ〔啜ろう〕」といったように、どこからともなく社会不安が襲って来た。

富山の米騒動が口火になって、京都でも大正七年八月一〇日、七条内浜の柳町の住民が何千人となく集団をつくって、市内の米屋をつぎつぎに襲い、買いだめしていた米を全部往来に運び出して、みんなに配り、これを制する巡査を殴り倒し、ついでに交番に石を投げ、めちゃくちゃに壊してしまった。これはおとなしい京都では、これまでに一度も見たこともない大事件であった。慌てた政府は第一六師団の軍隊を出動させて、暴動を鎮圧し、騒動の先頭に立った人々をかたっぱしから検挙してしまった。この事件はまるで不吉な予言のように、京都市民をこわがらせて、せっかくの「ええじゃないか」の盛り上がりも、興ざめになってしまった。

祇園の芸者たちは、将来の身のふり方を考えて、稼いだおカネをせっせと貯金するのが、昔からのならわしであった。一本立ちになるためには、おカネしか頼るものがなかった。ところが、大正九年に最初の恐慌が日本を襲った。祇園の芸者たちは、実業家との接触が深いために、ふつうの女性より経済情勢に通じていた。早耳の芸者たちは、これは一大事とばかり、四条大和大路角（縄手通り）の紅葉屋銀行に押しかけて、貯金を引き出したために、銀行はたちまち破産してしまった。遅れた芸者たちは、せっかくの粒々辛苦の貯金がフイになって、泣くやら、わめくやら、なかには、気が狂った芸者もあった。

普通選挙と治安維持法――山本宣治の死

大正九（一九二〇）年七月頃、社会主義者の統一組織として、日本社会主義同盟を発足させるという計画が、堺利彦、山川均のような著名な社会主義者の名前で発表された。発起人は四〇名で、そのなかには赤松克麿《かつまろ》、荒畑寒村、麻生久《ひさし》、加藤勘十《かんじゅう》、加藤一夫（元牧師、無政府主義者）、大杉栄、高津正道、山崎今朝弥《けさや》（弁護士）、大庭景秋（柯公《かこう》）、小川未明（童話作家）らがいた。

その後「同盟」は半非合法団体として活動したが、翌年には「同盟」自体が政治結社として認定され、解散を命じられた。解散後、社会主義系、共産主義系、無政府主義者系などの群小団体が続々と生まれた。それは水曜会、木曜会、暁民《ぎょうみん》会、新人会、建設者同盟、文化学会などであった。

大正一一（一九二二）年七月一五日、暁民会、水曜会、建設者同盟などの社会主義団体を糾合して、「日本共産党」が結成された。これは普通第一次共産党といわれる。中心になったのは、佐野学、山川均、堺利彦、荒畑寒村、近藤栄蔵、高津正道、高瀬清らであった。同年一一月高瀬清が、コミンテルン（国際共産主義）大会に出席し、党成立を報告し、正式にコミンテルン日本支部日本共産党として認められた。しかし堺、山川らの党長老が、日本では共産党の組織は不可能だ、革命は時がくれば自然に起きる、という自然発生論を唱えたこともあって、大正一三（一九二四）年三月に解党した。

大正一四（一九二五）年九月「日本労働組合評議会」の招きでソ連労働代表のレプセが来日した。しかし警察の妨害で、東京では歓迎会のひとつもできなかった。レプセは憤慨し、九月二六日西下し、帰国することにした。このとき警察は京都駅通過のさいにレプセになにも言わないという条件で、歓迎団体の代表三〇名に限ってホームに入れた。労働団体代表がレプセにメッセージを渡そうとして、検束された。このどさくさにまぎれて、京大「学連」（学生社会科学連合会）のメンバー鈴木安蔵が、列車に乗り込み大阪までの車中でレプセに面会し、メッセージを渡した。出し抜かれた京都府警は地団太をふんで悔しがったという。警察はその文書が危険な文書だといって京大学連を解散させようとした。ところが京大当局が、メッセージは「一行のせっかくの来日に対して、本式の歓迎もできなかったのは、警察の弾圧によるものであり、日本人民の多数は心から来日を多とするものである。本国にもその旨を伝えて欲しい」というものだと発表したために、警察は再度立腹した。その矢先の一一月一五日、同志社大学構内で、軍事教練反対のビラが貼られていることと、スターリンの『レーニン主義の基礎』の研究会用プリントの訳文に「プロレタリアートの独裁」という文字があったことを口実に学連メンバー三三名が検挙された。これは一週間で釈放されたが、学生が留置所で、拷問や不当行為があったとして上京して政府に抗議文を出し、教授陣も抗議したため、警察は面目を失った。そこで警察は治安維持法の適用を考え、翌大正一五（一九二六）年一月一五日から四か月にわたって全国の社会科学研究会の指導的立場にある学生三八名を再度検挙した。そのなかには、鈴木安蔵（戦後静岡大学教授）、林房雄（作家）、野呂栄太郎（『日本資本主義発達史』の著者）、淡《だん》徳三郎（フランスに亡命）、石田英一郎（男爵の息子。三七年ウィーン大学に留学。一九五一年東大教授。文化人類学者）など、抜群の秀才が多かった。この学連事件は、治安維持法が適用された最初の事件であった。

ここにいう治安維持法は、大正一一（一九二二）年に帝国議会に提出されたが、審議未了になった過激社会運動取締法案の流れを汲むもので、関東大震災後の社会不安を鎮圧するために制定されたものといわれている。しかし普通選挙法成立の三週間前の大正一四（一九二五）年四月二二日に、治安維持法が成立したので、世間では、普通選挙で国民に自由を与え、治安維持法で自由を奪うものだという批判が強かった。それは「国体ヲ変革シ又ハ私有財産制度ヲ否認スルコトヲ目的トシテ結社ヲ組織又ハ情ヲ知リテ之ニ加入シタル者ハ十年以下ノ懲役又ハ禁錮ニ処ス」というものである。「国体」といえば今日では国民体育大会の略であるが、一昔前までは、新聞でこの字を見ると、私などもぞくぞくとして、緊張したものだ。それは、主権のありか（ある場所）によって区別される国家の形態である。つまり君主制とか共和制とかいうことである。大日本帝国憲法では、「大日本帝国ハ万世一系ノ天皇之ヲ統治ス」と定められていたから、日本の国体は、君主制（天皇制）である。要するに、この条文は、君主制を廃止しようという共産主義運動を取り締まることを目指したものである。この法律は以来猛威を振るい、天下の悪法と言われた。

その後、大正一五（一九二六）年一二月四日、福本和夫、佐野学、渡辺政之輔、鍋山貞親、三田村四郎、徳田球一、志賀義雄、佐野文夫ら一七名は、深川の蓄電池会社の忘年会というふれこみで、山形県五色温泉宗川旅館に集まり、大会を開き、共産党を結成した。これが第二次共産党である。

*

昭和三（一九二八）年二月二〇日、衆議院議員の選挙が行われた。この選挙は、はじめての普通選挙（普選）であった。

ところで、第一回衆議院議員選挙は、明治二三（一八九〇）年七月一日に行われたが、このとき選挙権のある者は、国税一五円以上を納める満二五歳以上の男子に限られていた。この時代米一〇キロの東京における小売価格は六七銭、大卒の初任給（月給）は二〇円であったから、一五円は莫大な金額である。このときの有権者総数は四五万人で、人口は明治二三年一二月三一日調査で男二、〇二四万人、女一、九八二万人、総人口四、〇〇七万人であった。したがって、人口比では一・一％にすぎない。

明治三三（一九〇〇）年の選挙法改正では、この金額は一〇円に下げられたが、これでも人口比では二・二％だった。大正七（一九一八）年八月の米騒動以後、財産、納税額などで選挙権を制限しない普通選挙を求める運動がさかんになり、大正九（一九二〇）年その運動は頂点に達したが、ときの原敬《たかし》首相が普通選挙法案には現在の社会組織を脅かそうとする不穏な思想がひそんでいるといって、議会を解散した。それで普選運動は一頓挫をきたした。しかし大正一四（一九二五）年五月五日加藤高明内閣のときに、普通選挙法が成立し、二五歳以上の成人男子はすべて、衆議院議員選挙の選挙権および被選挙権をもつことになった。これによって、これまでの三〇七万人の有権者は、一挙に一、二四〇万人になった（女性に選挙権が与えられたのは、第二次大戦後の昭和二〇年、一九四五年一二月である）。

この普通選挙法によるはじめての選挙は、昭和三（一九二八）年二月二〇日に行われた。当選者は四六六名中、政友会二一八名、民政党二一六名で、過半数を制した政党はなく、前代議士の再選率が高かった。

注目の無産政党は、全部で八九名の候補者をたてて、水谷長三郎、山本宣治（以上、労働農民党）、河上丈太郎（日本労農党）、鈴木文治、西尾末広、亀井貫一郎、阿部磯雄（以上、社会民衆党）、浅原健三（九州民権党）の八名が当選した。

選挙がすんで一か月もたたない昭和三年三月一五日未明、警察はトラックをしたて警察網を最大限に動員して、全国一斉に日本共産党員の大検挙を行った。これが三・一五事件で、当時社会を震撼させた事件であった。検挙された者は全国で五、〇〇〇名にのぼった。労働農民党、日本労働組合評議会、農民組合などの有力メンバーはすべて検挙された。三・一五では、山本宣治は代議士のため検挙を免れた（大日本帝国憲法、第五十三条）。これに追い討ちをかけるように、これらの団体に結社禁止の命令が出た。弾圧の元締めは、当時「腕の喜三郎」といわれた検事出身の鈴木内務大臣であった。翌四月一〇日、司法省より次の発表があった。

左より、大山郁夫、河上肇、水谷長三郎、山本宣治
（新党結党式にて、昭和3年）

日本共産党は革命的プロレタリアートの世界党、第三インタナショナル日本支部としてわが帝国を世界革命の渦中に誘致し、〔……〕当面の政策としては、革命の遂行を期したるものとす。〔……〕以上のごとく日本共産党の主義行動は、根本的にわが国体を破壊せんとするものにして、寸時もこれを容認すべからざる重大な事犯なりとす。当局においては、鋭意捜査の結果、その罪証を確認するを得たるをもって、本年三月一五日治安維持法違反として全国一斉に検挙を行い、すでに起訴せる者八十余名（四月七日現在）にして、なお捜査の進行に伴い、相当拡大するものと認めらる。

＊

山本宣治議員は昭和四（一九二九）年第五六帝国議会本会議で最初の演説、「行政警察の弾圧に抵抗して」を行い、予算委員会では「拷問、不法監禁について」や「学生運動取締まり」についての質問を続けた。昭和四年三月五日は、治安維持法改正に関する緊急勅令事後承諾案の可決日であった［これは、国体（君主制）を変革し、または私有財産制度を否認するための結社（要するに共産党）、外郭団体の結成、その目的を実行するための謀議、扇動行為に、最大一〇年の刑を科すという大正一四（一九二五）年四月二二日公布された治安維持法を、死刑を科すと改正すること。緊急勅令は、帝国議会閉会の場合に天皇が発する命令であるが、この命令が出たときには、大日本帝国憲法の第八条に従い、政府はつぎの議会にこれを提出して、その承諾を求めねばならなかった」。山本宣治は決死の覚悟を決め、反対演説の草稿メモを懐中に登院したが、無産党議員団は、後難のわが身にふりかかるのを恐れて山宣の発言を封じ、採択の結果、否決は山宣一票だけになって、治安維持法改正は通過した。その夜、山宣は止宿先の神田光栄館で反動団体七生義団の黒田保久二によって刺殺された。享年三九歳であった。

山宣に対する弾圧は死後までおよんだ。墓石に大山郁夫の筆による碑文が刻まれたが、その碑文がセメントで抹消されるまで建立は当局より許されなかった。墓石のセメントがはがされたのは、昭和二一（一九四六）年一二月一六日に挙行された追悼墓前祭でのことであった。暗殺の前日、大阪での演説の最後の言葉からとられた「山宣ひとり孤塁を守る　だが私は淋しくない　背後に大衆が支持してゐるから」という墓銘が天下晴れてよみがえったのは、山宣没後一七年目であった。

左翼を治療する医者、京都を去る

三・一五では、京都でも労働農民党員はほとんど検挙された。当時警察では拷問をするのが普通だったし、留置所は不衛生だったから、釈放された者も半病人だった。また彼らに対する世間の同情は乏しかったし、救援会という組織もなかった。このとき救援に奔走したのが、当時京都帝大付属病院辻内科にいた父安田徳太郎だった。

「第一回普選が終わりまして山本も代議士になり、労農党はなやかな時代を現出しましたが、まもなく三・一五事件が起こりまして、私が診察していた患者さんも数人刑務所にお入りになり、自然とそういう人たちから本の差入れを頼まれる、被告の細君たちが病気の相談におしかけてくる、類をもって集まるというように、そういう関係者が私の周囲を取り巻いて、まるで思想犯被告家族の専属医師のような観を呈したのであります。……官僚的でたいへんいばっている、よほど金をもって行かねば寄りつけない大学の医者がロハ［ただ］で手軽に往診してくれるということで、そういう関係者の間にはたいへん評判になりました」と、安田徳太郎は雑誌『唯物論研究』一九三三年五月号に書いている。

当時、父は交通の便のいい京阪三条駅の近くに住んでいたこともあって、京大の左翼学生がさかんに出入りした。このような学生のなかに平井羊三という経済学部の学生がいた。彼は宇都宮徳馬（宇都宮太郎陸軍大将の子息。戦後、ミノファーゲン製薬会社社長、自民党代議士、のち軍縮研究に専念）や水田三喜男《みきお》（戦後自民党代議士）とともに、三・一五で壊滅した京大社会科学研究会を再建し、のち関西学連の指導者になった人である。この人が昭和四（一九二九）年のある日、徳太郎の家にやって来て、「プロレタリア科学研究所」（プロ科）関西支部を作ろうと提案した。そこで徳太郎はこれに賛成し、自宅を開放し、研究会を開くことにした。

集まった人のなかには、戸坂潤（哲学者）、太田武夫（のち典礼と改名。産婦人科医、戦後社会党代議士）、加藤正（哲学者）、稲葉秀三《ひでぞう》（京大哲学、東大経済学部で学び、戦中企画院に入ったが、検挙された。戦後片山内閣のとき、「あんぽん」といわれた経済安定本部に入り、以後歴代首相の経済ブレーン、産経新聞社長などを歴任）らがいた。

「プロレタリア科学研究所」というのは、昭和三（一九二八）年一〇月、ソビエト・ロシアの文化を紹介するために蔵原惟人、村山知義《ともよし》（劇作家、演出家。舞台装置家として左翼新劇運動の指導者であったが、最晩年には忍者物の小説を書いた）、林房雄、小川信一、片岡鉄平（小説家）らが結成した「国際文化研究所」が発展したもので、昭和四年一〇月結成され、所長は秋田雨雀《うじゃく》であった。このプロ科活動がきっかけになって、徳太郎と秋田の親交が始まった。

秋田は明治一六（一八八三）年に青森県南津軽郡黒石に産科医の子として生まれ、弘前高校の前身を経て、明治三五（一九〇二）年大学に昇格したばかりの早稲田の文科に入り、島村抱月教授の影響を受けて劇作家の道に入った。昭和二（一九二七）年九月から昭和三年五月まで、八か月間ソビエト・ロシアを旅行し、新しく建設されつつある社会主義社会とそこの演劇をつぶさに見てまわった。帰国後秋田は日本ではソビエト・ロシアの文化についていろいろなデマが行われているのを遺憾に思い、大学や講演会などで進んでソビエト・ロシアの視察談をしてまわった。

ところで昭和五（一九三〇）年七月三日京都の第三高等学校で、文部省から押しつけられた金子銓太《せんた》郎《ろう》校長を排斥して学生がストライキを起こし、寮にたてこもった。ところが学生のなかから赤痢患者が出た。学校当局はこれを理由に、校医に命じてストライキ団の健康診断をしようとした。そうなると、ストライキをしている学生の名前がばれると、学生側が難色を示し、健康診断を安田徳太郎にたのんだ。徳太郎は気軽にこれを引き受け、学生四〇〇名の検診をし、赤痢患者は一名もいないと報告した。このことが写真入りで地元の新聞に大々的に載ったために、教授会で問題になり、辻寛治教授の監督不行届きを難詰した。教授はくびになると噂された。ある晩辻内科の研究生の代表が徳太郎の家に来て、「今先生がくびになると、私たちは医学博士の学位がとれなくなります。ですから一つ、あなたが責任をとって大学をやめてください」と言った。そこで徳太郎は恩師の辻先生に類が及ぶことを恐れて、同年一〇月学生時代から一〇年いた京大をやめることにした。

＊

それから一か月後の昭和五年九月二六日、秋田雨雀と山下徳治がプロレタリア科学研究所関西支部記念講演会に出席するために、京都に来た。秋田はその日の日記にこう書いた。「朝八時までに東京駅へ行く……。山下徳治君と二人で特急に乗る。山下君は篤実な人で、たえず学問の話をしている。この汽車はひどく乗り心地がいい。午後八時ごろ安田徳太郎君たちに迎えられて、安田家へ行く。夫人は喜んで迎えてくれた。前に一度逢ったことのある人だ。二階で青年たちと話した」。その晩秋田は徳太郎に文筆で身を立てるのなら、東京に出なければだめだと言い、また山宣記念事業として無産者診療所の設立運動も進んでいるから、われわれ左翼の立場からすると、あなたが東京に来ていただけるとありがたいと言った。それで徳太郎は家族五人を連れて上京する決心をし、山下の家の近く、東京府豊多摩郡中野町高根六番地（現在の東中野駅のすぐ近く）に、てごろな借家をみつけた。ここは関東大震災後に急速に開けた町であった。そして山下が見つけてくれた日本橋浜町の優生病院に勤めた。時に、昭和五年一〇月七日だったという。

ここに出てくる山下徳治は、明治二五（一八九二）年に鹿児島に生まれ鹿児島師範学校を大正八（一九一九）年に卒業し、同市の西田小学校に勤めたが、同郷の先輩小原国芳《おばらくによし》にその才能を認められて、小原が主事をしていた成城小学校に招かれた。ところが、生徒の母親とスキャンダルを起こして、成城小学校にいられなくなり、大正一一（一九二二）年その母子を連れてドイツのマールブルク大学のパウル・ナトルプ教授のもとに留学し、ペスタロッチを研究した。ナトルプは新カント派の哲学者であったが、社会主義に対する関心を隠さなかった。それで山下は次第にソビエトの教育に関心をもつようになり、昭和二（一九二七）年ソビエトの教育を視察に行った。帰国後は自由学園に移り、再びソビエトの教育の視察に行き、その結果をもとにして、「新興教育」を唱えた。それは、唯物史観による教育であった。ここに山下が秋田、徳太郎と結びつく接点があった。

山下をスカウトした小原は、広島高等師範（現、広島大学）を経て、京都帝大文学部で教育哲学を学び、大正八（一九一九）年に東京牛込にあった成城小学校の主事になった。しかし彼は、明治時代には軍関係の学校（陸軍士官学校、海軍兵学校など）への予備門として非常に有名だった成城学校がこの時代には落ちぶれているのを慨嘆して、その再生を企て、当時原野であった東京府北多摩郡砧《きぬた》村字喜多見《きたみ》の土地に、小田原急行電鉄の線路が敷かれ、やがて小田原まで延伸されることを見込して四〇万坪の土地を買い、将来小学校、中学校、旧制高校とつらなる成城学園（現、成城大学）を作ることを計画し、整然たる区画整理をした。それで駅名だけでなく、やがてこの周辺一体は町名までも成城になり、後に東京の高級住宅地のひとつになった。後に小原は玉川学園を作り、戦後玉川大学学長になった。つまり小原先生は教育哲学者であり、スカウトの名人であり、ディヴェロッパーである稀有の人物だった。

「ソヴェート友の会」結成

　ところで、父安田徳太郎は京都時代から日ソ文化交流を目指した民間団体を作りたいと考えていた。秋田や山下と話しているうちに、彼らもこういう団体を作る考えをもっていることがわかった。ここで三人の意見は一致し、「ソヴェート友の会」（表記は当時のまま）を作ることにした。『秋田雨雀日記』にはこの会の結成の経過が克明に記載されているので、一部を挙げておこう。

　昭和六（一九三一）年五月二五日「夜、安田徳太郎君と加藤正君が話しにきた。安田君はなかなか思慮深い人だ。小児病的なところ〔考えがなく、大人げのない行動や見解〕がすこしもない。加藤君はいい青年だ。京大で哲学をやっていた人だそうだ」。

　六月一七日「雨。午後六時半から白十字〔新宿のレストラン名〕の「ソヴェート友の会」の準備会へ臨む。十四、五名ほど集った。安田、高山〔洋吉、新聞記者。のち翻訳家〕、茂森〔唯士、日露貿易社員〕、小川〔信一。理研所長、貴族院議員大河内正敏子爵の子息。大秀才といわれたが、左翼思想の持ち主のゆえに東大入学を拒否された。「プロ科」の設立者の一人〕、中根、柏木、山内（一郎）、作家同盟の人、加藤〔正〕、土井〔勝〕、稲葉〔秀三〕、杉山〔美都枝。伊東の小学校教師、のち長谷川時雨の内弟子。長谷川が出していた『女人芸術』の同人で、若林つやというペンネームで執筆した。高見順の『昭和文学盛衰史』に載っている〕の諸君。ぼくが座長としてあいさつをして議事にはいるころ、四谷署員がきて無届集会として解散を命じ、加藤、稲葉、土井、杉山の四君とともに四谷署に検束。監房にいれられた」。

　これにこりて、秋田と加藤は警視庁に行き、友の会は思想団体でなく、友好団体であることを説明し、また無届集会にならないように、集会は事前に所轄署に届けることにした。そして六月二七日本郷の明治製菓（レストランの名）に、蔵原惟郭（明治時代の政友会の創設に参加し、普選の提唱者。その子は、戦後共産党中央委員になった惟人）、長谷川如是閑《にょぜかん》らのオールド・リベラリストをはじめとして、八〇名の人が集まって、友の会の発会式を挙げた。秋田は日記の終わりに、「「ソヴェート友の会」の発会式。愉快な日だ」と書いた。

六月三〇日「くもり、ときどき雨。「ソヴェート友の会」が満足にできたので非常な喜びを感じる。もしこの会が左翼的偏向をするときは、これは明らかに失敗したものである。イデオロギイのインターナショナルでなく、どこまでもソヴェートにたいする友情関係に立つものであることを主張してゆかなければならない」。

七月七日に友の会として、ソ連大使を招待することにしたので、その前日に、秋田は警視庁外事課欧米係、保安課、丸の内署高等（つまり特高）課、保安課を訪れ、集会の許可を取った。当日内幸町のレストラン、レインボー・グリルには、ソ連側はトロヤノフスキー大使ほか八名、日本側は一〇〇名ほどの人が出席した。秋田雨雀の歓迎の挨拶、大使の答礼があり、藤間（この年の秋から藤蔭）静枝の舞踊「浦島」、四家《よつや》文子の独唱などの余興があり、各自テーブル・スピーチを行い、会は和気あいあいのうちに終わり、大成功であった。

政府が対ソ敵視政策をとり、民間の対ソ感情がよくなかったときに、二、三〇代の若者が中心になって、民間親善外交をしたことは、驚くべきことであった。徳太郎は石本静枝（産児制限運動家）がすすめてくれたイーリンの『五ケ年計画の話』の英訳版を訳し、それを旧知の鉄塔書院主の小林勇（のち岩波書店社長）に出版してもらい、その印税を会に寄付することにし、グラフ『ソヴェートの友』を出すことにした。写真はタス通信社から提供を受け、はじめてドニエプロストロイ水力発電所、コルフォーズ農場、託児所の写真などを載せて、新しい社会主義国を紹介した。またこういうグラフ雑誌は当時珍しかったのだろう。再版されるくらい売れた。ソ連大使館通商部からは、当時ソ連でしかできなかった駆虫剤サントニンの有料の広告を載せてもらった。これで、グラフの印刷代を賄うことができた。また友の会の事業として、ロシア文学者・湯浅芳子を講師として、ロシア語講習会を開くことにした。一方友の会からは、ソ連政府の依頼で、レーニン図書館に数千冊の日本語図書を寄贈した。

日ソ文化協会との分裂

昭和七（一九三二）年「ソヴェート友の会」の内部に意見の対立が起こった。すなわち、ソ連がいう「ソヴェート友の会」は、世界で最初の社会主義国家「ソビエト連邦」を資本主義国の攻撃から守る国際的な政治団体である。ところが、日本のそれは、ソ連大使館のヴォックス（対外文化連絡協会）からソ連の新しい文化資料をもらって、その文化を日本人に知らせる友好文化団体である。だから今の「ソヴェート友の会」を解散して、「日ソ文化協会」という会を作るべきだという意見が出てきたのである。

徳太郎が『教育』昭和七年七月号に書いたところによると、昭和七年五月にソヴェート友の会を「日ソ文化協会」と改称したとなっている。『秋田雨雀日記』によると、八月二二日と九月九日に、「労働者農民のイニシャティブ「つまり日本共産党の指令・指導」による」ソヴェート友の会の発起人会があり、九月二三日にこの会の発会式があった。この会は、すでに共産党に入党している加藤正が指導しているらしかった。

そのうち、共産党系のソヴェート友の会は、徳太郎が基金を出して作ったグラフ『ソヴェートの友』をくれと言い出した。徳太郎は今まで合法的に出せたのだから、そんなことをする必要はないと反対した。しかし聞きいれられなかった。一二月九日表紙にスターリンの大きな肖像を入れた『ソヴェートの友』を出したところ、発売と同時に発売禁止になった。そして、加藤正とその仲間が検挙された。その後加藤は起訴されて、市ヶ谷刑務所に送られた。こうして、グラフ『ソヴェートの友』は二度と見ることができなくなったし、友の会も解散を余儀なくされた。一二月一〇日秋田は日記に「ソヴェートの友が非合法になっていくのは残念だ」と書いた。「日ソ文化協会」のほうも次第に人が去り、昭和九（一九三四）年八月には自然に消滅してしまった。

＊

以上は主催者側から見た話であるが、この会の利用者、つまりユーザーの証言なり、批判がないかと探しているうちに、戦後の一時期非常に有名だった清水幾太郎の発言を発見した（『わが人生の断片』下巻、二一一頁以下）。

清水が東京帝大の社会学研究室にいた昭和六（一九三一）年頃、ロシア語を学ばなければいけないと思って、「ソヴェート友の会」という団体が内幸町で開いていたロシア語講習会に週二回通うことにした。講師は湯浅芳子で、男のような話し方をする人であった。はじめ生徒は三〇人ほどいたが、不愉快なことがあった。ロシア語の読本で表題は『公園』となっているのに、公園のことでなく、内容は共産主義のイロハが書いてあった。ロシア語の教科書にこんなものをこそこそ忍び込ませるのは下等でないか、卑劣でないか、と清水青年は憤慨した。教科書の入手は自由だから、それが警察に知られずにいるわけない。迷惑な話だとも思った。それで彼は講習会をやめてしまった。それからしばらくして、彼は自宅に警視庁の刑事の訪問を受け、「ロシア語をやりやがって」とどなられ、警視庁に来いと言われた。彼はあの『公園』のことかと思った。

これから見ると、秋田や徳太郎が文化と政治を分けたと思っていても、実情はそうでなかったことがわかる。グラフ『ソヴェートの友』は、私の子供時代には、売れ残りが応接間に山のように積んであった。その後転居を重ねたし、ガサ（警察の押収）にしばしばあったたし、戦災にもあったので、いつしかなくなってしまった。現在の立派な雑誌に比べるとこんなものが売り物になったのかと思うほどお粗末なものだが、今になると一冊でも隠しておけばよかったと思っている。

七、弾圧の嵐

幼児期の記憶

フロイトの初期の論文に『レオナルド・ダ・ヴィンチの幼児期回想』という興味深い論文がある。それには、「幼い頃、一羽のはげたかが舞い降りて来て、尾でもって何回も私の口をなでてくれた」という幼児期の記憶があがっている。レオナルドは鳥好きで、鳥を売っている店があると、言い値で鳥を買い取り、その鳥を放してやったと、ヴァザーリ〔一六世紀イタリアの画家〕は『ルネサンス画人伝』のなかで書いているし、ペイター〔一九世紀イギリスの批評家〕はこの話をその『文藝復興』のなかに引用している。レオナルドのこの回想は彼の鳥好きと関係があるのではないかと、私は思うのだが、フロイトはそれにおかまいなしに、フロイト流の象徴で説明している。

私の幼い頃の記憶に、夜、多数の人が集まっていて、手をあげて大声で叫んでいたという記憶と、朝崖の下に、川のような水があり、そこを通っていたという記憶がある。漠然としたイメージである。その後、小学校にはまだ入学しない頃、おそらく昭和六（一九三一）年頃、母に連れられて東京の中央線の電車に乗った。子供だから靴を脱いで窓から外を一心に見ていた。そのとき突如一度見た光景だと思った。デジャ・ヴ（既視感）である。ずっと後に場所を確定すると、それは、中央線東京行き電車が御茶ノ水駅にはいる直前で、進行方向に向かって左側の御茶ノ水の外濠の光景だった。とすると、最初のあの漠然とした光景は、一家が京都から東京に転居したときの京都駅の改札口か、プラットホームでの光景で、だれかが「万歳」と叫んだのだろう。先にも述べたように、京都から東京まで急行列車で一三、四時間かかった。それでたいていは夜行であった。おそらくこのときは、神戸始発で、京都発午後八時二〇分、午前九時四〇分東京着という列車に乗ったのだろう。家族全員が上京したのだから、両親と祖母と、昭和三（一九二八）年一〇月に、古門前で生まれた私の妹と私とお手伝いさんの計六人であった。

東京に転居したときの最初の住まいは、今の東中野、当時の地名では、東京府豊多摩郡中野町高根六番地だったとさきに述べたが、その頃、昭和五、六年頃、この家に私と同い年くらいの女の子が来て何日か一緒に暮らして遊んだ記憶がある。悲しそうな顔をした、きれいな女の子だった。親がついてきたという記憶がないから、この子は一人だったのだろう。そのうちに突然いなくなった。何年もたってから「あの女の子はだれなの？」と、いっしょに住んでいたお手伝いさんに聞いた。

このお手伝いさんは山村三笠といい、加賀の山中温泉の人で、私の生まれた直後に私の家に来て、一生私の家にいて、私たちきょうだいの食事や身のまわり万般の面倒をみてくれた。私たちにとっては、親代わりの人である。それで、私は今でも、ご先祖の位牌とともに、この人の位牌を仏壇に飾りお祈りをしている。我が家は人の出入りが非常に多かったので、こういう人のために食事を出すのも、お手伝いさんの仕事だった。父は酒を一滴も飲まないから、酒は出さなかった。山村さんは我が家に長らくいたし、記憶力が抜群によかったので、家に出入りする人の名前をよく知っていた。「あの女の子ですか?」と聞くと、山村さんはしばらく考えてから、「その子なら、細川ちか子さんの子供さんでしょう。小さいときに、亡くなったということですよ」と言った。子供が預けられたのだから、お母さんの細川ちか子さんが病気になったか、検挙されたかしたに違いない。一体どうしたのだろうかと、思っていた。しかしどこかになにか手がかりが残っているはずだと思っていた。そうしたところ、六〇年以上歳月がたってから、思いがけない所に、それらしいものを見つけた。それは、洲之内《すのうち》徹氏が『芸術新潮』に長い間連載されていた有名なエッセイの『気まぐれ美術館』のなかであった。この本にこういうことが書いてある。

須之内氏のアパートには共産青年同盟(共青)と反帝同盟の男たちが泊まりにきたし、東京女高師(現、お茶の水女子大)のサークルの女子学生が数人、プロレタリア美術の話を聞かせてくれとやって来たこともある。そして、

丸山定夫の友達で私とも友達だという友達がある日やってきて、丸山の女房の細川ちか子が病気をして、療養に要るからよこせと言って、私のそのベッドを持って行ってしまった。細川ちか子の療養費を稼ぐために、その頃、丸山定夫はエノケンの計らいで、エノケンの一座に入って、浅草で舞台に立ったりしていた。浅草では、丸山定夫は福田狂介という名前を使ったが、エノケンという人は、そういう侠気のある人であった。(『気まぐれ美術館』二八頁)

私はこの文を読んで、「やった」と思った。これに間違いない。夫の丸山定夫も出てきたからである。終わりにはエノケンも出てきていて、いい話だと思った。この文から見ると、細川ちか子が病気になったのは、昭和五、六年のことであることは確かである。細川ちか子さんの娘さんと遊んだという私の幼児期記憶は、この病気と関係があることは疑いなかった。

須之内氏は、この本のなかで深川東大工町について二、三度書いている。洲之内氏が住んでいたのは現在の白河二丁目らしいが、氏は戦後もこの地を見に行った。氏が住んでいたのは同潤会アパートで、戦災で焼けないで残っているのを発見した。このアパートの前の大通りをまっすぐ行くと新大橋にぶつかり、歩いて三〇分で浜町の明治座のところに出ると書いてある。私の父は昭和五年の頃は明治座近くの更正診療所というところに勤めていた。とすると、細川さんは私の父に診て貰い、「娘さんは俺のうちで引き受けるよ」と言ったのであろう。これで平仄が合う。なお、この娘さんのお父さんと考えられる丸山定夫は、広島巡業中に被爆して亡くなった。

共産党最高幹部の妻・丹野セツ

昭和初期、共産党中央は地下にもぐっていた。そのアジト（隠れ家）は完全に秘密であった。最高幹部・渡辺政之輔《まさのすけ》（渡政と略）は、日本橋周辺の家賃五〇円、敷金三〇〇円の二階建の家に住んでいた。当時労働者の安下宿ならば、食事つき、寝具つき、風呂つきで月一八円だったという。渡政の家の周囲の住民は日本橋、銀座の大商店の主人であった。渡政はそれに合わせて、頭は角刈りにし、縞の着物に角帯をしめて、大商店の番頭のような姿をしていた。また鍋山貞親《さだちか》は、学者の家が多い東京帝大まえの西片町に雑誌記者というふれこみで住んでいた。鍋山は労働者出身といっても、没落士族の出だったから、この町が似合っていた、という。

モスクワ帰りの袴田里見の回想によると、袴田が歩いていると「向こうからパナマ帽に金ぶち眼鏡をかけて、リュウとした羽織を着た人がくる。よく見るとそれが渡政なんですよ。わたしを連れていった青年はすうっと消えちゃった。少し歩いてタクシーに乗り、日本橋の明治座の前で降りた。「おれのあとをついてこい」というのでついていったら、人形町の裏通りの葭《よし》町です。三味線の音があっちでもこっちでもする。もうれきぜんとした芸者屋町です。そういうかいわいの、坂田きぬという表札のかかった一軒の家にはいった。すると、なかから女の人が出てきた。そしたら、これが丸まげを結った丹野セツ子同志でしてね」(『日本共産党の研究』上、二〇一―二〇二頁)。

この丹野セツが対談でこう言っている。

丹野　水野［成夫］さんは水天宮のすぐそば［の蠣殻町］に住んでいて、そこが党の事務局になっていました。

田中［ウタ：社会運動家］「内丸こう」という表札をかけて、提灯なんかさげてありました。

丹野　そこで［昭和三年］二月一日に初めて『赤旗《せっき》』が出たのです［戦後『赤旗《あかはた》』と改称］。印刷所はほかにあったようです。水野さんを通して原稿は渡していたのです。『赤旗』第二号に山下はるという名で出ているのが私の書いたものです［「革命的婦人同志に与う」］。そこで三・一五を迎えるのですが、つかまったらテロでやられるか、死刑でやられるか、そう思ってました。

（『丹野セツ——革命運動に生きる』）

三・一五直後、渡政は「長居は無用」と思ったのであろう、アジト（隠れ家）を日本橋から人形町に移した。この浜町界隈は後に、『明治一代女』で「浮いた浮いたと　浜町河岸に　浮かれ柳のはずかしや　人目しのんで　小舟を出せば　すねた夜風が　邪魔をする」（作詞・藤田まさと）と歌われたところだが、昭和初期には、上のように共産党の中枢機関がある極秘の場所であった。

その前であろうか、その後であろうか、小学校に入るまえだから、昭和五（一九三〇）年頃、家の二階に上がって行くと、奥の部屋におばさんが布団をかぶって寝て、その隣の部屋には男の人がいた。ぜんぜん知らない人たちだった。だれなのかしらと思った。しかし聞いてはいけないという、奇妙な雰囲気だった。あの光景は夢だったのかしらと、私はよく思ったものだ。この人のことについては、山村さんに聞くのもはばかられた。それから四〇年以上たって、父が『思い出す人びと』という本を出した。それをぱらぱらめくって行くうちに、私はこれだと思った。夢ではなかったのだ。現実の事件だったのだ。これについていろいろ調べているうちに、『選集』にも、父がこのことについて書いているので、この両者に基づいて述べることにする。

それによると父が東京に来て一月目の昭和五年一一月頃、山本懸蔵（山懸《やまけん》と略）の妻・関マツという人が父の勤めている日本橋浜町の明治座前にある更正診療所に来て、「これは、あなたにしか言えない内密の話だ」と前置きして、こう言った。「この間検事局から私に呼び出しがありました。市ヶ谷刑務所の未決監にいる丹野セツさんが妊娠している上に、病気があることがわかりました。しかし検事局（現、検察庁）としては、無産者診療所には渡せない〔無産診療所とは、無産者、生産手段を所有せず労働で得た賃金で生活する労働者を診療する診療所で、昭和五年一月に五反田駅近くにできた大崎無産診療所が最初である〕。そうすると、左翼組織としては、大衆討議にかけることになり、必ずや新聞だねになる。それは、検事局としては困る。それ以外の医者ならいいから、ひとつ相談してもらいたい、という話でした。そこで、先生が検事さんに会ってもらえないでしょうか」という依頼であった。

当時の中絶事情

丹野セツは、昭和三（一九二八）年一〇月六日台湾の基隆《キールン》港に入港したとき、埠頭で官憲に追い詰められて、当局の発表では自殺した（日本共産党の声明では虐殺された――ただし一九七二〔昭和四七〕年に日本共産党は、「自殺した」に修正した）渡辺政之輔の妻であった。彼女は記録によると三・一五事件逃亡潜伏中、昭和三年一〇月逮捕され、市ヶ谷刑務所に収容されたものの、翌昭和四年一一月病気のため執行停止になり、馬島医院に入院した。しかし翌昭和五（一九三〇）年四月、同医院を脱走して潜伏中、逮捕されて市ヶ谷刑務所未決監に収容された。

そこで、父が関マツと一緒に検事に会うと、月満ちて生まれるまでとすると、被告を半年間執行停止にしなければならない。一か月執行停止にするとなると、検事自身が堕胎をしろというようなもので、それはできないという話だった。そこで、父は、「一か月だけ私に身柄を引き渡してください。もし

「医学的適応症」があれば、人工流産［妊娠中絶］の手術をしますが、それも違法であるとするなら、検事さんが私を処罰してください」と言った。一か月後、父に身柄引受人の許可がおり、彼女は刑務所の車で、警官に付き添われて更正診療所に入院した。

ところで、当時妊娠中絶は「堕胎」といって、犯罪だった。明治四〇（一九〇七）年刑法第二一四条には、「医師、産婆、薬剤師、又ハ薬種商婦女ノ嘱託ヲ受ケ又ハソノ承諾ヲ得テ堕胎セシメタルトキハ三月以上五年以下ノ懲役ニ処ス」と書かれている。

しかし医師が堕胎罪に問われない唯一の例外があった。それは「正当ノ業務ニ因リ為シタル行為ハ之ヲ罰セズ」という刑法第三五条に従って行う堕胎であった。そしてこのような堕胎はとくに「人工妊娠中絶」、あるいは「人工流産」とよばれた。

この場合「正当の業務」とは、胎児を犠牲にして、母体を救うということで、母親に肺結核、心臓弁膜症、妊娠中毒症のような病気がある場合であった。このような病気は妊娠中絶の「医学的適応症」といわれた。実際には堕胎が多かった大正末から昭和初期にかけて、堕胎罪で処罰された者は年に六〇〇人から八〇〇人にすぎなかったことは、この「医学的適応症」が乱用されたためであった。しかしともかく堕胎は犯罪であり、ひとたび堕胎罪に問われれば、実刑が科せられるので、する医者はびくびくしながらやった。

そのため人工流産の手術代はきわめて高かった。昭和七、八年当時、手術代は三〇円から七〇円だった。そして当時は今日と違って三日ないし七日入院させるのが普通だった。入院費は一日三円ないし五円だったから、しめて四〇円ないし一〇〇円になる。なかには手術代だけで一〇〇円とる医者もいた。

ちなみに、当時帝大卒初任給（月給）六〇円、私大卒初任給五〇円、小学校教員（訓導といった）初任給四五円、デパートの女店員月給二四円、女工月給二二円であった。そうすると、中絶代金は、女工の月給の二倍ないし五倍であった。だから薄給の労働者では、医者に人工流産の手術をしてもらうことは不可能だった。

ところで、丹野セツを入院させたのはいいが、更正診療所の院長（平石定一という人であったという）は思想犯被告の患者にびっくり仰天した上、逃亡した際には院長も責任をとってもらいたいという所轄警察署長の要求に対しても狼狽したし、またそんな患者に中絶手術をしたら堕胎罪に問われると強硬に反対した。しかし徳太郎は患者の容態をしばらく見てから、肺浸潤《はいしんじゅん》、つまり肺結核と診断し、妊娠中絶の「医学的適応症」があるとして、婦人科で妊娠中絶の手術をしてもらった。その結果、出ていた微熱も下がった。

関は、一銭もお金がないというので、手術代は父が負担し、手術後には引き続き入院せず、私たちの家に移って静養させることにし、夫の渡辺政之輔の母親（この人はテフ［チョウと読む］といい、「渡政のおっかさん」とか、「渡政のおばあさん」とよばれていた）が面倒をみることにした。しかし食事は私の家で出したらしい。これが、私が見た光景だったのだ。隣の部屋にいた男の人は逃げないように監視している特高警官だったのだろう。警官は昼夜交代でやって来た。

知らない人の「みっともない」中絶の手術代を出してやり、あとの面倒をみるために家に泊めてやり、食事まで出すのは、おかしな話だと私の両親や祖母は思ったが、文句も言えなかったという。一か月目に突如刑務所から迎えの車が来て、数名の警官に護衛されて丹野を連れて行った。このとき丹野は少しもあわてず、父の母、つまり私の祖母と母のまえに両手をついて、「ありがとうございました。このご恩は決して忘れません」とお辞儀をして帰って行ったという。

こんな話を書くと、丹野セツの聞き書きや伝記には、そんなことは書いてない。だから、そんなことは嘘八百だと言われる方があるかもしれない。しかし女性が「私は中絶をしました」とか「おろしました」とかと、自伝や自分史に書いたり、聞き書きの質問者に答えたりするだろうか。

スパイMの噂

このことはさておいて、父はこのときにあった一つのこと、当時は絶対に書けなかったことを、後に書き足した。「関さんはときどき見舞いにやって来た。あるとき、監視の警官がいないすきに、関さんが丹野さんにこういう話をした。「向こうから帰って来た男は昔合同労働組合にいたと言うのよ、セツちゃん、そんな男がいたか」。丹野さんは少し考えてから、「松村と言う男がいたが、あの男は傾向が悪いから、モスクワにやって、鍛えてもらおうと言って、向こうへやった」と言った。わたくし［父］はそばにいて、変な話だと思って、「傾向が悪いから、モスクワにやるとは、おかしいですね」と言ったら、関さんも相槌を打った。それから関さんは、「何とかして、その男の顔をちょっと見てくれるとよいのだが」と言った。わたくしは丹野さんが監視の警官のすきに逃げられては大変だと思って、「もし面通しされるなら、わたくしの家からどこかへ移ってからにしてください」と頼んだ」（『思い出す人びと』一九二頁）。これが、第二次大戦後いろいろ話題になったスパイMの初登場であった。

文中にある「合同労働組合」というのは、大正一三（一九二四）年二月に渡辺政之輔が作った団体で、この団体が、労働組合のない工場の従業員がストライキをしたとき、そのストライキを指導するか、あるいは未組織労働者に労働組合を組織するように説得、あるいは扇動した。この団体もはじめは総同盟（友愛会の後身）に所属していたが、同年一〇月総同盟関東同盟会大会のとき、右派が、彼等は口には合同主義を唱えるが、その行動は矛盾撞着していると言って、東京合同、横浜合同、関東印刷、時計工の四組合を除名処分にした。のち、四組合は関東地方評議会を結成した。

＊

丹野セツのほうは、昭和六年、七年と市ヶ谷刑務所に入所し、昭和七年一〇月二七日懲役七年の判決を受け、同年一二月宮城刑務所で服役し、昭和一三（一九三八）年九月満期で同刑務所を出所した。以後特高警察のきびしい保護観察下に病院看護婦、派出看護婦、精神病院看護婦と転々とし、昭和一七（一九四二）年第一回保健婦試験に合格してからは工場保健婦になり、戦後は病院看護婦として働いた。

モスクワに連れて行かれた女の子

ところで、『思い出す人びと』（一九三頁）によると、手術の依頼をしてしばらくして、関はまた父のところに来て、「これはだれにも言えないことですが、向こうから、人が来て、上海で夫の山本懸蔵が待っているから早く向こうへ行けと言うのです。カムフラージュに、岩田義道の娘さんを連れて行くので、五〇円くださいませんか」言った。「手術代を出してやり、その上にまた金をくれか」と父は思ったが、秘密を打ち明けられた以上、嫌だと言うわけにもいかないので、ちょうど『中央公論』の昭和六年二月号に書いた「山宣追懐」という原稿の稿料が近く入るので、それを上げることにした。その後関はこの娘さん、みさご（みさごというのは、鳥の名前。英語ではオスプレイ）を連れて更正診療所に来たので、診察をした。日付の記載はないが、昭和六年の四、五月頃の話であろうか。こういうことを書くと「本当か？」という人もあろう。

昭和二一（一九四六）年に出た本に、戦前、戦中に毎日新聞モスクワ特派員、論説委員、編集局次長という要職を歴任した森正蔵が書いた『風雪の碑』という本がある。この本は、新聞記事をおそらくもとにしているのだろうが、左翼運動の通史を手っ取り早く知るうえに便利である。文化運動についても書いてあるし、エピソードも交えてあるのが、本書の特徴である。そのなかに、こういうことが書いてある。証拠として引用したい。

> 昭和六年四月当時モスクワで片山潜に代わって活躍していた山本懸蔵の妻関マツを日本から入露させるために、厳しい官憲の目をくらますカムフラージュとして、彼〔岩田義道〕の愛娘みさごが共にモスクワにつれられて行った。当時一一歳だったみさごは山縣夫妻の愛撫に育まれて、すくすくと赤都で成長していると言われる。彼の死後女手一つで、菊代夫人が早稲田に喫茶店を開いたことなど、話題を提供したものであるが「おばさん」「おばさん」と呼ばれてなかなかの人気者だった。今もなお健在であるが、いつか愛娘のみさごにめぐり会う日もあるであろう。（五五頁）

では山本懸蔵、略して山懸とは、何者か。山懸は明治二八（一八九五）年茨城県に生まれ、小学校卒業後労働者になり、明治四五年八月に結成された友愛会に参加した。さきに述べたように、大正一一（一九二二）年七月一五日水曜会、木曜会、暁民会などが集まって第一次共産党（中央委員は堺利彦、山川均、荒畑寒村、高津正道ら）が結成されたとき、総同盟から参加した人として、山本懸蔵の名前が、野坂参三《さんぞう》とともにあがっている。この二人は翌大正一二年に労組のなかの左翼分子を糾合して、「レフト」を結成した。この会派は、労組内に共産党の影響力を拡大して、党員を獲得することと、たとえ共産党が解党しても、弾圧されても、その影響力を温存することをめざしていた。

その翌年の大正一二（一九二三）年五月一〇日、早稲田軍事教育事件というのが起きた。これは、早稲田大学の一教授が、大学で軍事教育を行い、後の幹部候補生（幹候）の前身である予備将校を養成する制度を作る研究会を立ち上げようとした。これに対して、左派の学生が大学の軍国主義化は反対だと来賓として挨拶に出た陸軍の白川義則次官（一九三二年の第一次上海事変のときの司令官。四月二九日の天長節、すなわち天皇誕生日の祝賀式のとき爆弾テロにあい死亡）をやじり倒した。一二日左派学生は、軍国主義反対の全学的な学生大会を開こうとしたために、研究会に賛成する運動会系の右派の学生が左派の学生になぐりこみをかけ、流血の惨事になった。

警察当局はこれ幸いとばかり、共産党員の検挙に動いた。ところがこの検挙の情報が事前に漏れたらしく、共産党は佐野学、高津正道、近藤栄蔵、山本懸蔵を亡命させた。一方堺利彦、山川均、荒畑寒村、渡辺政之輔、徳田球一らの幹部は逮捕された。翌大正一三（一九二四）年三月、共産党は解党した。その後、山本懸蔵の名前が出てくるのは、さきにも述べた三・一五、すなわち昭和三（一九二八）年三月一五日早朝の共産党員、その同調者、および関係者に対する一大検挙事件の前後のときである。一九二四年から二八年の間は不明であるが、共産党解党で帰国したのであろう。
山懸はこの頃肺結核を患っていた。当時肺結核はかかったら最後、治らない恐ろしい伝染病だった。そして彼の主治医は馬島《まじま》僩《ゆたか／かん》であった。「昭和の怪物」といわれた馬島は明治二六（一八九三）年名古屋に生まれ、もと浜田といったが、馬島家の養子になり、大正七年愛知県立医学専門学校（現、名古屋大学医学部）を卒業してから、神戸でキリスト教社会主義者・賀川豊彦を助けて医療救済事業をした。その後シカゴ大学とベルリン大学に学び、帰国後本所で労働者診療所を開業した。ちなみに、丹野セツが入院したのもここであった。

　山懸の病気は軽症であったらしいが、特高警察の目をくらまして、重症に見せかけて検挙されないようにしようと、共産党のシンパ（共鳴者、同情者）だった馬島は考えた。そこで馬島は用心深く、自分ひとりの診断では心もとないから、警察医をたち合わせてくれと言った。警察医がよばれた。この警察医は、喀痰検査をしてくれと言った。そこで馬島は東大細菌学教室から重い結核患者のガフキー五号（顕微鏡の一視野に四ないし六匹の結核菌が見られるもの）の喀痰を貰ってきて、それを山懸の喀痰とすりかえて、警察医に渡した。当然山懸の病気は、菌が出ている重症の肺結核ということになる。その上二階からは咳をする音がしてくるし、妻が食事や便器を持って上がったり、下りたりするのが見られる。それで警官は、患者は重症だと信じきってしまい、うつったら大変と二階にあがってみることをしなかった。ある日馬島が往診に行くと、いつもぼうぼうのひげをきれいにそり、顔のほくろを白粉でかくし、きちんと座って、「長い間お世話になりました。もう一里半くらいは全力疾走できるでしょう。次の往診は二日ずらして水曜日にしてください。先般、家内がゆくりなく百円札なんぞもらいましてね。ごらんください。壁には新しい服、杖。はは」と逃走をにおわせた、という。そして翌朝早く特高の警官が寝ているすきに、山懸はリュウとした紳士の出で立ちで家を出て行った。その後も三日間妻の関マツは二階へ食事と便器を運び、咳を演出した。四日目関は外出から帰り、二階に上がるや、「うちの亭主をだれがしょっぴいたんだ！」と叫んで特高にむしゃぶりついた。こうして山懸はソ連に行ってしまった。これは、昭和三（一九二八）年七月一七日から九月一日にモスクワで行われたコミンテルン（共産主義インターナショナルの略。一九一九年三月結成、一九四三年五月解散）第六回大会に出席するためであった。このとき行ったのは他に、佐野学と市川正一がいた。

以上に述べたことは、立花隆氏の労作『日本共産党の研究』から引用したのであるが、これとほぼ同じことは、日本共産党系の無産者診療所（無診）の初期からの医師、金高《かねだか》ますゑが、共産党系の民主医療機関連合会（民医連）の会報に連載したものをまとめた冊子『根っこは枯れず――無産者医療運動をまもった人々』（二六頁）のなかにもごく簡単に書いてある。

その後山懸は、昭和四（一九二九）年八月ウラジオストックで開かれた汎太平洋労働者会議に出席したが、その後の消息は不明であった。戦前からの左翼人は山懸はどうしたのだろうか、とよく言っていた。戦後野坂参三がソ連から帰って来たとき、「山懸はどうしましたか」と直接聞いた人もいたらしいが、はっきりした返事はなかったようである。昭和三二（一九五七）年に角川書店からでた大宅壮一の『昭和怪物伝』には、「ソ連に入ったまま行方不明になっている山本懸蔵」（八九頁）と書いてある。しかし山懸はその後ソ連で粛清され、みさごは戦後日本に帰ったという。

そこで、もとに戻って関マツがソ連に行く直前のことをお話ししよう。関が私の父に五〇円くれと言った、というところまで話した。雑誌の月は実際より一月早いし、稿料が支払われるのは、雑誌が出てから一、二か月先だろうから、昭和六年の二、三月頃、父は関に稿料のお金を全部渡した。その直後関はみさごを連れて父の病院に来て、健康診断を受けた。出発まぎわに関はもう一度自宅にいる父の所に来て、京都大学のシナ学の小島祐馬教授宛てに、「産児制限について今後ご交際をお願いしたいと思っていますから、よろしく」と書き、二重封筒に入れ、「裏にあなたの住所氏名を書いてください」と言った。そして、「ある所から手紙が来たら、この封筒を渡してください」と付け加えた。なにがなんだかわからなかった。それで、「変な話ですね」と父は言ったが、関は答えなかった。岩田との連絡の符丁だったらしい。その後ある青年がやって来て、小さい紙に小さい字で書いた岩田の手紙をもって来た。こういうことが、二、三度あった。父はこういう非合法なことにはなれていないし、気乗り薄だった。医者としての父は合法的なことをしたかったと後年述懐している。そのうちに、地下にもぐっている岩田から一度会いたいから、場所と時間を指定してくれと言ってきたので、銀座の水炊き屋を指定した。そこで待っていると、岩田は少し遅れてやって来た。それで食事をしながら二時間ほど話した。

その席で、父は河上肇博士のことにふれて、「河上先生が私のような者にまで、自分は政治的に重大な過ちを犯した、申し訳なかったと、頭をさげられるのには厭になった。河上門下生はみんな先生を見捨てて寄り付かない。君にも責任があるよ」と言ったら、岩田も「私も河上先生のことは心配している。

いい機会だから、先生をいかに活かすか相談しよう」と言った。ここで「過ち」というのは、昭和四（一九二九）年に河上肇が大山郁夫と共に新労農党を結成したが、左翼から「党はただひとつしかない」という猛烈な非難が起こったことをいう。プロレタリア革命を目指す政党としては日本共産党以外の政党はいらないという考えに河上が達したということであろう。新労農党は昭和六年には解党した。

そこで、二人は鳩首相談して、つぎのことを河上に伝えることになった。第一、謹慎など言わずに、来訪者にはだれにでも会うこと。第二、先生はあまりにも謙遜しすぎる。人に会うときはもっと威張り、偉そうにすること。第三、おれは世界にすぐれた学者だと自認すること。

別れるとき、岩田が小声で、「テクのキャップに会ってくれませんか」と言った。そこで父は丹野セツの言葉をとっさに思い出し、「そういう人には会いたくありません」と断った。テクのキャップが松村であった。

それから数日後に父が新大久保にいる河上肇宅に行き、岩田に会ったことを言うと、河上はびっくりして、「そんな危ないことをして、大丈夫ですか」と心配した。そこで岩田と決めたことを伝えた。河上は第一、第二と復唱しながら、「なかなかむずかしいですな」とまじめな顔をして言い、「その通りしましょう」と丁重にあいさつをした。

その後岩田のレポ（連絡員）が時々来て『赤旗』と手紙を届けた。それには「先生はわれわれの陣営に来られた」と書いてあった。その後また岩田からレポが来て、「テクのキャップによると、あなたはテクの青年にときどき会っていられるらしいが、あの青年は信用がおけるから、相談に乗ってやってくれと書いてあった」。その頃父は、銀座四丁目にあった有名な喫茶店「ジャーマン・ベーカリ」で、手に包帯をしていた青年にときどき会っていた。これがテクのキャップに筒抜けなっていることが、薄気味が悪かった。

ここで「テク」というのは、技術部の略であるが、実際には、資金を集めること、アジト(隠れ家)の設定、地下(隠れ家という意味のほかに、文字通りの地下室)での『赤旗』の印刷などを担当していた。技術部はその後家屋資金局になり、カンパで資金を集めるだけでなく、後には、拐帯(持ち逃げ)、強盗、詐欺、恐喝、ギャングなどの犯罪行為で、資金を集めること、武器を集めることなども行った。当時河上肇は文名高く、ベスト・セラー作家であり、その印税は莫大であった。たとえば河上博士が昭和五年一一月号の『改造』の別冊付録として書いた五〇四頁の『第二貧乏物語』に対して改造社は印税として、実に一二、〇〇〇円を支払った。それを「屋敷を払い給え」の調子で、共産党は河上博士にどんどんカンパさせた。博士もこの調子でお金が入ると思ったのだろうか、どんどんカンパをした。その総額は今日の貨幣価値で、何億にも上るといわれる。そのせいか、亡くなったときには、博士は餓死の状態であった。博士のように、真面目な先生をたぶらかすとは、世の中には悪い奴がいるものだ。まことにお気の毒にたえない。しかしあえて言わせていただくなら、帝大教授の偉い先生が、どうして「おれおれ詐欺」とか、「お母さん助けて詐欺」みたいなものにひっかかってしまったのかしらとも思う。

また日大の民法教授・杉ノ原舜一は、白昼堂々めぼしい共産党シンパの家々を回り、月々一〇〇円とか一五〇円共産党にカンパをしてくれと頼んだ。当時の一〇〇円は現在の一〇〇円ショップの一〇〇円ではない。それは当時の大卒初任給の二か月分であった。今で言えば四〇万円である。杉ノ原教授の言葉に従ってカンパに応じた人はみな、すぐに共産党のシンパとして検挙された。一体杉ノ原教授は誰の命令で集金していたのだろうか。

この点はわからないが、テクの松村でないだろうか。その他月に一円とか三円カンパをしてくれる人が多数いたという。こういったお金はテクの松村のもとに集まったのだろう。テクが当時の共産党の中枢であった。それは今日の財務省、法務省、国土交通省、防衛省等等にあたった。それらの大臣を兼務していたのが、フルネームが知られていない松村あるいはM、あるいは「テクのキャップ」といわれていた男であった。

解党派

テクのキャップのことはさておいて、私の父安田徳太郎が地下の岩田と会い、河上肇に伝える項目を決めたということを、裏付けるものがあるのかという疑問がわく。徳太郎の話からは、その頃河上は人にも会わず、訪れる人もなく、「ひきこもり」のような状態だったという印象を受ける。ところが、この時期の河上『自叙伝』から受ける印象は、それとは逆である。河上博士の『自叙伝』を要約すると、以下のようなことが書いてある。

私は岩田をかわいがり、彼が木曽川の船乗りをしている父親のために、新しい舟を買ってやりたいから千円くれと無心を言ったときには、私はすぐに千円という大金をやった。ところが、私が水野成《しげ》夫《お》や浅野晃《あきら》らの解党派はにせものの共産党を作ろうとしていて、けしからんと言ったとき、私は彼も当然この意見に賛成して、憤慨しているとばかり思っていた。ところが彼は「そうかしら」ととぼけたように言って、すぐ話題を変えてしまった。それで私は意外な感じをもった。岩田が未決監にいたころ、彼の細君から、水野や浅野が獄中の岩田に執拗に働きかけていることを聞いた。またその頃彼の細君が来て、「今出ようと思えばいつでも［刑務所から］出られるのですが、どうしたものか、一度先生に聞いてくれとのことです」と言った。そこで私は、「今は［共産党には］人がいないのだから、出られるならば、ぜひ獄外に出て欲しい」と言ったが、彼のような老練な闘士が私のような書斎人に一身上のことを相談するのはおかしいと思った。このように、いったん心中にきざした疑惑の目でもって見ると、おかしなことが、つぎつぎに出て来た。また微熱があるので釈放してもらったと言っているのを聞いた。しかし思想犯被告が微熱ぐらいで釈放されないので、これはおかしいと思った。私の疑惑はますますつのった。私は、岩田は新手《あらて》の解党派になったと思った。それで、私は、岩田が会いたいと言って来たときも、面会を謝絶した。岩田が保釈後二か月過ぎて、昭和六年一月一五日地下にもぐったということを聞いたときも、私は彼に対する心証を変えることができなかった。私は共産党の中に検事局のスパイが入ったと心配した。それ以後何回か、彼は私に面会を求めた。あるとき一人の婦人が来た。その人がニッケルの懐中時計を見せて、「この時計は先生には見覚えがおありだと思います。今の持ち主が、先生にぜひお会いしたいといっております」と言った。この時計は若くして死んだ私の息子の遺品で、かつて岩田にやった物であった。しかし私は彼に会おうとはしなかった。またあるときは、医学博士のY［安田徳太郎］君を通して面会を希望して来たが、依然として私がそれを断ると、せめて自分の精神だけでも認めて欲しいと伝言をした。

ではどうして河上博士が岩田を解党派と考えたのかをよく見てみると、一、博士が解党派の陰謀はけしからんと話かけたとき、岩田が「そうかしら」と言って話題を変えた。博士は「この瞬間稲妻のように異様な感じ」をもったという。二、思想犯は刑務所内では扱いが厳重で、何か月も独居房に監禁されているのが普通なのに、岩田は微熱くらいで、釈放され、見張りもなく勝手に娑婆を歩き回っている。これは、どうも「おかしい」。三、岩田は、検事が十分に安心出来る、目に見えない手綱で縛られている。たとえば、彼が新手の解党派になったのだと考えれば、「おかしい」という疑惑は解決される。四、岩田は検事局の手先になったから、岩田と会うのは危険だ。だから河上博士は岩田とは面会しないし、対座しない。

要するに、河上博士はなんでもないような岩田の言葉じりから、ある瞬間突如「あいつは解党派だ」という妄想《パラノイア》的な考えにとりつかれ、それから、つぎからつぎへと妄想的な考えを膨らませて行ったように思われる。逆に、解党派と考えると、「おかしな」ことも説明がつく。しかし「幽霊を見たり枯れ尾花」の口で、妄想的な判断でないだろうか。私の父をはじめとして、何人かの人が、「岩田に会ってください」とたのみに行くが、博士は頑として、岩田に会おうとしない。では、河上博十が問題にしている「解党派」とは一体なんなのか。

昭和五（一九三〇）年一月一二日、和歌山県で共産党の会議があった。このとき白色（右翼の）テロや支配階級や社会民主主義者や党内の裏切り者などの攻撃に対して、コミンテルンの正しい指導のもとに、共産党は先頭に立って戦い、党を大衆化しなければならないということが強調された。そしてその一環として、水野成夫、門屋博、佐野文夫、福本和夫、浅野晃、稲村隆一、是枝恭二、村山藤四郎、河合悦三の九名を敗北主義者として正式に除名した。彼等は昭和三年の三・一五事件の被告として、刑務所内にいたが、共産党の戦略には重大な過ちがあると、前年から反幹部闘争をしていた。彼らはこう主張した。日本共産党は、コミンテルンの方針に盲従して、君主制の廃止とか、大地主と皇室の土地の没収とかいったおよそ日本の現状に合ってないスローガンを掲げている。これでは大衆から孤立してしまう。他方共産党の組織はというと、幹部は権力を奪い合い、党費を乱費している。しかも伝統的に堕落している。これでは、党の改革などはできっこない。そこで、彼らは、この際、共産党を一時解散〔解党〕して、コミンテルンから分かれ、日本の現状に合った共産党を作るべきだと。これが、河上博士が目の敵にした「解党派」の起こりである。

＊

河上博士のことから脱線して、時代が進みすぎたので、話を昭和初期に戻すことにしよう。

ヌーラン事件

〔昭和六（一九三一）年〕七月私〔徳太郎〕は突然警視庁の庵谷警部のお見舞いを受けた〔特高の警官が来訪したという左翼の用語〕。困ったことに、二階のタンスのなかに『赤旗』の一束と岩田君から預かった渡政《わたまさ》君の遺品というピストルがはいっている。その上、後日〔共産〕党中央委員になった大阪の田井為七君が前夜から泊まりこんでいる。とにかく覚悟して中野署に行った。取調べは数時間にわたったが、結局私がコミンテルンの中央アド〔連絡所〕を引き受けたというのが、検挙の中心であった。私は「知らないから、知らない」と押し通した。上海から君の名前が出て来たとせめ立てた。最後に突然庵谷警部は、「君の背後には岩田がいるぞ」とどなったときにはドキンとしたが、「そんな男は知らん」と頑張ったら、むこうも拍子抜けがして急に「地位も名誉もある君が、コミンテルンのアドなど引き受けるものでない」と説諭して、ひとまず釈放となった。

家に帰ると、二階のタンスにはちゃんと『赤旗』とピストルがあったので思わずほっとした。この事件はヌーラン事件として新聞に大きく報道されたが、私の名前は載らなかった。しかし私は七月に、警視庁の命令で浜町の病院をくびになった。（『選集』「共産党の指導者たち」）

一九三一年六月一日シンガポールのイギリス警察がマレイ共産党とひそかに交渉をもっているフランス人のコミンテルン機関員を逮捕した。彼の文書の中から「ヒラヌール、私書箱二〇八」という上海の電信用の宛名と私書箱番号が見つかった。租界工部局（国府側警察）がこの発見をさらに手繰って行くと、ドイツ語とフランス語の教師をしているイレール・ヌーランという人物にまで行き着いた。ヌーランは、日本人が多数住んでいたウースン路に接した崑山路《こんざんろ》のツタに覆われた古風なレンガ建ての家に住んでいた。近くには子供の遊び場があり、そこでいろいろな人種、国民の子供たちが遊んでいた。ヌーラン夫妻はよくこの遊び場に来て、子供の遊びを見ていた。

当時「魔都」といわれた上海では、国府（国民政府）側と中国共産党の地下組織が生きるか死ぬかのはげしい戦いをしていた。捕まったら最後、秘密裡に銃殺された。

六月一五日、租界工部局は突如この子供の遊び場の一画を包囲して、ヌーラン夫妻を逮捕し連行した。ヌーランがもっていた鍵は南京路四九のあるアパートの鍵で、そこから鋼鉄製の箱が三個見つかり、その箱の中からコミンテルン極東部の一年間（一九三〇―三一年）の会計簿とプロフィンテルン（国際赤色労働組合）支部汎太平洋労働組合書記局の会計簿が見つかった。そこで、このアパートがコミンテルン極東部の事務所で、ヌーランがコミンテルン極東部の責任者であることが推定された。この点については、逮捕後の警察の長期にわたる調査によって確認され、部員が七人いることがわかった。極東部は主に中国共産党とその傘下に資金を提供することと、学生を東洋勤労者大学（クートベ）に行かせる手配をすることであった。その他日本、インドシナ（現、ベトナム）、朝鮮、フィリピンの共産党に資金を提供すること、コミンテルンのモスクワ本部の指令をこれらの共産党に伝えること、各国の情報を受けることを任務としていた。

工部局は、ヌーラン夫妻を逮捕し、八月一四日ものものしい警戒のなかを首都南京に移送した。南京の高等法院での取調べで、ヌーランは二つのベルギーの旅券と一つのカナダの旅券をもち、一二の暗号名をもっていることがわかった。彼の弁護士は、彼がベルギー市民であることを証明しようとした。警察の調査で、そのにせ旅券の持ち主が、ベルギーで見つかり、ヌーランの身元は、ポール・ルエッグという一九二四年モスクワで姿を消した、有名なスイス共産党員とみなされた。しかしスイス当局はそれを強く否定し、いかなる保護も与えなかった。裁判の結果は無期懲役と判決された。その後ソ連の仲介によって国外追放になった。ヌーラン逮捕によって日本共産党はコミンテルンからの指令が来なくなり、またこちらから送った報告、アドレス、暗号が当局に奪われた。

ヌーラン事件は私の家で起きたことでないから、私の記憶には残っていない。けれどもこの事件で、父は病院をクビになったので、医院を開業することになり、新しい家を探しに行ったことはよく覚えている。ほうぼうを探して、赤坂区（現、港区）青山南町一丁目四番地に父が気に入った借家が見つかった。青山は先にも述べたように、父が中学生の頃から来たことがあり、あこがれの土地だったためもあろう。青山に住んでいたなどというと、「流行の先端の街にいたんですね」と言う人がいるかもしれない。しかし当時の青山は陸軍の町だった。二一世紀の今、陸軍はないが、開発と称して、歩兵三連隊は国立新美術館と政策研究大学院大学に、歩兵一連隊は東京ミッドタウンに、赤坂にあった近衛歩兵三連隊は赤坂サカスになってしまった。青山一丁目の交差点から六本木に向かって行くと、角に赤坂消防署があり、その一軒さきで、隣家は東京市の電気（現在の交通）局の工事事務所だった。夜は真っ暗で、ときにはフクロウの鳴き声が聞こえた。

フクロウの鳴く陸軍の町

私たちが住んだ家は、今の地下鉄青山一丁目駅の出入り口の階段になってしまった。家のまん前には麻布連隊区司令部という徴兵の事務をしている陸軍の役所があった。ここではよく士官が剣道の試合をしていた。それを、自転車で道を行く店員さんが自転車を止めて窓の格子越しに見ていた。右に行くと第一師団司令部、左に行くと陸軍軍法会議、つまり陸軍の裁判所があった。しかしこういう建物は皆、木造二階建てなので、空襲で焼けてしまった。これらは日本陸軍の中枢だが、門に番兵が立っているわけでもなかったし、大きな看板が出ているわけでもなかった。普通の民家の小さい陶器製の門札があるだけで、よく見ないとわからなかった。

軍法会議の塀は煉瓦塀で、やや傾いていた。塀に沿って長い行列ができることがあった。後年それは傍聴人だということを教えられた。軍法会議の塀が終わるところから、右に曲がると、東京の真ん中にこんなに広々とした空間があるのかと思うほど広い空き地があった。空き地といっても、陸軍の用地だった。空き地のさきにわれわれが「鉄砲山」とよんでいる大きな山があった。この山は陸軍の射的場と言われていたが、陸軍が使っていることはなく、自由に入れ、子供たちの格好の遊び場だった。私たちはよくそこに行って遊んだ。山の下には泥水の池があった。山の彼方には、さきに述べた三連隊の鉄筋の兵舎が立っていた。

鉄砲山と青山墓地の間は、田宮虎彦が『絵本』に書いているように、「谷間の底のようなところ」であり、そこを、小さな市電が通っていた。この電車は四谷塩町（四谷三丁目）から信濃町駅前、青山一丁目をへて、赤十字病院下、広尾を通り、品川駅前に行く7系統の市電であった。青山一丁目から霞町のさきの天現寺橋まではレールだけで、自動車が走れる道ではなかった。日没時鉄砲山に登ると、上には青山墓地に沈む太陽が見え、下には谷間を「疾走」する小さな市電が見えた。

私が住んだ頃には青山通りには渋谷―水天宮間と渋谷―須田町（はじめは両国駅だったと思う）間の市電が走っていたし、昭和一四年二月には、東京では二番目に早く、渋谷―新橋間に地下鉄が開通した。この地下鉄は東京高速鉄道といって、浅草―新橋間の東京地下鉄道とは別会社だった。それで、はじめのうちは新橋は別々のホームで、乗換えには地下道をかなり歩いた。だから、今でもこのホームは新橋の地下に残っているのではないかと思う。地下鉄の渋谷駅は東横百貨店の三階なので、はじめは変な気がしたものだ。この開通で、渋谷はますます便利になり、にぎやかになったが、それでも現在の井の頭線、当時の帝都電鉄に乗ると、渋谷を出てすぐに左側に牧場があり、牛が窓すれすれに見えるほど、牧歌的であった。

当時と現在で変わらないものは、青山通りの渋谷に向かって右側にある青山御所と左側の赤坂郵便局だけだ。郵便局の隣には東京憲兵隊赤坂分隊があり、そこにはいつもサイドカーが止まっていた。郵便局が戦災にあっても焼けなかったのは、郵便局の乃木坂寄りの隣家の小川平吉という鉄道大臣の豪壮な邸宅を強制疎開させて破壊してしまったからだったと思う。立派な家が、あっという間にペチャンコに壊されるのを見ると、悲しかった。憲兵隊の少し先に、高橋是清蔵相の私邸があり、巡査が立っていた。後述の二・二六事件のときに反乱軍が侵入した所だ。そのさきに能楽堂があった。

赤坂郵便局の、道路をはさんだ真向かいにはステンドグラスがきれいな大きい教会があった。それはたしか「三一教会」という名前だった。その裏に牧師館があった。

中学生の頃、父の本棚にある北原白秋の『邪宗門』というきれいな本が目につき、それを引き出した。表紙を開き、その最初の詩にひきつけられた。

われは思ふ、末世の邪宗、切支丹でうすの魔法。
黒船の加比丹《かぴたん》を、紅毛の不可思議国を、
色赤きびいどろを、匂鋭《と》きあんじやべいいる、〔……〕
目見《まみ》青きドミニカびとは、陀羅尼誦《だらにず》し夢にも語る、
禁制の宗門神を、あるはまた、血に染む聖礫《くるす》〔……〕
屋《いへ》はまた石もて造り、大理石《なめいし》の白き血潮は、
ぎやまんの壺に盛られて夜《よ》となれば火点《とも》るといふ。

この不可思議な詩は私にはあの美しい教会と一つに溶け合った。それで、この教会が空襲で焼けたことは残念でならない。ところが、私がある若者の結婚式に行ったとき、式が行われた教会は、あの教会の移転先であることを知り、なんらかのご縁があるのだと思った。この詩で「あんじやべいいる」はあんじゃべるで、植物分類学者・牧野富太郎博士によると、オランダ語のanjelier、アンニェリエルで、和名オランダ石竹、つまりカーネーションのことである。

教会の隣には公設市場があり、その隣には軍刀屋があった。将校が指揮刀を注文しているのが外から見えた。公設市場のところが青山一丁目の交差点で、軍人か第一師団司令部で働いている人たちの乗り

降りで混雑していた。市場の斜めまえから信濃町駅のほうへちょっと行ったところに陸軍大学校があった。これと反対方向に青山墓地のほうへ行くと、赤提灯が下がった琉球の泡盛を売る居酒屋があった。酒樽が椅子代わりになっていた。この居酒屋の隣は変電所でそこを右に曲がってまっすぐ行くと私が通っていた青山小学校の前に出た。私はこの細い道を通って小学校に通った。

変電所の隣はうちと同じ名前の安田という家で、日本競馬会の偉い人の家だといわれていた。現在、記念競馬の名前になっているのが、この人でないかと思う。その隣には吉松というフランス語の私塾があって、陸軍大学校に通う将校学生が学んでいた。その先を右に曲がったところに大きい門柱が立っている内科医院があった。詫摩先生という老齢の医師が患者をみていた。この先生は青山小学校の校医も兼ねていた。それでこの先生についてはなつかしい。通学路にもどると、通りに面して望遠館という小さい旅館があった。道路に面して浴室があるらしく、水をかける音がよくした。その先を右に曲がったところに「いろは」という料亭があり、入り口の敷石には打ち水がしてあった。

「いろは」という屋号は、明治時代に芝浜館という旅館と火葬会社を経営していた木村荘平という人が息子や娘にやらせていた牛肉屋（すき焼き屋）の名前である。この人には、一三人の男の子と一七人の女の子がいたという。明治時代には東京市内だけで約二〇軒の「いろは」があったという。男の子がみな「いろは」をしたわけでなく、他の職業についた人もいた。八男の木村荘八は洋画家になり、永井荷風の『濹東綺譚』の挿絵を描いたので有名だ。木村荘十は小説家になり、直木賞をとった。青山のこの店も木村さんの一族が経営していたのだろう。

当時の青山は日本陸軍の中枢の町だと先に述べたが、町はそれで成り立ち、生活していた。事実青山通りには、除隊記念に買う徳利、盃、手拭いなどを売る店が何軒かあった。今の人が思うように、ブティックとおしゃれの町では決してなかった。小さなお店が軒を連ねている場末の町だった。そうそう、交差点の渋谷よりには、石勝《いしかつ》という大きな石屋があり、一日中職人が墓石を彫っていた。その隣は、石屋の奥さんがしているちょっと大きなレディースという洋裁学校があった。今のブティックを思わせるものはこれぐらいだろう。むしろ兵営がある六本木のほうが、今のブティックめいた店があったように思う。

青山の町には、朝と夜に兵営で吹くラッパの音がかすかに聞こえた。朝のラッパは「起きろよ起きろ。みな起きろ。起きないと大将さんに叱られる」、夜のラッパは「床《とこ》とってしょんべんして、寝え。床とって、しょんべんして。寝え」と聞こえた。神宮外苑は当時も今とちっとも変わりはないが、昔は神宮外苑には人がまったくいなかった。むしろ子供の格好の遊び場だった。青山通りから神宮外苑に入ってすぐ左側に女子学習院があり、大型の自家用車で送り迎えされる華族のお嬢様の姿が見られた。当時は他の土地からわざわざ外苑に来る人はいなかった。青山は盛り場ではなかった。人が集まるのは、六大学の野球があるときぐらいだった。それでも、その数は知れたものだった。さきに述べた「いろは」もこのときには人が入っていたように思う。ともかく昭和初期の青山は人がいない、さびしい場末の町だった。

昭和八（一九三三）年私はこの町の小学校、青山小学校に入った。学校に入って早速「サイタ　サイタ　サクラ　ガ　サイタ」という国語（読み方）の教科書を立って声を出して読むように言われた。そのとき、関西型アクセントで読んだのでみんながワーッと笑った。しかしその理由もわからなかった。

関西では第一音にアクセントを置く。ところが関東ではアクセントがない。家では、母を除いて父も祖母も関西型アクセントでしゃべっていたから自然にそうなったのである。後年私が子供を連れて父のところに行くと、息子たちは、「お父さんはおじいちゃんの所に行くと、へんなことばを使う」とよく言った。

三年生のときに、表参道の近くにある青南小学校に転校した。それは、この学校のほうが上級学校への進学率がいいと言われていたからである。学区外だから、青南小学校の真ん前に住んでいた柏原孫左衛門という人の家に寄留した。この人は父の中学時代の親友で、財閥の一族であった。それで広大な家に住み、当時は珍しかった自家用車をもち、お抱えの運転手がいた。家の前には大きなヒマラヤ杉が立っていて、評判だった。私たちはこの家に寄留したといっても、その家から通うわけでなく、自宅から市内電車で通学した。

安田医院、昭和11年10月

この学校に入った当時は、学校は新築中で、授業は青山脳病院の隣にあったバラックの校舎だった。入院している人がよく見えた。青山脳病院は斎藤茂吉が院長をしていた有名な病院である。北杜夫も青南小学校の卒業生だと思うが、在学中は知らなかった。おそらく私の学年の一年下であろう。

徳太郎の検挙

ある年の夏私たちは、さきに述べた山下徳治さん夫妻に招かれて、千葉県の飯岡に行ったことがある。山下徳治さん夫妻が夏のバンガローを借りたのだろう。そこは駅からかなり遠かったが、砂浜が海までずっと続いていて、すばらしかった。ビーチ・パラソルの下で食べる食事は珍しかった。山下さんの家の朝食は、ドイツにいたせいか、パンにバターにベーコン、コーヒーであって、私たちの家では普通の、ご飯に味噌汁とか、関西風のお茶漬けとかと違うので、うらやましかった記憶がある。そこで何日か暮らしたある日電報が来て、急に帰ることになった。母に聞くと、「パパが警察に連れて行かれた」という。ただそれだけの記憶だが、これは、一体なんだろうか、とその後よく思った。

そこで、何か思い出すことはないかと考えてみた。そうだ。飯岡に滞在中に、夜町役場の人が自転車で、「防空演習をしているから、光がもれないように明かりを覆ってくださいよ」と言いに来たことを思い出した。よくもまあ、つまらないことを覚えていたなと苦笑したが、『秋田雨雀日記』の昭和八年八月九日を見たとき、「夜、七時から防空演習で灯火を暗くして、（レーニン）を精読した。立派な文章だ。（防空演習、灯火管制、午後七時から十一日午後まで。）」と書いてあるのを見て、驚いた。これは東京の話で、千葉では日時は違うかもしれないが、まったく違うわけではないだろうと思った。するとこのことは昭和八年八月の上旬から中旬のことだろう（歴史の年表を見ると、これは「関東防空大演習」として載っていて、重大な事件であった）。

さて、父が警察に連れて行かれたという電報に接し、急きょ帰京したのは昭和八（一九三三）年八月上旬というところまではわかった。さらに何か手がかりがないかと思案しているうちに、日記としては、河上肇夫人秀《ひで》さんの『留守日記』があることを思い出した。

河上博士は、大正一五（一九二六）年、上述の学連事件の関係で家宅捜索を受けた。昭和三（一九二八）年京都帝大経済学部教授会の退職決議により、教授を辞任して、労農党の講演会などの実践活動の渦中に跳び込み、翌年大山郁夫とともに新労農党を結成し、昭和五年一月、党の仕事をするために東京市豊多摩郡西大久保に転居し、京都から立候補したが、落選した。博士は党を結成したのは政治上の誤りであったとして、同党を解党し、大山郁夫と袂を分かち、書斎人となり、この間、さきに述べたように、岩田義道との間に悶着が起きた。しかし『第二貧乏物語』、『マルクス主義経済学』、マルクス『資本論』の翻訳などを刊行した。

安田家、昭和11年4月、右端が安田一郎

昭和七（一九三二）年九月九日杉ノ原舜一が河上の義弟の共産党員・大塚有章に連れられて、最初の隠れ家（それは博士の大学時代の友人の家であった）にやって来た。そして杉ノ原が、今回貴下を中央委員会の決議により党員に推薦したといい、担当の仕事は、『赤旗』の編集技術に関する意見を提出することと、党が必要とするパンフレットなどを執筆することだと言った。居所はまもなく党のほうで決定するから、しばらく自力で、やってくださいと言って帰って行った。このとき、博士は「おれもとうとう党員になることができた」と思い、「たどりつきふりかへりみればやまかはを　こえてはこえてきつるものかな」と口ずさんだという。

河上博士は昭和八（一九三三）年一月一二日、三八日目に住吉町の隠れ家で検挙され、治安維持法違反として公判に付せられ、八月八日懲役五年の判決を受け、九月控訴をとり下げたので、五年の刑期がはじまった。『留守日記』は、昭和八年二月二三日から、昭和一二（一九三七）年六月一六日博士の小菅刑務所よりの釈放までの四年六か月の間の身辺のことを、公表する意図なく秀夫人が克明に書いたものので、資料としての価値も高い。昭和四二（一九六七）年の出版当時は、かなり多くの人に読まれたようである。

私はこの本に手がかりがないか、あたってみることにした。すると、昭和八（一九三三）年「八月二三日　水　晴」の項にこういう文を見つけた。「夜、安田徳太郎氏にお見舞に行く。母堂のお元気なこと。お話が面白いのでつい長話して、帰ったら十一時前。毎日ご面会にいらっしゃる由。もう四、五日でお帰りできそうなり」（五七頁）とあった。これは病院に入院しているようにとれないこともないが、左翼文献特有の符丁、隠語である。たとえば「旅行」とあっても、旅に行くことではなく、地下にもぐったという意味のことである。「面会」は留置所につかまっていることに対するお見舞いに行くという意味だし、「帰る」は釈放されるということである。つまり八月二七、八日に釈放されるということである。

その後出版された父の『思い出す人びと』（二〇六頁）にこう書いてあったので、検挙の日ははっきりした。「一九三三年（昭和八年）八月一七日、警視庁の特高警官が数人わたくしの家に来て、青山署

〔青山南町五丁目にあった警察。現在はない〕へ来てくれと言って、そのまま留置場に入れられた。検挙にあたって、検事の令状も、家宅捜索もなかった。別に取調べもなく、一週間捨ておかれて、一〇日目（つまり八月二七日）に釈放され」た。『留守日記』の日付と同じである。

岩田義道が殺された

徳太郎の検挙の理由は、こういうことであった。

一九三二年（昭和七年）一一月三日、岩田義道の妻・宮本菊代さんから電話があり、「警視庁から、警察病院で岩田義道の遺体を渡すから引き取りに来いと言ってきましたから、先生〔徳太郎〕も立ち会ってください」と知らせてきた。これには驚いて早速駆けつけた。すでに布施〔辰治〕弁護士、無産者診療所長の大栗〔原著では小栗になっているが、訂正〕清美君、遺族宮本菊代夫人、その他大勢がつめかけていた。特高の鈴木警部によると、神田署につかまって危篤になったから警察病院に運ばれたとの説明であった。遺体は引き渡されたが、恐ろしい拷問の痕があった。病名は肺結核と脚気衝心とあったが、あまりにも変わり果てた無残な姿だった。（『思い出す人びと』二〇〇頁）

そこで父は、これは東京帝大の病理学教室で解剖してもらうほうがいいと考え、遺体をひとまず遺族にひきとってもらい、翌一一月四日病理学教室に電話をかけ、「実は私の友人が警察病院で、脚気衝心で亡くなりました。学術研究のため、解剖をしていただけませんか」と申し込んだ。先方は別に疑わず承知した。そこで、霊柩車に遺体を乗せて、病理学教室に運び、付いて行った人たちが、死体を解剖台にのせた。父は助教授に名刺を渡し、「お願いします」とあいさつした。執刀するために数人の助手たちも入って来たが、死体を見ると、みんな狼狽した。父は、「みなさんにはけっしてご迷惑をおかけしませんから、科学のために解剖してください」と頼んだら、若い助手は震えながら解剖して行った。

口の周りには六つも大きな釘の痕があって、血がにじんでいた。これは鉄の猿ぐつわを押し込んだ痕であった。首すじには鎖で縛った痕があった。胸腔《きょうくう》が開かれた。そこには恐ろしいほど大量の出血があった。助手がひしゃくで血液をくみ上げ測ったところ、一リットルもあった。これは拷問具の窄衣《さくい》で胸をグッと締め上げげたための内出血であった。下肢と大腿部の前面後面には著明な皮下出血のあとがあることがわかった。しかし肺結核のあとはなかった。病理学の三田村篤四郎教授と法医学の教授が深刻な表情で立ち会っていた。執刀者は父には一言もしゃべらなかった。父はメモを取り、死体の写真をとってもらって、それらを遺族に渡したが、父が自分用としてとっておいたメモと写真は、その後警視庁の家宅捜索を受けたとき、没収されてしまった。

ところが、このメモは河上肇『自叙伝』にのっていることが後でわかった。

これが昨日の解剖の結果ですとて、安田博士の見せてくれた覚書には、次のように誌されてあった。

「一九三二年十一月四日、東京帝国大学病理学教室に於いて。解剖番号一九五。岩田義道氏、三十五歳。体重六四キロ。身長一六〇センチ。脳髄一四四五グラム。心臓三七五グラム。心臓は非常に大きく、脂肪が堆積す。心筋は右心が〇・五センチ、左心が一・〇センチ。右心室は拡大されていて心筋薄く、恐らくこれが死亡の原因ならん。肺臓は著変なし。肺結核の所見なし。拡大して出血あり。胸腔内に大量の出血あり。腹腔内には出血なし。胃腸その他の内臓器官には著変なし。ただし部分的に諸種器官に出血あり。下肢。大腿部の前面後面に著明な皮下出血あり。これが死の誘因ならん。上肢。所々に皮下出血あり。」（『自叙伝』(二)二八六頁）

＊

岩田の逮捕のいきさつは、新聞（共産党の用語では「ブルジョワ新聞」）ではこうだった。昭和七年一〇月三〇日午後三時頃、ニッカーボッカーズをはいてゴルフ帰りのような紳士が神田区今川小路（神田駅近く）を歩いていた。たまたまやって来たのが、警視庁特高課の藤井警部らの一行だった。ちょうど小石川のほうへ行く途中だったが、一行の乗った車が故障したので、修理中車内で待っていた。その目の前を、さきの紳士が通り過ぎた。かねて顔みしりの藤井警部が「おい！　岩田」と叫んだ。呼び止められて岩田は、はっとし、振り向きざま六連発のピストルを構えたが、大格闘の末、逮捕されたという。

岩田は明治三一（一八九八）年、愛知県の木曽川添いの貧しい船頭の子に生まれ、赤貧のなか名古屋師範学校で学んでから、京都帝大経済学部在学中に、先に述べた大正一五（一九二六）年一月の学連事件で逮捕され、翌昭和二（一九二七）年四月禁錮一〇か月の判決を受け、昭和三（一九二八）年三月一五日の三・一五事件では逮捕をのがれるものの、再び逮捕され、病気で釈放されてから、昭和六

（一九三一）年一月以後地下に潜り、共産党の再建に従事していた。そのやさきに三四歳で殺されたのである。

徳太郎との関わりでは、『思い出す人びと』一九七—一九八頁に概略すると以下のようなことが書いてある。

ヌーラン事件後、岩田義道から徳太郎への連絡は一年ぐらい途切れていた。昭和七（一九三二）年六月頃、青山一丁目で開業した徳太郎のところに、往診してくれと使いが来て、一緒に車に乗って、目黒ホテルという所に連れて行かれた。部屋に案内されると、岩田が待っていた。彼は人払いしてから、相談にのってくれと言った。

「あれからコミンテルンとの連絡がつかず「糸のない凧」のようで困っています。先生、何かいい方法がありませんか」。「先生はソ連大使館に出入りしていられるという噂ですが、先方のだれかに連絡がつかないでしょうか」と言う。「連邦政府の線とコミンテルンの線は別々ですから、連邦政府の線としての大使館にそんなことを頼めば大変なことになります。この件はお断りします」と言うと、岩田は最後に小声で「テクのキャップがどうしても先生に会いたがっています。会ってもらえないでしょうか」と言った。またかと思い断り、握手して別れた。これが存命中の岩田との永遠の別れになった、という。

今度は小林多喜二が殺された

岩田義道が殺されて三か月後の昭和八（一九三三）年二月二一日の夕刊（当時、夕刊の日付はその日でなく、翌日であった。だから二二日になっている）は、「小林多喜二氏築地署で急逝」と報じた。東京朝日新聞によると、「小林多喜二氏（三一）は、二〇日正午頃党員一名とともに赤坂福吉町［現、赤坂二丁目］の芸妓屋街で街頭連絡中を築地署小沢特高課員に追跡され約二十分にわたって街から街を白昼逃げまわったが、ついに溜池の電車通りで、格闘の上とりおさえられ、そのまま築地署に連行された。最初は小林多喜二ということを頑強に否認していたが、同署水谷特高主任が取調べの結果自白、さらに取調べ続行中、午後五時頃突如蒼白となり、苦悶し始めたので同署裏にある築地病院の前田博士を招じ、手当てを加えた上、午後七時頃同病院に収容したが、すでに心臓麻痺で絶命していた。二十一日午後東京地方検事局から吉井検事が筑地署に出張検視する一方、取調べを進めているが、捕縛された当時大格闘を演じ、揉り合った点が彼の死期を早めたものと見られている」。

この記事を見て、江口渙《きよし》、大宅壮一、貴司山治、築地小劇場にいた女優の原泉子《せんこ》が駆けつけた。

同日夕方日本プロレタリア作家同盟の人から徳太郎の家に「先生すぐ築地署に来てください。小林多喜二の死体が出たんです」と電話があった。そこで徳太郎はタクシーを拾って急いで築地署に駆けつけた。小林のお母さんも来て、特高課の部屋に入り、死亡診断書を手にして、出てきた。それには心臓麻痺と書いてあった。小林多喜二の遺体は杉並のお母さんの家に運ばれた。みんなで奥の部屋に布団を敷いて、そこに遺体を寝かした。お母さんは小林の遺体を見て、声をあげて泣いた。以下は当日同席した作家江口渙の記録である。

＊

江口は明治二〇（一八八七）年に生まれ、東京帝大英文科に入り漱石門下であったが、中退して、

『帝国文学』の編集などをし、後プロレタリア文学運動に入った。「多喜二の死」を述べるときには、この人の文を省くことは許されない。ここでは、これについての江口のもっとも初期の冊子から引用する。

「ああ、いたましや。いたましや。ほんとうにいたましや。心臓麻痺で死んだなんて嘘ばかし、言うだべや。子供のときから、あんなに泳ぎが上手でいだだべに、心臓の悪りい者に、あんで泳ぎが出来だべか。嘘だでば。嘘だでば。絞め殺しただ。絞め殺しただ。ああ、いたましや、いたましや。ほんどうにいたましや」。さながら生きている愛児にものをいうように、冷たくなった死骸に向かって、しきりにものを言い続けた。「お母さんをそっちへつれて行って下さい。これでは、体にさわるから」。私はついに見かねてこう言った。親戚の人が隣室へつれて行こうとした。だがお母さんは聞き入れない。相変わらず枕元に座ったままで泣き続けた。

安田博士の指揮の下に死体の検査が始まった。物すごいほどに蒼ざめた顔は、烈しい苦痛の跡を印した筋肉の凹凸が嶮しいので、到底平生の小林の表情ではない。左のこめかみには、二銭銅貨大の打撲傷を中心に、五、六箇所も傷痕がある。それがみんな皮下出血を赤黒くにじませているのだ。首には一巻きぐるりと深い細引きの痕がある。余程の力で絞められたらしく、くっきり深い溝になっている。そこにも、無残な皮下出血が赤黒く細い線を引いている。左右の手首にもやはり縄の跡が円く食いこんで血がにじんでいる。

「これです。これです。やはり岩田義道君と同じです」。

前年、警視庁の拷問室で鈴木警部に虐殺された日本共産党中央委員長岩田義道の屍体を検診した安田博士は、沈痛きわまる声で言った。私たちの目は再び鋭く屍体に注がれた。何という凄惨な有様であろうか、毛糸の腹巻になかば覆われた下腹部から左右の膝がしらにかけて、下腹といわず、股といわず、尻といわず、前も後ろもどこもかしこも、まるで墨とべにがら［赤色の色素］とを一緒に混ぜて塗りつぶしたような、何ともかとも言えないほどの陰惨な色で一面に覆われている。その上余程多量な内出血があると見えて、股の皮膚がぱっちりハチ割れそうにふくらみ上がっている。そして、その太さが普通の人間の太股の二倍もある。さらに赤黒い内出血は陰茎から睾丸に及び、この二つのものが異常な大きさにまではれ上がっていた。

「こうまでやられたんでは死ぬのは、あたりまえだ。これでは、睾丸だってなんべん蹴られたか、わからないね」。「こうまでやられては、むろん腸も破れているでしょうし、膀胱だってどうなっているかわかりませんよ。解剖したら、腹のなかは出血で一杯でしょう」と安田博士が言った。昨夕五時に絶命したというのに、早くも屍臭がぷうんと鼻を打った。内臓を破られたための内出血が腹のなかで腐敗しはじめたのだ。

十時前後から劇場同盟、美術家同盟、左翼弁護士団などの人びとが続々と集まってくる。作家同盟からは、立野信之、本庄陸男、山田清三郎、川口浩などがくる。原泉子もくる。国木田虎雄がデス・マスクをとる。岡本唐貴《とうき》が死顔を油絵で描く。三四人が、傷痕や死顔を写真にとった。

屍体の解剖が昨夜から問題になっていた。お母さんも弟さんも、親戚の人も、ぜひやってもらいたいという。そこで、各医科大学への交渉をいっさい佐々木孝丸［劇作家、演出家］にやってもらうことにした。一時間ほどして佐々木が帰ってきた。その話によると、帝大と慶応はもう警視庁の手が回っているらしく、にべもなく断られたが、慈恵だけが喜んで引き受けてくれたという。

屍体には私たち五人と、途中で待ち合わした青柳弁護士が付き添った。慈恵へ行くと、もう安田博士が待っていた。青柳弁護士が愛宕署へ解剖届を出しに行く間に、私たちで屍体を解剖室へ運び込んだ。すると、話がまったく違うのである。この大学の病理学教室の実質上の責任者、大場勝利助教授の、条理もなにも立たない弁解によって、不愉快至極にも断わられた。先刻電話では肺炎だということで、引き受けたが、死亡診断書を見ると、心臓麻痺と書いてあるので、話が違うのでお断りするというのである。

「肺炎なら解剖するが、心臓麻痺なら解剖しないという特別の規約がこの大学にはあるのですか」。安田博士が鋭く突っ込む。「いやそういうわけではございませんが、お約束が違います以上、お引き受けいたすわけにはまいりません」。「最初から肺炎だなんていいはしませんよ」。

この大学にもいつのまにか、警視庁の手が回ったのだ。私たちは、午後二時から四時過ぎまで、前後二時間半もかかって実に根気よく交渉したが、また根気よく断られた。そのあげく、安田博士が助手の男をつかまえて、「あなた方はこの死骸を外部からよく見ておくだけでも、たしかにためになりますよ。こういう死骸を二、三度見せられたら、どんな人間でも、社会観も人生観も一変しますよ」といった言葉を置き土産として、私たちは小林の屍体をまた自動車に乗せると、むなしく阿佐ヶ谷の家へ帰ったのであった。（『作家小林多喜二の死』より一部抜粋）

小林多喜二の葬儀は家族と親戚を除いて焼香は許されず、皆検束され、杉並警察署に入れられた。また三月一五日に日本プロレタリア文化連盟の主催で多喜二の労農大衆葬が、築地小劇場（現在地下鉄日比谷線築地駅近くのNTT辺にあった。「築地小劇場跡」の碑がある）で行われたが、参加者全員が検束され、警視庁の留置所に何日か入れられた。

父は警視庁の野中警部に、「なぜ私を検挙されたのですか」と尋ねたところ、「君のすることが、当局の邪魔になるからだ。拷問がなんだ。われわれは天皇陛下のために、職権でもって拷問をするのだから、ちっともやましいことはない」とうそぶいた。そして最後に、検事局は父に左翼から絶縁するという声明書を書けといい、書いたところ、これじゃだめだと言った。その代わり検事局が用意した声明書に署名捺印しろと言った。そうしたら、それを一〇枚清書して、一枚一枚封筒に入れ、検事局の言う新聞社の宛名を書けと言った。こうして検挙後一〇日目に釈放された。新聞を見たら、その声明書が新聞にちゃんと載っていた。これを見た日本共産党系の医者たちは、「町医者のくせに、ひとかどの大家ぶって、おまけに佐野学や鍋山貞親のまねをして転向声明を出しやがって、笑わせやがる」と言ったという。

＊

それから三年たって小林多喜二と一緒につかまった作家同盟の今村桓夫《たけお》は、江口に以下のようなことを語ったという。

築地署につれていかれた小林は最初は山野次郎と称して、本名を言わなかったが、顔見知りの水谷特高主任が、写真と人相書をつきつけたので、仕方なしに名前だけを言った。しかし共産党員だということは、頑として否認した。やがて警視庁から特高係長中川成人、巡査部長須田、巡査山口が来た。そして尋問にとりかかった。すると小林は今村を振り返って、「もうこうなっては仕方ない。元気でやろう

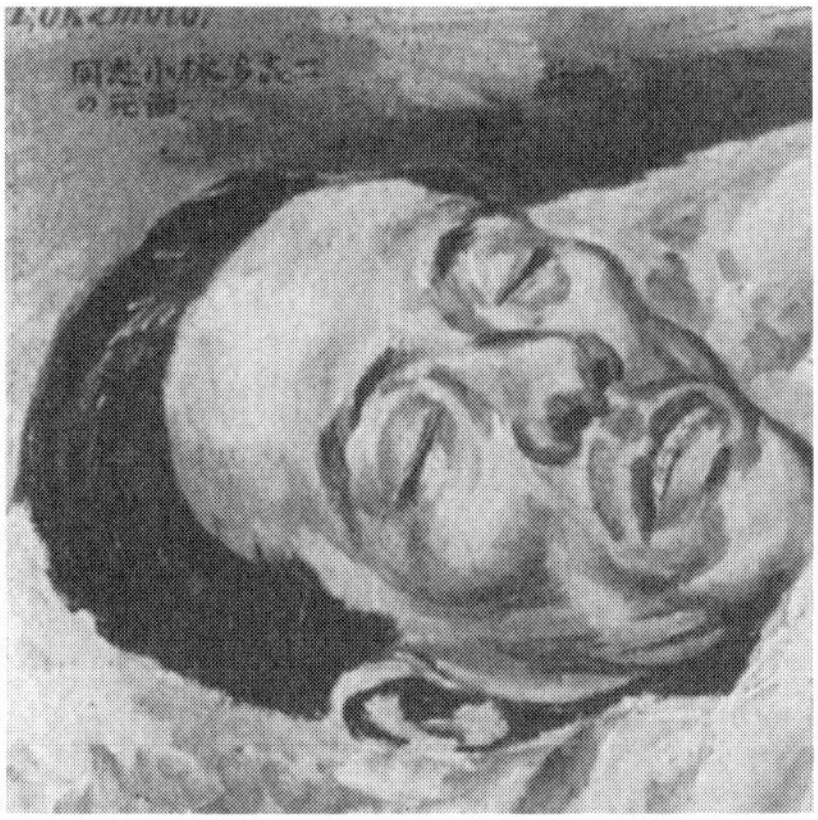

岡本唐貴「同志小林多喜二の死面」昭和8年
（この絵を前にして、29歳で亡くなった多喜二の霊にあらためて合掌したい）

ぜ」と言った。それを聞いて特高警官たちは、「なにを生意気な」と言うや否や、中川係長の指揮の下に、小林を丸裸にして、須田と山口が太いステッキで殴りかかった。これに築地署の特高警官四、五人も加勢した。そして打ち、殴り、蹴った。これに飽き足らず、細引きで梁につるして殴り、下ろして殴った。自分たちが疲れると、お茶を飲み、吸っているたばこの火を小林の顔や手足にあてた。この暴行が三時間ほど続いた。

やがて半死半生になった小林の体は留置所に運ばれ、捨てるように置かれた。寒さで意識を戻した小林は「こう苦しくてはもうとてもだめだ。おれが死んだら、このことをだれか母に知らしてくれ」と言ってから、小便がしたいというので、同室の留置人がかつぐようにして便所に連れて行った。ところが小便は出ないで、肛門と尿道からおびただしい血液が出た。そして留置所に帰ってからまもなく息が絶えた。

「肛門と尿道からおびただしい血液が出た」ということから、「こんなにひどくやられたのでは、腸も膀胱もどうなっているのかわかりませんよ」と言った、安田博士の言葉があたっていることがわかる、と江口は書いている。

*

こう語った今村桓夫は三年間豊多摩刑務所未決にいて釈放され、郷里の九州に帰ったが、小林と同じようにひどい拷問にあったので体をこわし、半年後に死んでしまった。

八、二・二六事件から開戦へ

「昭和維新の歌」

さきにも述べたが、明治以降赤坂と青山には四つの歩兵連隊があった（当時は「連隊」は「聯隊」と書いたが、ここでは常用漢字を使う）。これらの連隊の兵士は、日中は代々木の練兵場（現在のＮＨＫ放送センターとその周辺）で訓練を受けた。連隊から練兵場までは、小隊か中隊単位で、整然と縦隊を組み、三八《さんぱち》式歩兵銃をかつぎ、軍歌を歌いながら行き、また兵営に帰った。軍歌を歌うときは、縦隊の前半分の兵士たちが軍歌の一センテンスを歌い、それが終わると、縦隊の後半分の兵士たちが同じ歌詞を歌い、それが終わると前半分の兵士たちが次のセンテンスを歌い、それを繰り返した。

軍歌としては「歩兵の本領」が好んで歌われた。すなわち

万朶《ばんだ》の桜か襟の色　花は吉野にあらし吹く　大和男子《やまとおのこ》と　生まれなば　散兵線の花と散れ
尺余の銃《つつ》は武器ならず　寸余のつるぎ何かせん　知らずやここに二千年　きたえ鍛えし大和魂《やまとだま》

というものだった。

ところが、いつのころからか、歌う軍歌が変わったのである。それは

汨羅《べきら》の淵に波騒ぎ　巫山《ふざん》の雲は乱れ飛ぶ　混濁の世に我れ立てば　義憤に燃えて血潮湧く
権門上《かみ》に傲《おご》れども　国を憂うる誠なし　財閥富を誇れども　社稷《しゃしょく》を思う心なし
ああ人栄え国滅ぶ　盲《めしい》たる民世に踊る　治乱興亡夢に似て　世は一局の碁なりけり
昭和維新の春の空　正義に結ぶ丈夫《ますらお》が　胸裡百万兵足りて　散るや万朶の桜花
天の怒りか地の声か　そもただならぬ響きあり　民永劫《えいごう》の眠りより　醒めよ日本の朝ぼらけ

歌詞中「汨羅」は、中国戦国の時代、屈原《くつげん》という清廉潔白な学者が、讒言によって王に疎んぜられ、憤慨と煩悶のあまり、五月五日に汨水と羅水の合流点の淵で、石を抱いて自殺したことによる。しかしこの作詞者は、亡霊の恨みを言っているのだろう。「社稷」は言うまでもなく、国家の意味である。

私の少年時代には、家の前を四列縦隊で通る兵士たちは、この歌しか歌わなかった。それで、私はこの歌を自然に覚えた。あれから七〇年以上たった今でも、「昭和維新の歌」といわれたこの歌を私はおぼえている。この歌は昭和初期の歩兵一連隊や三連隊の青年将校たちによって、好んで歌われ、また彼らが下士官兵に好んで歌わせた歌であった。

この歌の作詞者は、海軍中尉・三上卓という青年将校といわれた。三上は、昭和七（一九三二）年五月一五日犬養毅首相の家にピストルをもって、乱入し、家族と夕食中の首相に「われわれが何のために

来たのかわかるだろう」と言い、首相が「話せばわかる」と言ったのに対して、「問答無用」といってピストルで首相を射殺した、今日の言葉で言えばテロリスト集団の一人である。この歌はレコード盤になってはやったものでもないし、ラジオから流れたものでもなかった。昭和九年頃、満州の熱河省の承徳に駐屯していた青森の歩兵五連隊の末松太平中尉は、満州国立の大同学院卒業生が、この歌を自分たちの校歌と並んで歌うことを知ったと述べている（『私の昭和史』八六頁）。

雪の朝の反乱――二・二六事件

ところで昭和一一（一九三六）年二月二五日、商用で上京していた京都の伯父を私の父がもてなそうと、家族全員を連れて柳橋の料亭に行き、おでんを振る舞った。そこで一同がにぎやかに会食をし、夜行の急行列車で京都に帰る伯父をタクシーで送り出し、われわれもタクシーで帰った。ところが、確か九段下を通ったとき、夜なのに多数の兵士が立っていた。何なのかしらと思った。兵隊の姿は見慣れている時代とはいえ、夜の兵士は異様だった。

翌二六日の朝、私たち兄弟の食事や身のまわり万般の面倒をみてくれていたお手伝いさんの山村さんに起こされた。外は雪が降っていた。「電車が止まっているんですよ。雪のせいにしては変ですよ」と山村さんが言った。電話は通じていた。外を見ると小川平吉元鉄道大臣の家（赤坂郵便局の隣）あたりから三軒さきの、黒川（羊羹の虎屋一五代当主、後厚生大臣）の私邸あたりに軍用トラックが数台止まっていて、運転席には兵隊の影がちらほら見えた。学校は休みになった。

後から聞いたところによると、中央公論社の畑中編集長から連絡があったそうで、警視庁も陸軍省も参謀本部も軍隊に占領されている、関東大震災のときのように、テロの危険があるから、左翼で知られている人は今日は他の所に泊まるほうがいい、と言って来たという。父は急いで身支度をし、母に何かを言い、往診カバンを山村さんにもたせ、青山一丁目の交差点近くで山村さんにタクシーを拾わせて、どこかへ行ってしまった。山村さんは帰って来てから、「見ている人はいませんでした。タクシーにちゃんとお乗せしました」と母に報告した。父は京都の親戚の家に行ったらしかった。母は私たち子供に、「お父さんはどこへ行ったのと、よその人に聞かれても、知らないよ、と言うんですよ」と念を押した。

外はしーんとして静かだったし、だれも来なかった。夕刊は来なかったと思う。私の家では朝日新聞をとっていたから、来なかっただけで、他の新聞は来たのかもしれない。あとでわかったところによると、数奇屋橋の川沿い（現在、首都高速都心環状線）にあった朝日新聞社は反乱軍に占拠され、活字ケースをひっくり返され、新聞が組めなくなったという話であった。今調べると、東京朝日新聞の二月二七日付の朝刊にはじめて、事件に関する最初の記事が載った。

【二月二十六日午後八時十五分陸軍省発表】本日午前五時頃一部青年将校等は左記個所を襲撃せり
△首相官邸（岡田首相即死）△齋藤内大臣私邸（内大臣即死）△渡辺教育総監私邸（教育総監即死）、牧野前内大臣宿舎 湯河原伊藤屋旅館（牧野伯爵不明）△鈴木侍従長官邸（侍従長重傷）△高橋大蔵大臣私邸（大蔵大臣負傷）△東京朝日新聞社

これら将校らの蹶起《けっき》せる目的はその趣意書によれば内外重大危急の際元老、重臣、財閥、軍閥、官僚、政党等の国体破壊の元兇を芟除《さんじょ》［草を刈ること］し以て大義を正し、国体を擁護、開顕せんとするにあり、右に関し在京部隊に非常警備の処置を講ぜしめられたり

翌二七日どこからともなく戦車の列が現われ大きな音をたてて私の家の前を通り、一連隊や三連隊のほうへ行った。ところが、この戦車の列が連隊の前で忽然と姿を消したと、奇妙なことを言う人がいた。一方六本木方面から信濃町駅のほうへ、身のまわりのものをもって避難する人がいた。「青山にも避難命令が出るかもしれない」と私の母が言った。反乱軍と鎮圧軍が交戦するかもしれないという噂があったからである。

二八日に家に出入りの魚屋のご用聞きが来て、「奥さん、赤坂溜池の「山王ホテル」と料亭の「幸楽」のまえには、たくさんの兵隊さんがたむろしていたよ。帽子に白い鉢巻をしていた。これが反乱側の目印らしいですよ。そのうちの一人が大声を張り上げて政府をやっつけていた。それを野次馬が取り巻いて聞いていましたよ」と知らせてくれた。この魚屋から山王ホテルまでは、自転車なら五分もかからないから見に行ったのだろう。これらの兵隊は昨夜からそこに泊まっているらしかった。山王ホテルにいたのは首相官邸（現在の官邸と同じ場所）を襲撃した一連隊の栗原安秀中尉と丹生誠忠中尉の中隊、料亭「幸楽」にいたのは麹町三番町の侍従長私邸を襲撃した三連隊の安藤輝三大尉の中隊であることが、今日では確認されている。なお高橋是清邸（現在の高橋是清翁記念公園の所）を襲ったのは、近衛歩兵三連隊（現在のＴＢＳと赤坂サカスの所にあった）の中橋基明中尉の中隊で、二七、八日には首相官邸を宿

舎にしていた。

二九日朝早くから、ラジオは「下士官兵に告ぐ。今からでも遅くないから、原隊に帰れ。抵抗する者は全部逆賊であるから射殺する。お前たちの父母兄弟は国賊となるので、皆泣いておるぞ」と、「兵に告ぐ」を繰り返し放送していた。空からもビラが撒かれ、アドバルーンもあげられた。それで、原隊復帰を拒んでいた将校兵士は全部午後二時頃には投降した。初めは自決すると言っていた将校たちも、一人を除いて（ピストル自殺に失敗）だれもしなかった。

同日「岡田首相は健在。遭難者は別人」という号外が出て人々は驚いた。射殺されたのは、義弟の松尾伝蔵大佐であることが判明した。また鈴木侍従長は急所をはずれていたために、帝大病院で手術を受けて一命を取りとめた。牧野前内大臣は、襲撃時に湯河原伊藤屋別荘にいたが、襲撃者の所沢飛行学校の河野大尉が、牧野伯護衛の警官に撃たれて負傷したために、部下の民間人の同志数人に応戦させ、焼打ちを命じた。その間に牧野伯は身辺警護の巡査の誘導によって裏山に逃げ、火事を見た町の消防団によって救助された。負傷した大尉は熱海衛戍（陸軍）病院に逃げ込み、そこで自殺した。静岡県興津にいる元老・西園寺公襲撃担当の豊橋教導学校（下士官養成の軍の学校）の将校ら六人は、いざ襲撃のとき、一人が武器の使用に強力に反対したため中止になった。二六日午前五時三連隊の坂井直中尉を司令官とする一隊は午前五時、齋藤内大臣の四谷の私邸に到着し、「なんだ、なんだ」と起きてきた内大臣を「天誅国賊」と叫んで、将校はピストル、兵は軽機関銃でもって射殺した。内大臣は四十数発の弾丸を受けて即死した。この一隊は次に杉並区上荻窪の渡辺教育総監私邸に午前六時に到着し、裏口から私邸に乱入した。渡辺総監は布団を積み上げて防壁にして拳銃で応戦したが、軽機関銃で撃たれて死亡した。総監を襲ったのは安田、高橋の両少尉と三〇名の部下であった。

＊

二・二六事件は昭和初期の日本を震撼させた事件であった。この反乱は当時「青年将校」と言われた若手の将校が、部下の兵士に命令をして、重臣、将官を暗殺するという暴挙を行ったものであった。これらの青年将校は皇道派という派閥を形成していた。彼等は、直接行動によって「君側《くんそく》の奸《かん》」（君主のまわりにいる悪賢い者）である高官を打倒して、天皇親政を実現しようとした。彼等は兵士や下士官に直接接している関係から、農村の窮状や民衆の生活難や失業や中小企業の不況を肌身に感じていた。青年将校は、貧困が赤化（社会主義的思想かぶれ）を生み、国家の危機と国防の不安を生じさせているのだと信じた。

その頃東北地方から満州に出征している兵士に、郷里の親から、「必ず名誉の戦死を遂げて帰って来い」という手紙が来ることがあった。「名誉の戦死」をとげて凱旋すると、両親、縁者の間で遺骨の奪い合いが起こることがあった。それは要するに、恩給権の奪い合いだった。こういう光景を目の当たりにすると、若い将校は政治を牛耳っている高官や特権階級が悪いのだ、と思った。これが、「尊皇討奸」という皇道派のスローガンになった。

戦争へ

昭和一二年（一九三七年）七月に北平（現、北京）郊外で日中両軍が衝突した。それからしばらくしてから、八月頃だろうか、私の家の前の通り――現在の外苑東通り――が人の波で埋め尽くされた。「祝出征〇〇君」というのぼりをもった人や手に手に日の丸の小旗をもった人が数人、たすきをかけた若者を囲んで、そのころから歌われ始めた（と私は記憶している）「勝って来るぞと勇ましく、誓ってくにを出たからは、手柄たてずに、死なりょうか、進軍ラッパ聞くたびに、まぶたに浮かぶ旗の波」という「露営の歌」を歌いながら、何百組とつぎからつぎへと通り過ぎて行った。これらの人々は歩兵一連隊（現在の東京ミッドタウンの所にあった）や歩兵三連隊（現在の国立新美術館の所にあった）に入営する人であることはあきらかだった。のぼりや小旗をもった人の喧騒に比べて、たすきをかけた人の神妙さが印象的だった。あとで、明治神宮外苑の真ん前の鶏肉屋の主人も、家に出入りしていた新坂町（今の赤坂八丁目）の魚屋の主人も入営したことを知った。こういった大騒ぎの入営はあとにもさきにもなかった。その直後多数の馬が動員され、それを飼っていた農家の人たちが手綱をもって家の前の道を途切れることなく通り過ぎて行った。

それからしばらくして家の前を白い布地に包んだ骨壺を首から下げた兵士の一隊が通って行った。沿道に出た私たちも最敬礼をした。町の魚屋の主人も鶏肉屋の主人も戦死したことを知った。これらの人は店を改装して、商売に精を出そうとした矢先に戦死したのだ。ちょっとまえに出征したのに、「かわいそうに」、「かわいそうに」と、母は何度も言った。鶏肉屋は店をたたんでどこかへ行ってしまい、魚屋は店をやめてしまった。

おびただしい馬が、飼い主に引かれていったのも印象的だったが、かなり後に、斎藤茂吉の歌集につぎの歌があることを教えられた。

たたかひに出でゆく馬に白飯を焚きて食はせぬと聞きつつ黙《もだ》す
わが家の隣につどひし馬いくつ或日の夜半に皆発《た》ち行けり

（『寒雲』昭和一二年）

東北の農民が大切に大切に同じ屋根の下で飼っていた馬が、徴用されたので、最後に、なけなしの白米を食べさせてやるという、そのいじらしさ、そしてそれについて何もいえなかった茂吉のはがゆさ。

十分に機械化されていなかった日本陸軍では、馬は重要な運搬手段だった。

＊

昭和一二（一九三七）年一二月一三日、首都南京が陥落した。当時私は小学校の五年生であった。南京陥落の翌日の一四日、通学している小学校は表参道と反対側にあったので、今日「骨董通り」といわれている通りを、先生に連れられて日の丸の小さい旗をもって、歌を歌いながら歩いた。なんの歌を歌ったか思い出せないが、陰気くさい軍歌ではなく、当時よく歌われていた「見よ東海の空明けて」という「愛国行進曲」でなかったかと思う。一四日の夜には、敵の首都を陥落させた、「城下の誓い」だ、戦争は終わりだ、という気分になって日本各地では盛大な提灯行列が行われたらしい。しかし日清戦争のときのように、首都を占領したからとて、戦争は終わらなかった。それは、長い戦争の始まりになった。

中学生と戦争

昭和一四（一九三九）年四月、私は日大三中に入った。現在この学校は、町田のほうに引っ越してしまったが、当時は赤坂区（現、港区）中ノ町というところにあって、家から歩いて一五分ぐらいで行けた。近衛歩兵三連隊（現在ＴＢＳや赤坂サカスのある所）の岡の下で、氷川神社のすぐ近くだった。

日大三中というのは、日大にエスカレートで行かれる学校だったから、皆のんびりしていた。母が中学の卒業記念アルバムを疎開しておいたおかげで、それだけが奇跡的に焼け残った。それを見ると、当時「昭和、昭和、昭和の子供よぼくたちは、姿もきりり、心もきりり、山、山、山なら、富士の山」という歌（久保田宵二作詞）があったように、生徒はみな手足に電線が通っているように、きりっとし、秀才づらをしている（戦時下のどの中学校でもそうだったろうと思う）。当時先生が訓示で「かしこくも天皇陛下……」と言うと、これまで「休め」の姿勢で聞いていても、背筋を伸ばし、腕を真っ直ぐにし、両足をそろえ、「直立不動」の姿勢をとるときに靴と地面の摩擦から発する「ザー」という音がしたものだ。そういうときに、級友の歌代《うたしろ》三郎は、「休め」の姿勢をとったままで、「ばからしい」とせせら笑い、「大学じゃそんなことはしないよ」とコメントした。彼は兄貴二人が日大に行っている日大一家らしかった。終戦直後ソ連の映画を見たとき、「スターリン」というせりふがあるたびに、観客がいっせいに拍手をした。私は日本人が一夜で一変したのに驚くとともに、これは戦中、直立不動の姿勢をとったのとちっとも違いないと思った。そして、「ばからしい」と言った歌代のことばを思い出した。

昭和一四（一九三九）年の五月頃、当時の満州国と蒙古人民共和国（外蒙）の国境のノモンハンで、日本軍、満州国軍とソ連軍、外蒙古軍が武力衝突した。いわゆるノモンハン事件が起きた。この地は果てしなく広がる牧草地帯で、境界線がはっきりしていなかった。ソ連側のほうが、高台であったといわれる。最初は日本軍がその優勢な空軍力のために勝っていると思われていたが、そのうちにソ連軍の戦車がぞくぞくと出て来て日本軍は負けているとか、全滅したという噂がひそひそと語られるようになった。日本軍の武器は、私たち中学生も教練の時間に使っている三八式歩兵銃だから、ソ連軍の戦車には太刀打ちできないし、戦車相手では白兵戦もできないと私たちは思った。「三八式」と言われる銃は、明治三八（一九〇五）年、つまり日露戦争のとき作られたものだった。つまり三四年も昔の代物だった。級友の一人で、軍人の息子が、外蒙軍の銃には、「望遠鏡がついているんだぞ」と言った。三八式では肉眼で照準を合わすのだが、それは望遠鏡で合わすということだった。

ノモンハンで敗北して帰って来た将軍は切腹させられたという噂もあったし、戦争で負傷し後方の野戦病院に送られた兵士が、夜間突如起き上がって「戦車だ。戦車だ」と、うわごとを言うそうだという話も流れてきた。これは今日なら「心的外傷後ストレス障害」と考えられるが、当時「皇軍に戦争神経症なし」と理屈なしに言われていたから、おそらく「たるんでいる」として殴られるか、他の戦線に回されるのがおちだったろう。

ノモンハン事件は新聞では詳しく報道されなかったが、この戦闘に従軍した将校や新聞社の特派員がルポルタージュを書いた。そのなかでもとくに評判だったのは、砲兵中隊長の草葉《くさば》栄《さかえ》という人が書いた

『ノロ高地』だった。この本は印刷が間にあわないくらい多数の部数が出たといわれる。この本はおだやかに書いてあるとはいえ、行間から、日本軍は大変な苦戦を強いられ、大きな犠牲を払ったことを読み取ることができた。この戦争は日本がこれまでに体験した戦争とは次元がまったく違った近代戦であることを、日本人は知った。

ノモンハンで日本軍を苦しめたものの一つに鉄条網があった。この鉄条網は細くて硬いピアノ線でできていたが、この鉄線は日本軍のはさみでは切れなかった。それで、歩兵は進行を妨げられ、戦車はキャタピラにこの針金がまといついて、動けなくなり、そこに砲弾や対戦車砲の集中攻撃を受けて炎上した。また日本軍の戦車は鉄板が薄いために、ソ連軍の対戦車砲の犠牲になりやすかったという。ともかく日本の科学技術が劣っていたことは歴然としていた。

昭和一四(一九三九)年八月二三日に独ソ不可侵条約が締結された。軍部が軍事同盟を結びたいともくろんでいる相手、ドイツが、今現に戦っている敵、ソ連と結びついたわけだから、時の平沼騏一郎首相は、大きな衝撃を受けて、「欧州の政情は複雑怪奇」という有名な言葉を吐いて、総辞職した。私なども、この言葉を覚えている。この首相は親独派で、反英米主義者として知られていた。この条約締結のために、ノモンハン事件の停戦を渋っていた陸軍も同年九月三日に停戦に同意した。平沼内閣(昭和一四年一月から)のあと、阿部内閣(同一四年八月から)、米内内閣(一五年一月から七月まで)と短命の内閣が続いた。その次に成立したのが、第二次近衛内閣である。親独派の松岡洋右《ようすけ》が外務大臣、医学者の橋田邦彦が文部大臣になった。

橋田大臣は科学技術の振興を唱え、「科学する」という言葉を作った。おそらくノモンハンの敗北を反省したのだろう。私たちの中学でもサークルに科学部ができたのはこの頃だと思う。またこの頃啓蒙科学書や科学読み物がよく出版された。小倉金之助『日本の数学』、小泉丹《まこと》『野口英世』（以上岩波新書）、森銑三『おらんだ正月――日本の科学者達』（冨山房百科文庫）は、この時代の趨勢にはぴったりだった。江戸時代、蘭学者が太陽暦で新年を祝ったことを「オランダ正月」と言った。それでこの本は蘭学者の逸話や業績を書いたもので、当時としては斬新な本だった。

私が中学二年、昭和一五（一九四〇）年頃だったと思うが、校長の佐々木先生がやめて、吉田静致《せいち》先生に変わった。新校長は東京帝大文学部と日本大学文学部の名誉教授ですと紹介された。新任の吉田校長は、ティーンエイジャーの私たちの目から見ると大変な老人であった。しかし温厚そうな紳士だった。先生はときどき教室で、修身（今ふうに言うと「道徳」である）のような話をされたが、その授業は面白くなかったし、学校にはあまり来られなかったように思う。この頃『国体の本義』という文部省編纂の本を買って読むようにと学校で言われた。それは新任校長の方針なのか、時勢のせいなのかは知らない。しかし本自体は、むずかしい上におもしろくなかった。私が買ったこの本は戦災で焼けてしまった。私は戦後読み返してみたいと思い、古本屋街で探したが、見つからなかった。この本などは莫大な部数印刷されたはずだが、終戦時に、こんな本が見つかったら大変だとばかり、燃やしてしまったのだろう。

さきにも述べたように、今日「国体」といえば、国民体育大会のことであるが、当時は国家の政体のことだった。日本の場合は、天皇という特定の一人の人が掌握しているから君主政体である。今、一人の「人」と書いたが、その当時なら「天皇陛下は人でない。神だ。『万葉集』のどの歌を見ても、「おほきみは神にしませば」となっている。「不敬罪だぞ」と叱られたであろう。

＊

私は中学に入ってしばらくして、府立五中の滝沢俊郎先生の家に一週間に一度英語を習いに行った。滝沢先生は、中学の教師にしては豊かな暮らしをされていた。ドアを開けると、絵が真正面に目に入った。この絵は、左側に大きな本とトランペットをもった少女がおり、その右に、画家が背中を向けて、その少女の姿を熱心に描いている絵だった。少女は着物のような不思議な衣服をつけ、天井にはシャンデリアがぶら下がり、画家の前の壁には地図のようなものが貼ってあった。少女の前には長いカーテンが垂れていて、その後ろに窓があるらしかった。私は一目でこの絵に魅了された。私の家にも絵はあったがすべて掛け軸の絵で、日本画であって、西洋の絵はなかった。この絵は、中学に入ったばかりの私には新しい文化との接触だった。

この絵がフェルメールの「画家のアトリエ」とか、「絵画の寓意」とよばれている絵であることを知ったのは、かなり後だった。滝沢先生は、畳のない洋間だけの家を作り、それをフェルメールのような泰西の名画で飾り、夫婦共働きをし、ささやかながら電化の生活をされていた。一九三〇年代の終りにおいてである。しかし時代はこういった生活を許さないほどますますきびしくなって行った。

昭和一七、八（一九四二、三）年頃だったか、先生はこんなことを言われた。「ぼくの弟は頭がよくてね、東京帝大の法学部に入ったのだ。ところが、それをやめて、どういうわけか、京都を跳び越して、九大の法文学部に入り直し［当時名古屋と大阪の帝大は医学部と理学部だけだった］、哲学を専攻し、ドイツに留学して帰って来たのだ。今度こんな本を出したのだよ」。そして、本棚に積んである本のなかから、『カール・バルト研究』と、『夏目漱石』という本を引き出して来た。それには滝沢克己《かつみ》という名前が印刷されていた。キリスト教の神学者なのかなと私は思った。「ぼくはね、弟をとても崇拝している。今は山口の高商［高等商業学校］の哲学の教授をしている。その弟が手紙をよこしてね。「兄貴、おれは哲学なんかやらないで、イカケ屋をすればよかったと思う。イカケ屋のほうがお金になるからだ」と書いてあった」。そう言って滝沢先生は苦笑いをされた。

この時代ご飯を炊く釜に穴があいても、新品の釜を売っていなかった。釜を作らないで、弾丸や大砲を作っていたからだろう。それで、どこの家でも困っていた。そのときイカケ屋という、開いた穴を補修する職人はひっぱりだこだった。当然、その人たちの収入も良かったのであろう。これはこのことを言っているのである。ちなみに、戦争が終わって真っ先に作られた鉄製品は、ご飯を炊く釜であった。

第二次世界大戦の勃発

昭和一五（一九四〇）年は、神武天皇が橿原《かしはら》で即位してから、二、六〇〇年目にあたるというので、紀元二千六百年式典の年として、新年早々からにぎにぎしかった。ラジオでは、橿原神宮の初詣の中継があった。この年、あるいはその前年にたしか伊勢神宮と橿原神宮への修学旅行があった記憶があるが、橿原神宮は工事中だったので、昔からあった神社でないのかと不思議に思った。この年は本来なら東京でオリンピックが開催される年であったが、当時「支那事変」とよばれていた中国との戦争（はじめは北支事変といい、昭和一二年九月二日に支那事変と改称）のために、それは中止せざるをえなくなり、紀元二千六百年式典は、その代わりということであったらしい。

戦争は三年近く続き、敵軍は奥地へ奥地へと逃げ込み、味方は奥へ奥へと誘い込まれ、戦線はますます広がり、泥沼にはまり込んだようで、いつ果てるともしれなかった。それで人々の間には鬱屈したものがあった。お祭りはこのもやもやした気分を吹っ飛ばすという目的があったのだろう。

その一方、町では、「金鵄《きんし》輝く日本の栄《はえ》ある光身に受けて　今こそ祝えこのあした　紀元は二千六百年　ああ一億の胸は鳴る」という歌がはやっていた。しかしこの歌はやがて「金鵄あがって一五銭、栄ある光三〇銭」という替え歌になった。「金鵄」と「光」は当時のタバコの銘柄名だった（「金鵄」はもとはゴールデン・バットといったのだが、英語は敵性言語だというので、この名前に変わったのである）。つまり物価が上がっていることに対する国民の風刺であり、苦情であった。

米は主食であることからも、農村の経済の中心であることからも、重要な問題であった。明治末期の一九一〇年代米の収穫量は七〇〇〇万トン台であり、大正時代の一九二〇年には九〇〇〇万トン台になった。そして一九三〇年の昭和五年には一、〇〇〇〇万トン台になった。ところが、この空前の豊作は米価の下落を招き、「豊作貧乏」、「豊作飢饉」を起こした。そしてその翌年とくに東北地方を中心にして冷害が起こり、農村の窮乏はことのほかはげしく、東北地方の農村では娘を売る親が出て都会人の涙を誘った。それ以後戦時中のせいもあり、米の収穫高は上がらなかった。それで米の自給ができず、不足分は、台湾、朝鮮から移入されるか、あるいは仏領インドシナ（現在のベトナム）、タイ（昭和一四年六月からシャムの国号を改めた）から輸入された。その量は年度によって異なったが、一九〇万トン（一、二六七万石。

玄米一石で、〇・一五トン）から一七〇万トン（一、一三四万石）であった。昭和一五年度の内地米の実際の収穫量は、六、〇八〇万石（九一三万トン）で、前年に比べて八〇〇万石（一二〇万トン）少なかった。また台湾、朝鮮で、大雨、旱魃があって、昭和一四年度産米は三、四割減った。昭和一六年度は五、五〇〇万石（八二五万トン）になった。米作の減収は、これまでの農業の担い手が兵十、あるいは軍需産業の労働者として動員されたので、農村では人手不足に陥ったためでもあった。その上、農村出身者が大都市の軍需工場で働くようになってから、これまでのように、麦や粟ではなく、白米を食べるようになって、消費量が増加したためでもあった。このため、不足量は次第に増加して行った。さらに、タイでは米輸出は華僑が実権を握り、またタイは英国の影響下にあり、米の輸出に絶対必要な麻袋の輸出禁止を、英国は植民地であるインドとビルマで行っていた。それで、日本の外米輸入にも暗雲がただよっていた。主食の米の不足は人々を不安に陥れた。

当時東京では、「ないないづくしで申すなら、瑞穂《みずほ》の国には米がない。どこの家にも炭がない。……しかし悲鳴はあげられない」といった「アホダラ経」がひそかに唱えられていた。

政府は玄米一石三八円を四三円に値上げした。当時米価は物価の基準だったから、軍需景気によるインフレ傾向に拍車がかかり、市民の生活費はこれまでにない上昇を示した。

やがて物資不足は常態化し、ヤミ料金、ヤミ物資がはやった。当時、物を手に入れるには、「星と錨とヤミと顔」が必要だといわれた。星は陸軍、錨は海軍、ヤミは法外な料金、顔は「かおが利く」のかお、つまりさまざまな便宜をはかってもらえる特権である。昭和一四（一九三九）年九月、第二次世界大戦が起こり、海外の物価も上がり出した。そこで政府は物価、賃金、家賃を九月一八日の水準で釘付けにした。これが物価統制令、いわゆる「九・一八ストップ令」である。

昭和一四年五月さきに述べたノモンハン事件が起き、同年八月二三日、独ソ不可侵条約が結ばれた。日本の敵であるソ連と、日本の味方であるドイツが不可侵条約を結んだのだから、時の平沼首相は大きな衝撃をうけ「世界情勢は複雑怪奇」と言って、内閣総辞職したことはさきに述べた。そういうこともあって、同年九月一五日ノモンハン事件は停戦した。

昭和一四（一九三九）年七月アメリカ政府は突如日米通商航海条約の廃棄を通告し、翌昭和一五（一九四〇）年一月二六日をもって日米通商航海条約は廃棄された。その間、九月三日英仏がドイツに宣戦布告をし、第二次世界大戦の幕が切って落とされた。

この条約のもとは安政五（一八五九）年に結ばれ、井伊直弼《なおすけ》が暗殺されるきっかけになった不平等条約である日米修好通商条約であり、その後明治四四（一九一一）年桂内閣のときに修正されたもので、日米間の友好のしるしでもあった。したがって、この禁輸措置はアメリカが、日中間の戦争に中立的立場をとることをやめ、中国を支援する意志を鮮明にしたものであった。かくてアメリカは昭和一五（一九四〇）年六月に工作機械、七月には石油と屑鉄、八月には航空用ガソリンの対日輸出を制限した。

昭和一五年九月二三日、日本軍が北部フランス領インドシナに進駐するや、アメリカは二五日すかさず中国に二、五〇〇万ドルの借款を与え、二六日屑鉄と鉄鋼の対日全面禁輸を発表した。

このようにして、日本のエネルギー供給源は絶たれ、日本では「ガソリンの一滴は血の一滴」という悲痛なスローガンが掲げられた。アメリカのこういった経済封鎖は、陸軍を中心として潜在していた反米英熱をあおりたてた。またドイツ軍に占領されたオランダの植民地――蘭印すなわちオランダ領東インド（現、インドネシア）から産出される石油が注目を浴びた。そして破竹の勢いで進撃するドイツという「バスに乗り遅れるな」という気分が強くなった。

独伊との同盟はアメリカの参戦を必ず招くとか、日本の将来は英米との協調にあるのに、なぜドイツと同盟を結ぶのか、という反対の声もあった。しかしドイツとの同盟に熱心な松岡洋右外相の強引さに引きずられて、昭和一五（一九四〇）年九月二七日に日独伊三国同盟が締結された。ヒトラー・ユーゲントが来日したことが話題をよんだ。

この頃私が通っている中学の英語の先生が、日伊の友好に関する団体から、「イタリア語を勉強しませんか、という勧誘の手紙が来た。それでどうしようかなと考えている」と授業のはじめに言った。その当時、日本ではイタリア語を勉強する人はあまりいなかった。英語は敵性言語として、毛嫌いされる傾向が出てきていた。「日本が東南アジアを占領すれば、英語なんかいらなくなるぞ。みな日本語をしゃべるようになるからな」と教室で大声で言う軍人の息子もいた。「彼を知り己を知れば、百戦してあやうからず。彼を知らず己を知らざれば、戦うごとに必ず敗る」というのでないかなと、私は内心思った。

淋疾の特効薬

ここで話題を変える。

昭和七（一九三二）年にドイツのバイエルの化学者ミエッチュとクラレルが一つの物質を合成した。

それを同社の動物実験主任のドーマクがハツカネズミで実験したところ連鎖球菌性の敗血症にすばらしい効果があることがわかった。これが赤色プロントジルであるが、バイエルはこのことを一切伏せて、同年一二月二五日にドイツ政府に特許を申請した。バイエルはこの物質を新しいアゾ化合物というだけで、英米仏、そして日本で次々に特許を申請した。一九三五年一月ドーマクははじめてドイツの医学雑誌に「細菌感染の化学療法」という論文を発表し、敗血症に対するすばらしい薬効を公表した。これと同時にバイエルはこの赤色プロントジルを市販した。

当時化学療法剤は梅毒に対するサルバルサンだけで、感染症に対する化学療法剤はなかった。それでこの発明は画期的なことだった。同年五月パストゥール研究所がこの新薬を実験用にわけて欲しいと言ったときも、フランスの製薬会社がパテントを売ってくれと言ったときもそれを断った。ところが、パストゥールの研究所の化学者が勝手に国産化した赤色プロントジルをウサギに投与したところ、この赤い色素が体内で白色の物質に還元していることを発見した。この物質は赤色プロントジルよりも、連鎖球菌やブドウ球菌性の感染症に効力があることがわかった。この物質を調べると、その構造式は、パラ・アミノ・フェニール・スルファミドで、アゾ基よりもスルファニール基が重要であることがわかった。ところで、このスルファミドは一九〇八年にバイエルのゲルモが合成し毛織物の染料として普通に使っているものであった。かくしてプロントジルの特許問題は吹っ飛んでしまった。

同年一一月にフランスの科学者たちがそれを改良して、スルフォンアミド一一六二を発明した。これは昭和一二（一九三七）年に国産化されて、「テラポール」とか、「ゲリゾン」という商品名で販売され、翌年にはさらに改良が進んだ「アルバジル」とか「ジセプタル」という商品名の薬剤が販売された。これらの薬剤は連鎖球菌、ブドウ球菌、淋菌に効果があった。

父安田徳太郎は自分の医院に来る患者にこれらの薬品を使用した。来る患者は、当時の病名でいうと淋疾が多く、この病気はこれまでの治療法だと治らず慢性化することが多かった。ところが、この薬を使うとドラマチックに治った。

父はこの治療法の革命について、「医者の恐慌」という題名で、昭和一四(一九三九)年二月に『中外商業新報』に執筆した。この頃には父は総合雑誌に医学的な論文をよく書いていたので、新聞記者が書かしたのだろう。『中外商業新報』は今日の日本経済新聞である。新聞にこの記事が載るや、父のところには医者から、「おまえは生意気だ」とか、「製薬会社から金を貰ったのか」とか、「知ったかぶりをするな」といった手紙が多数舞い込んだという。他方、この新聞記事を読んだ人が、父の医院に患者として多数訪れるようになった。一方大学の先生はこの薬剤の副作用を強調して、市販の錠剤を素人が勝手に服用することに警告を発し、また医師会はスルフォンアミドを劇薬に指定してほしいと厚生省に陳情した。これに対して厚生省は「世界の一等国でスルフォンアミドを劇薬に指定している国がどこにあるか」と一蹴した。

昭和一四(一九三九)年にバイエルから「ウリロン」という薬剤の特許願が日本の特許局に申請された。特許局は、昭和一一(一九三六)年一一月二五日に締結された日独防共協定のよしみで機械的にその特許を許可しようとした。しかしこれが許可されると、上述の「アルバジル」や「ジセプタル」は日本で製造できなくなるおそれがある。この噂を聞いて、父は『東洋経済新報』や日本工業会でこの問題を論じて、国民保健に重大な支障をきたすと警告した。これが効を奏したのか、特許局と厚生省は合議の上「ウリロン」の特許権を無期延期した。

その前年の昭和一三（一九三八）年にイギリスで新しい化学療法剤「デージナン」が発明された。これは肺炎球菌に威力があった。これを発明したイギリスの製薬会社は早速特許をとったが、イギリス政府はドイツとの万一の戦争に備えて、それを軍需品として輸出禁止の措置をとった。アメリカの製薬会社メルク社はイギリスからその特許を早速買い、「サルファピリジン」という一般名をつけて大量生産した。しかしアメリカでもこの薬剤の輸出はできなかった。ところが、フランスの特許法には、医薬品に限って特許は認めないという内規があるので、フランスのある製薬会社は特許を無視して、この薬を生産して、こともあろうに、イギリスの大切な市場である中国で「大健鳳《だいけんほう》」という商品名をつけてさかんに売り込んだ。父もサンプルとして、同盟通信社（現、共同通信社）の社員を通してそれを中国で買ってもらった。

翌昭和一四（一九三九）年四月頃、田辺と塩野義の両製薬会社は、構造式から、サルファピリジンを合成することに成功し、「トリアノン」と「アジプロン」という商品名で売り出した。「大健鳳」はその後、日本製サルファピリジンの改良に一役かったという。この薬は急性肺炎はいうまでもなく、スルフォンアミドですっきり治癒しない淋疾の治療にも有効であった。『中外商業新報』の依頼で、父はこの治療経験を昭和一五（一九四〇）年三月一四日から一九日まで連載した。この連載の三回目にこういう話が載っている。

一月三日のこと、知人がやって来て「政府の元大官の息子さんが朝から急に歯が痛くなり、夕方には突然右目が見えなくなった。そこで済生会病院に入院して眼科部長さんに診てもらったら、肺炎菌による蜂窩織炎《ほうかしき》で、絶望だと宣告された。目下熱は四〇度、なんとかならないか」という相談であった。そこで部長さんにサルファピリジンを使って貰いなさいと言い、念のために「トリアノン」三グラム二日分渡した。翌日電話がかかって来て、「早速相談したら、大変話のわかる先生で、実は私も使ってみようと薬をさがしたが正月のことでない。これはありがたいと快諾された。そこで、飲ましてもらったら、今朝突然平熱になった」と言ってきた。ところが、三日目知人がまたやって来て、「薬をやめたら、手足が冷えてきて脈が触れなくなった。敗血症で、今晩中が危ないという。どうしたらいい」と言う。そこで今度は、同じ薬を五日分渡し、もっと飲ますように言った。翌日また電話がかかって来て、敗血症は奇跡的に治り、脈もよくなったと言ってきた。ところが翌日、知人はまたぞろ、やって来て、「命のほうは助かったが、今度は大事な左目も見えなくなってきた。右目はもちろん失明だが、左目もおそらく駄目だろうと先生に言われた。なんとか、息子さんに因果を含めてもらいたい」という要望である。そこで私は、「君は部長さんに手を合わせて、手術を二日延期してもらって、急性肺炎と同じく、四時間ごとに一グラム宛二日間ぶっ通しで、同じ薬を飲ませてほしいと頼みなさい」と、勧めた。二日目に電話がかかって来て、「おかげですっかり治り、両眼とも失明から免れ、見えるようになった」という嘘のような電話である。ところが数日後「大官」というのは、前の（近衛）内閣の書記官長（現在の官房長官）風見《かざみ》章先生であることを知った。一か月後先生はわざわざ拙宅に来られ、息子の命を助けていただいたと感謝されたが、私は「それは私の功績ではありません。自分の体面、感情、派閥精神を超越して、私のようなやぶ医者の提供した新薬を快く使用された部長さんの科学精神がご子息を救ったのであって、私などは薬屋の取り次ぎをしたに過ぎません」と一切の感謝を辞退した。しかし「私は肺炎菌がきっかけで、当代まれに見る先生の政治的風格に接したのは、私の思いがけない光栄でした」と申し上げた。それで、今回だけは氏名を挙げたのをお許し願いたい。

昭和一二、三年頃か、総同盟の松岡駒吉らが麻布の赤羽橋に総同盟友愛病院を設立したとき、父は請われてその院長に就任し、一週に一、二度通った。これをきっかけにして、父は女性のバス乗務員の労働衛生について広く調査を行い、生理休暇の必要性を痛感した。この問題は『婦人公論』昭和一二（一九三七）年四月号に「職業婦人に生理休暇を」として載っている。この病院の経営はうまくいったようであるが、松岡駒吉との間に意見の対立をきたして一年ぐらいでやめてしまった。しかしその後昭和一五年ころに、近衛内閣内に強力な一国一党的新党を作る機運が起き（これが、大政翼賛会になる）、それに共鳴して、多くの政治団体、労働団体が解散したとき、総同盟も七月八日自発的に解散したので、この病院も解散したのではないかと思う。戦後、その跡地に民社党の本部があった。

父は晩年、「医者は、芸者、役者と並んで三者というのだ。幇間《ほうかん》、つまり太鼓持ちなのだ」とよく言った。つまり「三者」は相手がだれであろうが、平等に扱わねばならない。わけ、へだてをしてはならない。相手がどんな主義主張をもっていても、同じように接しなければならない。医者ならば、相手がなに様であっても、同じように、診察し、検査し、治療しなければならない。これが、父の言う「幇間」の意味だと思った。それは、「おまえのおやじさんの独断と偏見だよ」と言う方もいるだろう。父のこの信念、持論で、父はやがてゾルゲ事件に巻き込まれていくのである。

九、ゾルゲ事件

安田一郎『週刊朝日』投稿欄から

昭和三七（一九六二）年に、私が「一少年が体験したゾルゲ事件」という題で投稿した文が『週刊朝日』同年九月一四日号の「読者のイス」欄に載った。半世紀も昔のものであるが、その切り抜きが見つかったので、それをまずここに挙げさせていただく。

『週刊朝日』九月七日号の「ゾルゲ事件二十年目の真実」を読み、私は少年時代の体験をありありと思い出しました。

当時私の父、安田徳太郎は、朝早くから夜遅くまで多数の患者の診療に従事している開業医でした。診察室は母屋から離れていましたし、父の所に来る患者さんなどは一六、七歳の私にとってなんら関係のない存在でした。ところが、そのなかの一人の患者さんだけは、私たち兄弟の注目の的になりました。それは、この患者が三日とあけず来ることにもよりましたが、一つには父がこの男と長い時間話をするためでした。

一度私は、好奇心にかられて診察室の隣の部屋にしのび込みました。声は低く、話の内容はまったくわかりません。私はガラス戸の小さな割れ目を探して中をのぞきました。男は土色の顔をしていて、弱々しく、いかにも肺病病みという感じを与えました。やがて私は、彼が宮城与徳《よとく》というアメリカ帰りの画家であることを知りました。

その後、彼が描いた絵が診察室に飾られました。黒と灰色と濃紺で榛名山と榛名湖を描いたこの絵は、いかにも陰気で、この男がかもしだす雰囲気とぴったりでした。しかし私はなぜか、泰西の名画以上に、この不可思議な絵に魅せられました。

あるとき父が、「宮城さんがこんなことを言っていた」と私に話してくれました。「日本は難局に出会うと、公武合体というような名目で、お公家さんが政治の表面に出て来るんだ。幕末もそうだった。しかし今の近衛内閣だってそうなんだよ」。

こういった分析は、学校の歴史しか知らなかった私には、深い感銘を与えました。昭和一七年五月一六日ゾルゲ事件が新聞に発表され、はじめて宮城与徳がスパイの一味であることを知り、驚愕しました。その後まもなく父も逮捕されましたが、父の名前が新聞にのらないのを見て、安堵の胸をなでおろしました。もし発表されたら、私たちは、非国民として、世間から白い目で見られるかもしれないと考えたからでした。

昭和一七（一九四二）年六月八日父が検挙された。初めはなんで検挙されたのかわからなかったが、そのうちにだんだんとわかってきた。そのさい家宅捜索があり、乗用車に一杯の本が押収された。その二年ほどまえ父のお供をして神田の古本屋街に行き、赤い表紙の、たしか七、八巻あった『フランス大革命史』を買い、それを両手にもって家に帰った。それはその頃父が岩波新書に書いていた本の参考書として買ったものだった。それも押収されたらしく、あとで調べてもなかった。それはジョレスの本の翻訳でなかったかと思う。赤い表紙で、革命という字があるので、危険文書とされたのに違いない。七〇年以上昔のことだが、この本が押収されたことは、今だに惜しかったと思えてならない。

父の検挙は、「ゾルゲ事件」とよばれた事件のためであるが、当時の日本人がこの事件を知ったのは、次の新聞記事（朝日新聞）からであった。日付は昭和一七（一九四二）年五月一七日。見出しは「国際諜報団検挙さる　内外人五名が首魁」になっている（文章用語は当時の新聞のまま）。

「国際諜報団検挙さる」

【司法省十六日午後五時発表】昭和十六年十月以降東京刑事地方裁判所検事局において警視庁の探知に基き同庁を指揮して鋭意捜査中なりしリヒアルト・ゾルゲ等に係るいわゆる国際諜報団事件は、このほど主要関係者に対する取調べ一段落を告げ、本日その中心分子たる

（住所）東京市麻布区永坂町三十番地、フランクフルター・ツァイツング社日本特派員　リヒアルト・ゾルゲ（四七）

（住所）東京市牛込区左内町二十二番地、アバス通信社通信補助員　ブランコ・ド・ヴーケリッチ（四八）

（本籍）沖縄県国頭郡名護町大字名護百七十五番地（住所）東京市麻布区龍土町二十八番地　岡井安

正方、画家　宮城与徳（四〇）

（本籍）東京市小石川区西原町二丁目四十番地（住所）同市目黒区上目黒五丁目二千四百三十五番地、元満鉄嘱託　尾崎秀実《ほつみ》（四二）

（住所）東京市麻布区広尾町二番地、青写真複写機製造業　マックス・クラウゼン（四四）

等五名に対し国防保安法、治安維持法、軍機保護法各違反等の罪名をもって東京刑事地方裁判所に予審請求の手続きを執りたり。

本諜報団は、コミンテルン本部より赤色諜報組織を確立すべき旨の指令を受け、昭和八年秋、我国に派遣せられたるリヒアルト・ゾルゲが、当時既にコミンテルンより同様の指令を受け来朝策動中なりし、ブランコ・ド・ヴーケリッチ等を糾合結成し、爾後順次、宮城与徳、尾崎秀実、マックス・クラウゼン等をその中心分子に獲得加入せしめ、その機構を強化確立したる内外人共産主義者より成る秘密諜報団体にして、十数名の内外人を使用し、結成以来検挙に至るまで長年月にわたり、合法を擬装し、巧妙なる手段により我国情に関する秘密事項を含む多数の情報を入手し、通信連絡その他の方法によりこれを提報しいたるものなるが、主要中心分子の略歴および諜報団体の活動概況左《つぎ》の如し。

［以下略］

ゾルゲの逮捕・取調べ

昭和一六（一九四一）年一〇月一八日頃、ゾルゲ博士とクラウゼンが拘束されたらしいという噂が、ドイツ大使館に流れた。ドイツ大使館では日本の外務省にその真偽を問いただしたが、日本の外務省はこの情報は秘密だといって何も述べなかった。しかしオイゲン・オットー大使は、一〇月二三日にベルリンのドイツ外務省にこのことを極秘電報で報告した。ゾルゲ博士はドイツ大使が問題にするほど、日本の狭いドイツ人社会の間では有名人だった。彼は第一次世界大戦に従軍し、鉄十字二級勲章を受けた英雄であった。それでドイツ大使館の武官の間では尊敬されていた。そのうえ彼が書いた日本の政治や中国についてのドイツ語の新聞記事はすぐれていた。また驚くことには、ゾルゲ博士は、ベルリンでのきびしい資格審査をパスしたナチ党員であり、ナチ新聞協会のれっきとした一員であり、オットー大使が大使館の武官時代からの親友だった。それで、ゾルゲ博士はドイツ大使館（当時ドイツ大使館は、現在国会図書館のあるところにあった）に自由に出入りしていた。こんなわけで、ゾルゲ博士がつかまったのは何かの間違いでないかと考えられた。

ところが一一月二五日、日本外務省はゾルゲ博士が一九二五年にコミンテルン情報局に入り、その指令で諜報活動をするために日本に潜入したスパイで、ナチ党員はその偽装だというメモをドイツ大使館に送ってきた。オットー大使はそのメモをドイツ外務省に回送した。ここでドイツでの調査が始まった。ドイツの極秘軍事情報がゾルゲ博士を通じて、ソ連に漏洩した疑いも濃くなった。

本書では、ヌーランとか、スパイMといった正体不明の人のことにふれた。こういう人は、生い立ちがよくわからない。それに比べると、ゾルゲの生い立ちは非常によくわかっている。それは、彼が、当時世界でもっともレベルが高かったドイツの大学を卒業したドクター（当時の日本語でいうとドクトル）、であったこともあるだろうし、日本で逮捕されたとき、獄中で手記を書かされたこともあるだろう。ところで、優秀な間諜が敵に捕まったとき、本当のことを言わないで、嘘八百のことを並べ立てたのではないかという疑惑は当然あった。日本特有のこの「手記」というものは、歴史的には一九二八年の、三・一五事件の被告から行われたものであるというが、ゾルゲの場合は次のようにして作られた。

担当検事は、当時三四歳の新進気鋭の吉河光貞であったが、吉河検事がゾルゲと二人だけで、検事取調室で、まずゾルゲが諜報活動のアウトラインを、ゾルゲが逮捕前から日常使っていたドイツ語用タイプをもってきてドイツ語で打ち、その一節、一章が終わると、吉河検事の前で読みあげ、吉河検事が疑問の点があるとその点を指摘し説明を求めた。すると、ゾルゲは紙にドイツ語を書いて説明し、吉河検事が納得すると修正して、タイプを打ち直したという。

吉河検事は後に、自分はドイツ語会話がブロークンなので、非常に時間がかかったと、述懐した。ゾルゲは、通訳は話をむずかしくするからだめだといって、通訳を入れることを断った。しかし他の検事、あるいは予審判事の訊問のさいには、東京外国語学校教授・生駒佳年《よしとし》が通訳（当時は通事といった）をした。外務省の通訳でなく、外語教授が通訳をしたのは、外務省に内容が漏洩することを司法省が恐れていたためという。

その後敗戦になり、ゾルゲ事件関係調書はすべてアメリカ占領軍に押収され、英訳された。司法省庁舎が戦災にあったので、ゾルゲがタイプに打ったドイツ語原文は焼失した。それで生駒訳日本文をアメリカ軍が英訳した。しかしみすず書房版『現代史資料1 ゾルゲ事件（一）』（以下、同シリーズは『資料1』等と略記）に入っている手記は、アメリカ軍の英訳を日本語に翻訳したものなので、戦後の文章になっている。

ゾルゲがスパイになるまで

ゾルゲは一八九五（明治二八）年一〇月四日ロシアのカフカス（コーカサス）のバクーの近くの村で、石油会社の鉱山技師の息子として生まれた。父はヴィルヘルム・リヒアルト・ゾルゲというドイツ人、母はニーナ・セミヨーノヴナというロシア人であった。

一九一四年の六月二七日オーストリアの皇太子夫妻がセルビア人青年に射殺されたことに端を発し、第一次世界大戦が勃発すると、ゾルゲは夏休みでスウェーデンに旅行中であったが、母にも兄弟にも相談せず（父は一九一一年に死去していた）八月一一日に徴兵事務所に行き、陸軍を志願し、ベルリン郊外の練兵場で六週間訓練を受けただけで、近衛野砲兵連隊の学生大隊の一員として、ベルギーのフランドルの戦闘に参加した。

一九一五年七月ゾルゲは右脚に榴弾を受けて、ベルリンの野戦病院に送られた。この外傷の回復期にゾルゲは一生懸命に勉強して、中退した高校を優秀な成績で卒業し、一九一六年一〇月ベルリン大学医学部に入学し、いくつかの講義に出席した（『資料1』二二六頁。しかし『資料24』一一八頁では、経済学部）。しかし人々の生活をみると、不平等と闇相場に支配されていて、金さえあれば、なんでも闇で買えるという状態だった。それで貧乏人は憤慨していた。戦争初期の感激と犠牲的精神はもはやなくなっていた。このために、彼はベルリンに帰ってからあまり愉快でなかった。彼はなにをしたらいいか途方に暮れた。そのあげく静養期間が終わるまえに、兵役に戻ることにした。原隊に戻ったが、元の戦友は少ししか残っていなかった。ドイツ軍は大攻勢をして、戦果を挙げており、ロシアの中心部に深く入り込んでいたにもかかわらず、戦争はいつ終わるともみえなかった。誰もが平和を夢みていた。ところが、戦線に来て三週間もたたないうちに、彼は両脚に榴弾を受けた。今度は重傷だった。そしてケーニヒスベルクの大学病院に送られ、治療を受け、一生びっこをひくようになった。しかし戦場での勇敢な行為に対して鉄十字勲章二級を授与され、下士官に昇進した。

傷痍《しょうい》軍人になったゾルゲは、一九一八年一月兵役免除になり、同年キール大学に移った。彼はこの大学で、クルト・ゲルラッハ教授から大きな影響を受けた。ゲルラッハは豊かな家庭に生まれ、イギリスに何年か留学して、フェビアン社会主義を研究した人である。

ゲルラッハ教授はイギリスで穏健なフェビアン社会主義を学び、またその影響を受けたが、はげしい左翼的心情をもち、学生を奮いたたせずにはおかないという熱血漢であった。彼の家には学生たちが集まって社会主義や共産主義について喧々諤々の議論をしていた。ドイツ敗北の色が濃くなっていたこの頃でも社会民主党の指導部は戦争を支持し、戦争の継続を主張していた。それで社会民主党指導部は、極左的で、反戦的な学生党員の支持を失いつつあった。反対派のこれらの学生たちは、ドイツ独立社会民主党という分派を結成した。ゾルゲもこの分派に加入した。

ゾルゲがキールに移ったのと同じ年の一九一八年一〇月二九日、キール軍港の水兵の蜂起をきっかけにして皇帝ウィルヘルム二世は退位し、首相のマクスは辞任して、社会民主党のフリードリッヒ・エーベルトに首相の職を譲った。その年の暮、すなわち一九一八年一二月三〇日、ローザ・ルクセンブルクとカール・リープクネヒトが創始したスパルタクス団やドイツ独立社会民主党などが合流して、ドイツ共産党が結成された。

さてゾルゲであるが、彼は一九一九年の初め、政治学の博士論文を完成させるために、ハンブルク大学に移った。論文は八月に提出され、最優秀という評価を得た。その年の春ゲルラッハ教授はキールからアーヘンに移り、そこの高等工業学校（工業専門学校、工科大学とも訳されている）の経済学の教授に

フェビアン協会

一八八四年イギリスのウェッブ夫妻、バーナード・ショー、H・G・ウェルズらが、「フェビアン協会」という団体を結成し、自分たちが構想している社会主義を実現しようとした。彼らが考えている社会主義は歴史の方向を急激に一八〇度転換させようというものではなかった。つまり革命や流血の惨事を伴わないものであった。彼らが資本主義を非難するのは、利潤を生むものだけが生産され、社会が真に必要とするものの生産が無視され、そのために資源が浪費されて、富者が社会全体を搾取する結果になっているからであった。そこで彼らは土地および産業資本を、個人あるいは階級の私有から国有化（公有化）することを主張した。要するに、彼らは徐々に、穏健に社会の変革を成し遂げようとした。それは、ローマの将軍ファビウスが隠忍自重し、長期戦で、カルタゴの名将ハンニバルを撃破した心情と同じであった。ウェッブ夫妻、ショー、ウェルズらが「フェビアン」（Fabian）という名前を自分たちの団体名に選んだのは、ファビウス（Fabius）将軍を鑑にしているためであった。

なった。そこで彼はゾルゲにアーヘンに来て、自分の助手になって欲しいと誘った。ゾルゲがこの提案を受け入れるまえに、ベルリンの共産党中央委員会から、ベルリンに出頭せよと言ってきた。そこでベルリンに行くと、ハンブルクの情勢についていろいろと尋ねられた。そのときアーヘンに行き、さまざまな政治活動をするようにという指令を受けた。アーヘンはドイツ、オランダ、フランスの国境が接合する地点であり、またルール炭鉱にも近く共産党の戦略にとっても重要な所であった。そこで彼は非合法活動を偽装する手段として、ゲルラッハの誘いを受け入れ、アーヘンに移り、学校で教えるかたわら、地域の将来の共産党幹部を教育したり、この地方で強い勢力がある、カトリック系労働者を啓発したりした。

ゾルゲはアーヘンの炭坑で働き、共産党のシンパを作るのに成功したが、オランダの炭坑では発覚して、連合軍に突き出されそうになった。一九二三年一一月二三日ドイツ共産党は非合法化された。

フランクフルト共産党大会で、ドイツ革命のさいのコミンテルンの情報収集（インテリジェンス）に欠陥があって、ドイツ革命に対するコミンテルンの支援が失敗に終わったとき、ソ連の軍事情報部は、ロシアの情報機関に適したドイツ共産党内の情報専門家をスカウトしようと考えた。この「ヘッドハンティング」の網にかかった一人が、ゾルゲであった。ゾルゲが、コミンテルン情報部に移ることを承諾し、またゾルゲ博士の移籍をめぐるコミンテルン情報部とドイツ共産党との間の話し合いが、ドイツ共産党の譲歩で解決したとき、ゾルゲと妻のクリスティアーネは、合法的なドイツの旅券を取得して、一九二四（大正一三）年一〇月ベルリンからモスクワへ旅立った。夫婦にとっても新しい生活の始まりであった。

ゾルゲ夫妻は一九二四年一〇月モスクワに着任した。その後ゾルゲは昭和一六（一九四一）年一〇月一八日、日本で検挙され、翌一七（一九四二）年五月一六日起訴された。そして同年七月一四日予審判事中村光三に東京刑事地方裁判所で訊問されたとき、こう言った。「私はソ連共産党モスコウ地区コミンテルン本部の組織の中に入って、コミンテルンの情報局員として活動しました」（第四回予審判事訊問調書、『資料1』三二五頁）と。

コミンテルンは一九一九（大正八）年三月に創設された。それは、国際ブルジョアジーの転覆とソヴィエト共和国の創設のために闘うという規約にしたがって作られた各国支部（つまり各国共産党）を配下にもった世界政党であった。その最高機関は各国の党大会にあたる世界大会で、原則的には毎年招集された。この大会が中央委員会（執行委員会）を選出し、これが常任幹部会を任命し、常任幹部会の

マルクス主義研究週間

この頃フランクフルトにフェリックス・ヴァイルという青年がいた。この青年は一八九〇（明治二三）年ごろドイツを去ってアルゼンチンに行き、ヨーロッパに穀物を輸出して産をなしたヘルマン・ヴァイルの一人息子であった。今から一〇〇年ほど前にはアルゼンチンは好況に沸いている国で、ヨーロッパから移民を引きつけていた。私などが子供のころに読んだ『クオレ』（一八八六年）のなかの『母をたずねて三千里』という話は、アルゼンチンに出稼ぎに行ったが、そのうちに音信不通になった母親を探しに、イタリアの少年が一人でアルゼンチンに行く話であった。父親のヘル

マンがアルゼンチンに行った年と『クオレ』が出版された年が近いことに、今さらながら驚く。また経済学者によると、一八七〇（明治三）年から一九一三（大正二）年の四三年間の一人あたりのアメリカの国内総生産GDPは一・八％で成長したのに対して、アルゼンチンでは二・五％で成長していたという。

さて、穀物商ヘルマンの息子のフェリックスは、一八九八（明治三一）年にブエノスアイレスで生まれ、九歳のときに、フランクフルトに帰され、そこのギムナジウム（高校）を終えてから、一九一四年に新設されたばかりのフランクフルト大学に入り、ついで一九一八年にチュービンゲン大学で学び、マルクス主義者で、のちレーテの理論家になったカール・コルシュの影響を受け、マルクス主義に共鳴するようになった。そこで彼は父から相続した財産を使って、急進的な冒険をしようとした。

彼はマルクス主義のいろいろな派閥も徹底的に討論すれば、真のマルクス主義に達するであろうと考え、その機会を作ることにした。こうして彼は一九二三年五月チューリンゲンのイルメナウに若手マルクス主義者を一週間集めて、討論させることにした。これが「第一回マルクス主義研究週間」とよばれたもので、集まった人のなかには、ルカーチ、ポロック、ヴィットフォーゲル、コルシュ、ゾルゲらがいた（マーティン・ジェイ『弁証法的想像力』三頁以下）。

ここで私事を述べることをお許し願いたい。平成二〇（二〇〇八）年頃、『福本和夫著作集』の初回配本の『葛飾北斎論』という本が出たことを新聞で知り、それを購入し、またその頃飯島虚心の『葛飾北斎伝』という明治初期の珍しい本が岩波文庫で出たので、それも手に入れ、両者を読み、福本イズムで有名な福本和夫の別の側面を発見し、啓発された。この著作集の編集委員の一人である清水多吉立正大学教授は旧知の間であるので、「編集委員のなかに、先生のお名前を見て驚きました。大変いいお仕事をされたと思います」と、その翌年に、清水先生宛の年賀状に添え書きをしたところ、二〇一一年五月、出版社のこぶし書房から、「福本和夫著作集完結記念の集い報告書」という文書が送られてきた。それを開いてみたところ、福本和夫の他にゾルゲも写っている集合写真が載っていた。つまり上述の「第一回マルクス主義研究週間」の写真なのである。これは、大変貴重な写真だと思った。こういう会が開催されたことは、本には書かれている。ところが、会の参加者が全員写っている写真が見つかったとなれば、そういう会があったことは、疑問の余地がない。そこで、この貴重な写真をここに転載させていただく。

写真前列左から、ヴィットフォーゲル、2人目同夫人のローゼ、3人目福本和夫、その後ろクリスティアーネ・ゾルゲ(元はゲルラッハの妻だったが、後に、ゾルゲと再婚)、その隣に寝そべっているのはコルシュ。後列左から3人目ポロック、4人目ゾルゲ、その隣、ルカーチ、その隣一人おいてフェリックス・ヴァイルである。その前にいるのは、おそらくヴァイルの息子、その前はヴァイル夫人（少年の母親）のカーテであろう。その他ドイツ共産党員のクララ・ツェトキンの2人の息子のうちの次男、コンスタンティン・ツェトキンが出席したというが、それはどの人なのかわからない。

議長がコミンテルンの最高指導者となった。

一九二七（昭和二）年、ゾルゲは、スカンディナヴィア諸国に派遣され、これら諸国の共産党の問題、経済的、政治的、軍事的諸問題について、諜報活動をすることになった。まずデンマークに行き、党の指導者と並んで、積極的な指導者の地位につき、各種の会合や会議に出席し、また国内の党組織を訪ねて回り、デンマークの政治的、経済的な諸問題について諜報活動をし、彼自身の観察と見解について、党の代表者と意見を戦わせ、その意見をモスクワへの彼（ゾルゲ）自身の報告のなかに含めた。それからスウェーデンやノルウェーに行き、デンマークのときと同じような諜報活動をした。翌一九二八年いったんモスクワへ帰り、一九二九年のある時期にイングランドへ行き、イギリスの労働運動、イギリス共産党の地位、政治的経済的な状態を調べて情報をもたらすように命じられた。

一九二九年夏（あるいは九月ともいう）にイギリスからモスクワに帰ると、ゾルゲはコミンテルンとの関係が絶たれ、本人にもはっきりとはわからぬままソ連共産党中央委員会に所属することになった。そこで彼は、ホテルの自室やほうぼうの家で、諜報活動に従事した。職務以外には彼はコミンテルン組織員とは接触しなかった。ただし、コミンテルンの有力者であるピアトニッキー、マヌイルスキー、クージネンとはつきあっていた。

その頃ゾルゲはピアトニッキーと会っていろいろ意見を交換した。そしてゾルゲはピアトニッキーの紹介で、第四本部長のベルジン将軍に面会した（『資料1』三二八—三二九頁）。ここでゾルゲは二つの変更、すなわち、欧州から極東への変更と、コミンテルンからソ連共産党への変更を同時に行うことになった。

一九二九年一〇月の終わりか一一月のはじめにゾルゲの極東派遣が赤軍第四本部で正式に決定され、「ラムゼイ」という暗号名が与えられた。

日中両軍が衝突する

ゾルゲが上海に来た翌年の一九三一（昭和六）年九月一八日、奉天（瀋陽）北方の柳条湖で満鉄線（南満州鉄道線）の爆破事件が起こり、満州事変の火蓋がきって落とされた。そして同年一二月末には日本軍は錦州を攻撃し、翌年一月三日には錦州を占領した。こうして満州のほぼ全土は日本軍の占領するところになった。これによって中国人の対日感情は悪化したが、とくに国際都市上海在住の中国人の反日感情は激烈をきわめ、反日集会の開催、ポスターの掲示、反日劇、反日映画の上演上映、日本製製品の購入反対（日貨排斥、日貨不買）など多彩な対日ボイコット運動が展開された。このため日本の貿易や日本の上海居留民に与えた損害は甚大であった。一九三二年三月末には最後まで操業していた日本人経営の紡績工場も閉鎖のやむなきに至った。上海在住の中国人の間には、抗日救国義勇軍が結成され、参加者は一七、〇〇〇名に達した。

満州事変が起きてから上海は次第に緊迫した空気に包まれた。そこで太平天国の乱のときに定められた通り、防備委員会が開かれて、対策が練られた。一九二七年三月国民革命軍が上海に接近したときには、フランス租界はフランス軍の、共同租界の西部はイタリア軍、イギリス軍、アメリカ軍の、北停車場から上海中心部のビジネス街は上海義勇軍の、租界東北部の虹口《ホンキュウ》で、北四川路までが日本軍の分担と決定された。

しかし今回、つまり一九三一年一二月一八日の防備委員会では、日本側は北四川路より西にある鉄道の線路まで分担地域を広げて欲しいと主張した。その理由は、この近辺には日本人居留民が多数いるから、ということであった。しかし実際には、居留民はホンキュウのほうへ避難していたという。午後四時、参事会議長は非常事態（戒厳令）を布告し、英米仏伊の軍隊と上海義勇軍は既定の分担位置についたが、日本海軍陸戦隊は行動を起こさなかった。それどころか、午後一一時二五分になって、塩沢遣外艦隊司令長官は、中国軍が敵対施設から撤退することを要望する、という声明を出した。

塩沢司令官は、「陸軍は満州でわが国の権益を守らなければならなかった。上海には陸軍がいない。だから上海では、海軍が同じ任務を負わなければならない」と言った。また海軍次官は、「陸軍は満州で手柄をたてた。今度は海軍の出番だ。陸戦隊は昔日の陸戦隊ではない。二、〇〇〇名の兵と、野砲、装甲車がある」と豪語した。現地の司令官だけでなく、海軍の中央も、満州での陸軍の功績をうらやんでいた。それゆえ、日本海軍にとって上海の事態はまさに天与の好機に思えた。つまり、これを利用して帝国海軍の武名を高めようとしたのだ。一月二八日午後一一時二五分に「撤退せよ」という塩沢海軍司令官の通告が出て三〇分もたたないうちに、完全武装の日本軍が閘北《こうほく》の中国軍陣地に侵入して、中国軍に発砲した。

午前四時、日本海軍は、航空母艦能登呂から艦載機を飛ばして、一日中、北停車場付近の中国軍陣地を爆撃した。このとき北宝山路にある中国最大の出版社・商務印書館とその付属の東方図書館が爆撃され、同図書館が収集した宋、元時代の図書十数万冊が焼失した。六発の弾丸が命中し、手の施しようがなかったという。

海軍上層部の豪語にかかわらず、ともかく海軍陸戦隊の地上戦闘にはおのずから限界があった。それで、一月三一日海軍大臣から陸軍大臣に陸軍の応援の要請があった。そこで、陸軍は正式にこれを承諾し、金沢の第九師団を動員することにした。ところが陸軍と海軍は指揮権と兵力の量をめぐって対立してもめにもめた。やっと第九師団の派遣が決まり、二月一六日第九師団は呉松《ウースン》付近に上陸した。ところが中国軍はクリーク（小運河）と地形を利用して頑強に抵抗し、日本陸軍は苦戦におちいったのである。

一見習軍医の従軍記

話は変わって、私の父の親友に太田武雄（のち襲名して典礼《てんれい》と名乗った）という人がいる。この人は京都の天の橋立の出であって、旧制三高では父の一年下で、九州帝大医学部を出てから京大病院で産婦人科を専攻した。父が上京して数年たってから、この人も上京し信濃町で開業した。先にも述べたように、私たちの家は青山一丁目にあったので、歩いて行けるくらいの距離であった。それで、この人は夕食後よくぶらっと歩いて私たちの家にやって来たし、私なども子供のときはこの人の家によく行った。いつも朗らかで、話が面白かった。弟などはこの人が自宅に帰らないように、靴を隠してしまうほどだった。私たちは、この人を「太田先生」とよんでいた。それで、ここでもそう書くことを許してもらいたい。

昭和七（一九三二）年二月二四日、太田先生三二歳のとき、赤紙（召集令状）が来た。二六日午前の召集であった。そこで親類、縁者、家族、町の人が集まり、旗を立て、万歳の声に送られて出征した。

太田先生らの召集兵の集合場所は、京都の第一六師団の伏見の衛戍（陸軍）病院であった。召集された人に聞いてみると、軍隊の経験のない医者ばかりであった。それで軍医の代わりに動員されたのか、ということになった。しかしその専門も内科が多く、小児科、婦人科、耳鼻科、眼科、漢方などで、戦場で重要な外科医がいなかった。婦人科などは用はないようだが、手術はできる。全部で一三名だが、こんな一隊で戦地で役に立つのかと思った。全員見習士官に取り立てられ、位は曹長、肩章は金筋一本で、襟章の色は医務なので、紫（ちなみに歩兵は赤）であった。これで士官になり、兵卒から挙手敬礼を受ける身分になった。なぜ正規の軍医を動員しなかったのかが、仲間うちで問題になった。軍医は給料が高いからだと言う人がいた。しかし後からわかったことは、陸軍当局が戦線の拡大を予想して、軍医不足を見習医官で埋める制度を作るためのテストケースであったという。

ウースンは陸軍によって占領されたばかりで、生々しい死体がちらばっていた。民家は荒らされ、どこにも『三民主義』の本が散らばっていた。思想教育のために、中国人に配られたらしい。

翌朝野戦病院の上海兵站《へいたん》病院に行く。平和時には西部日本人小学校で、急いで敷きつめられた講堂には千数百名の負傷者がうめいていた。戦争というものはむごいものだと太田先生は思った。召集された人のなかには、亀井衛戍病院長、その他京都の三七連隊、福知山の二〇連隊、津の三三連隊から、軍医三名、薬剤官二名、その他看護長、看護兵、三等主計（後の主計少尉）らがいた。だが診療は太田先生らの見習医官に任された。

もちろん、傷の手当てが主だが、自動車事故による怪我人が多かった。暴走して、衝突したり振り落とされたりして、頭に重傷を負ったり、手足の骨折をする者が多かった。スピードを落とせという命令が出たが、事故は増える一方だった。重傷者は外科専門の軍医に来てもらったが、ずさんで荒療治だった。脚の貫通銃創で出血が止まらないと、すぐ下肢の切断だった。腸の貫通銃創などは何とか手術をしたが、まだサルファ剤や抗生物質のない時代の悲しさで、化膿性腹膜炎を起こして死んでしまった。頭部外傷も多かったが、脳外科のない時代で手の施しようがなかった。精神病も増えてきて、暴れまわる患者がいても、担架にしばりつけて睡眠薬を飲ますだけだった。戦場にはつきものの破傷風が出て、顔をひきつらせて硬直している状態は見ていられなかった。しかし破傷風ワクチン（当時内地で用いられていたのは破傷風血清であった）は準備されていなかった。赤痢がはやり出し、前線の軍医もやられた。赤痢も処置なしだった。生水は飲むなといっても、濾過器もなかった。

そのうち給料のことで不平が出てきた。衣食住はただにしても、格差がひどいというのだ。兵隊は一〇円前後なのに、院長は三〇〇円、将校は二〇〇円、見習医官は一八円であった。職業軍人は高くて、召集されたものはただ同然なのはどういうことだ、というのである。

中国兵は郊外遠くに退いているのだが、いつ戦争が始まるのかが毎日話題になり、不安になり、絶えず身構えていなければならなかった。それで、衛兵（警備、監視などのために巡回している兵士）は怪しいと思うと便衣隊、つまり平服の敵兵だと思い、すぐ発砲した。高い建物で銃声がすると、日本兵はすぐ火をつけた。そして倒れている中国人を、息をしているものもトラックに積んで河に投げ込んだ。それで、この恨みをはらす騒動が必ず起こると言われていた。性に飢えている兵隊ばかりだから、強姦事件が頻発した。病院では院長と婦長が親しくしているという噂がたった。軍司令部には戦争反対やおどしの投書がひっきりなしに来ているという噂もあった。

やっと日赤の看護婦隊がやって来て、彼女たちに宿舎があてがわれた。それまでは、特志看護婦（ボランティア）で、派出看護婦会から来ている人とか、看護には素人の女性たちであった。彼女たちは朝来て夕方帰るのだが、重傷の患者の看護のときには帰宅が遅くなるので、年配者のなかには病院内に泊まる人もいた。ところが日赤の看護婦隊が来て宿舎があてがわれたことを聞いて、特志看護婦たちは頭に来て、「私たちはもういらないのでしょう。それなら引き揚げます」と院長に申し出た。それですったもんだの末、謝礼を出すということにして、ことをおさめたが、半数ぐらいの人はやめてしまった。

傷病には種類によって等級があった。戦傷は一等症、戦病は二等症、三等症は性病であった。重傷者は病院船で内地に送還した。そのうちに重傷者はいなくなったが、性病は増える一方だった。どこで貰ったか、聞かなければならないので、聞くと、内地での最後の晩に遊郭でかかったものが多かった。梅毒の患者にはちょっと内地では見られないような、赤いきれいな全身のバラ疹があったし、淋病も内地では見られない重症者であった。これは恥ずかしいので、病院に来ないためだった。淋病の治療は、再三言うが、サルファ剤や抗生物質がない当時、一番厄介で、完全に治癒しなかった。その上、野戦病院なので、尿道洗浄など面倒なことはやらず、バルサム油の内服とトリパフラビンという色素剤の注射だけですましたが、他の患者が先になり、いつも後回しにされた。

病院船で内地に送る一等症や二等症患者は次第にいなくなったが、その頃になると、病院船は絶えず来るようになった。送還リストを出せと上から言ってくるので、それなら、三等症を内地の衛戍病院に送還しようということになった。ところが、これを聞いた患者が「三等症で凱旋などできるか」、「もしどうしてもというのなら、責任者の軍医を殺してやるぞ」といきまいた。そこで、担当医官はみな青くなって、仕方なく、上層部にこのことを言って、三等症の患者の輸送をとりやめにしてもらった。

ゾルゲ諜報団

そろそろ日本での話にうつす。ゾルゲ諜報団が収集した情報は、司法省報告に「諸般の事項」とあるように、政治、経済、軍事などさまざまなものがあった。ゾルゲが所属した赤軍第四本部は、合法的な新聞情報を含む政治、経済、軍事、社会のあらゆる情報を収集する部署だったようである。したがって、情報源は、日本で刊行されている新聞や文書、官庁や政界人や新聞社から漏れてくる話、あるいは聞き出した話、街の噂話、そして日本人情報提供者が提供する話で、それらをゾルゲ、尾崎秀実、宮城与徳が分析し、総合して、報告書が作成され、それを、アメリカ帰りの秋山幸治（諜報団ではなく、宮城の翻訳助手）が英文に翻訳し、クラウゼンが打電した。打電を指示できるのは、ゾルゲだけであった。

外国人が、日本の文書、たとえば、歩兵操典、航空兵操典、工兵操典、瓦斯《ガス》防護教範などの兵書、下士官教育用雑誌『琢磨《たくま》』、帝国農業会発行の『農業年鑑』、『支那問題研究所旬報』、同『統計月報』などを購入することは、怪しまれるおそれがあったので、日本人の情報収集者が手に入れた。当時、六本木（現在「六本木ヒルズ」などで有名な六本木である）の交差点の角と赤坂一ツ木（現、港区赤坂三丁目）にあった書店には一般の書籍のほかに、こういう兵書をも売っていた。近くに連隊がいくつかあったからである。これらの書店は、宮城が住んでいる住宅にも近かったので、宮城はこれらの書店で、『歩兵操典（新）』、『陸軍戦車隊操典（第二部）』を購入している。しかしここで入手できないものは、宮城の情報収集者であった小代《こだい》好信にたのんで手に入れた。小代は徴兵された下士官であったからである。尾崎秀実、宮城与徳、二人の外国人以外で、ゾルゲに会ったのは、この人だけであった。裁判で、終身刑になった二人の外国人のつぎに判決が重かったのは、この人であった。それで、気の毒だといわれた。重かったのは、軍事情報だったためか、ゾルゲに会ったためか、この点はわからない。宮城が操典を必要としたのは、このころ操典が改訂されたためらしい（『資料3』三九一頁、『資料24』四七二頁）。操典は現在の自動車学校の教本のように、手順が書いてある軍隊の教科書で、ポケットに入るぐらいの小型の本が多かった。これだけの予備知識をもって、ゾルゲ諜報団を見てみよう。

宮城与徳

昭和一〇（一九三五）年一月一四日、青山一丁目にあった父の医院に喀血したといって一人の男がやってきた。カルテには宮城与徳とあった。そこで、父が型通り診察をしてから、「古い病巣だから、家に帰ってしばらく安静にしていらっしゃい」と言うと、この患者は「先生お暇なら少しお話ししたいのですが」と言った。そこで「どうぞ」と父が言うと、低い声でぼそぼそとしゃべり出した。「私は沖縄生まれの洋画家です。今度一〇年ぶりで、アメリカから帰ってきました。私も向こうで運動をしていました。日本の軍艦がロサンゼルスに寄航すると、「戦争反対」のビラをマッチ箱に入れて、上陸した水兵さんに渡しました。秩父宮がロンドンからニューヨークに来られたときには、「打倒日本帝国主義」と書いた大きな凧をハドソン河の上に揚げました」と言い出した。

病気の相談だと思って聞いていたのに、こういう話なので、父のほうが驚いてしまった。最後にこの患者さんは、「国際情勢のお話を先生にしたいと思います。ときどき伺いますから、よろしくお願いします」と言って帰っていった。この患者さんが帰ってから、父はこの人は何者だろうかと考えたという。この人は一週間後にまたやって来た。診察をすますと、この人はまたぼそぼそと低い声でしゃべり出した。

「一人前の技術家になるためには、三〇年かかります。ですから、アメリカでは、技術家を大切にします。先生の名前はアメリカの大西洋岸［太平洋岸の間違いでないか］の人には、知られています。先生、自分を大切にしてください。技術家が、左翼運動などやってひっかかったりするのは、つまらないことです。共産党とは縁を切ってください」と真面目な顔で言った。「大西洋岸の人」というのは、一体なんだろうかと、頭にこびりついて離れなかった。それから一週間してまたこの人はやって来た。

そして前回のように、「共産党とは縁を切ってください」と繰り返した。そして、「そういう運動よりもっと大切な運動があります」と言った。そしてあるときこう言った。「ソ連は社会主義を建設している国です。それを世界の資本主義国はつぶしにかかっています。そのなかでも、ヨーロッパの憲兵としてのドイツとアジアの憲兵としての日本は、ソ連の社会主義建設をこわすために、戦争の準備をしています。私は日ソ戦争を食い止めるために、アメリカからやって来ました。これは人間として、いちばんやりがいがある仕事です」。そこで父は、こんなおとなしい洋画家にそんな大それた仕事ができるのかと思ったという。

その翌年のこととして、父は次のようなことを述べている。ちょっと長いが引用する。

一九三六年（昭和一一年）二月に、九津見房子さんが、わたくしの家にみえて、「あなたのところへ宮城という絵描きさんが診察にみえてましょう」と言った。これにはドキンとしたが、久津見さんなら隠す必要もないと思って、「みえてます」と言ったら、「ここだけの話ですが、宮城さんはコミンテルンの諜報活動のために、日本に来られたそうで、わたくしに手伝ってくれといわれますが、どんなものでしょうか」と言った。わたくしは二度びっくりした。わたくしは諜報活動を軍事スパイと考えたので「そんな仕事は女の人にはできませんから、きっぱりお断わりになってはどうですか」と言った。そうしたら、九津見さんは、「それではお断わりすることにいたしましょう。しかし、あの絵描きさんは、人間としては大変よい人で、信用のできる人のようですから、お友達としてつきあうのは、よろしいでしょうね」と言った。わたくしも「ひじょうに人柄のよい人です。わたくしは医者対患者として、つきあっていますが、あなたもああいうよい人と、お友達として、おつきあいになるのは、別にさしつかえないでしょう」と言った。

最後に、わたくしは久津見さんに、小さい声で、「誰があなたに宮城さんを紹介したのですか」とたずねてみた。そうしたら、九津見さんは、「ここだけの話ですが、高倉テルさんがコミンテルンの人だといって紹介してくださいまして、わたくしに宮城さんの仕事を手伝ってくれと言われたのです」と言った。これを聞いて、わたくしは三度びっくりした。高倉テルさんはわたくしの妹の主人であったから、これは大変なことになったと心配した［高倉テルは、筆者の叔父で、本名を輝虎《てるとら》といった。「テル」はペン・ネームである。女性ではなく、「ごついおっさん」であった］。

二・二六事件がおさまった［昭和一一（一九三六）年］三月中頃に、高倉テルさんが真栄田《まえだ》三益《さんえき》を連れてやって来た。〔真栄田は〕「このあいだ同郷人の宮城与徳という画家の家に、高倉さんといっしょに行って、本人の手作りの料理をご馳走になりました。その席上宮城君はあなたのことを褒めていました。一体どういう人なのでしょうか」とたずねた。わたくしは「肺結核でときどきわたくしのところへ診察にみえます。医者対患者の関係で、どういう人か知りません。人間としてはひじょうによい人です」と言った。そうしたら、真栄田三益は、「噂によると、日本共産党のほかに、もう一つ別の非合法組織があるそうで、どうもそのほうの人らしいです。警視庁はもう知っているそうです」と言った。

その年の夏に宮城さんは高倉テルさんについて、「あのお方は〔徳太郎〕先生の妹さんのご主人だそうですね。わたくしは高倉さんに農業問題の調査をお願いしましたが、おカネばかり要求されて、ちっとも仕事をしていただけません。西が原〔当時滝野川区。現、北区〕から大磯に移転されましたので、この間一度おうかがいしましたが、テニスに行くといって、断られました」と、はじめて高倉さんの名前を口に出した。(『思い出す人びと』二四三―二四六頁)

以上のことを頭において、「宮城与徳警察訊問調書」(『資料24』三七三頁)を見てみよう。

宮城与徳は逮捕されたとき、数え年三九歳であった(以後、当時の慣例に従いすべて数え年)。彼の父は明治三九(一九〇六)年に沖縄県からフィリッピンのダバオに移住したが、一年にわたる農業経験が失敗に終わったので、今度はアメリカに行き、ロサンゼルスの近くの農場で働いた。それで宮城少年は祖父母の手で育てられた。その後沖縄県立師範学校(当時師範学校はすべて府、県立であった)に入学したが、病気のために二年生のとき退学を余儀なくされ、大正九（一九二〇）年六月渡米し、サンディエゴ美術学校およびロサンゼルス・アーティスト・リーグで学んだ。この頃、フランス革命時代の画家ドーミエの絵に心酔し、ロシア文学、とくにトルストイやゴーリキの作品を耽読した。昭和二（一九二七）年頃アメリカ共産党日本人部の外郭団体である「プロレタリア芸術会」、「赤色救援会日本人支部」に加盟し、昭和四年に「アメリカ共産党日本人部」の党員矢野某の勧誘で、同党に入り、党員として、諸種の会合に出て、共産主義運動に従事した。昭和七（一九三二）年末、サンフランシスコに住んでいて、コミンテルン員でもあるこの矢野某（武田某ともいう）と白人のコミンテルンの男（名前不詳）が、宮城の住まいにやって来て、矢野が「君は東京に帰ってくれ。君の仕事は東京に行けばわかる」と言った。宮城はこの指令を承諾し、同年一一月末に横浜港に到着した。

帰国の直前に矢野はこう言った。「君が東京に着いた頃の『ジャパン・アドバータイザー』紙に「浮世絵買入れたし」という新聞広告が出るから、その広告が出たら、広告社に行ってそこの事務員に広告主に会えるように取り計らってもらい、広告主に会ったら、「マックスさんですか」と尋ねてくれ。それでわかるようになっている」。こう言って矢野は旅費として二〇〇ドルをくれた。

そこで、宮城は昭和八年一〇月下旬に東京に行き、『アドバータイザー』紙を注意して毎日見ていた。すると、矢野の言った通りの広告が載った。そこで、三日後に神田錦町河岸の広告社に行き、数日後にそこで外国人に会うことができた。

宮城が「マックスさんですか」と聞いたところ、「自分はマックスでないが、その人なら上野の美術館で会うことが出来る。彼は青のネクタイをしているから、君は黒いネクタイをして行ってください」

と言った。指定した日時に行くとマックスが来ていた。この日はなんの話もなく、つぎの連絡日時を言われて別れた。最初の男は宮城にヤングフェローだと自己紹介した（訊問した特高が写真を見せて、面通しをしたところ、この男はヴーケリッチであった）。二番目の男マックスは、スミスとよばれていた。しかし昭和一五（一九四〇）年頃より麻布区永坂の彼の自宅に行くようになってから、ゾルゲという本名をはじめて知った。

昭和九（一九三四）年一月、宮城はゾルゲから日本にいて仕事をするように言われた。そこで、宮城はそれを承諾した。そしてゾルゲから適当な青年、すなわち社会的に相当な地位にあり、当局から注意されてない人を探し、この人に各種情報を収集させるように言われた。しかしそういう人は見つからなかったので、宮城自身が情報を収集することにした。またゾルゲは、この諜報団の目的はソ連邦擁護であり、そのために日本および各国の政治、経済、社会、軍事などの情報、資料を収集し、それをコミンテルンに報告することだと言った。

その年の五月、ゾルゲは、宮城に「自分が昔上海で会ったことがある東京朝日新聞か、東京毎日新聞の特派員に尾崎某という人がいた。その人を探し出し、自分に会うかどうかさぐってみてくれ」と言った。そこで宮城は東京朝日新聞社に行き、調べたがわからないので、大阪に行き、大阪毎日新聞社でも調べたがわからなかった。そこで、大阪朝日新聞社に行ったところ、そういう人がいることがわかった。こうして、ゾルゲと尾崎の連絡が復活することになった。

医者は幇間

昭和一四、五年、ノモンハン事件から第二次近衛内閣の頃でなかったろうか。父の回想によると、昭和一五（一九四〇）年の初め宮城与徳がやって来て、「ドイツ大使館にいる私の友人が肺炎で危篤になっています。先生、例の肺炎の特効薬を下さいませんか」と言った。父は「宮城さんの友人がナチ・ドイツの大使館にいるというのはおかしな話だな」と、思いながら、薬を渡した。数日して宮城与徳がやって来て、「おかげで友人の病気は全快しました。ドクター・ヤスダによろしく伝えてくれと申していました」と言って帰った。これが、先に言った「医者は三者といって幇間だ」の実例である。

＊

昭和一六（一九四一）年六月二二日独ソ戦争が始まった。その日の昼前、報知新聞（当時はスポーツ新聞ではなかっった）の副社長の大島一衛（半世紀以上昔の話だから実名を挙げる。以下同じ）が父の医院に診察にやってきて、大声で言った。

「先生、いま荒木大将［昭和六（一九三一）年から九年まで陸軍大臣、昭和一二（一九三七）年から一三年まで第一次近衛内閣の文部大臣］にインタービューして来ましたが、おもしろかったですよ。閣下、とうとう［ドイツがソ連に戦争を］やりましたねと申しましたら、荒木大将は松岡洋右［このとき外務大臣］は大バカ野郎で、スターリンに騙されて、くさったサカナを喰わされた。［今年の四月一三日に］日ソ中立条約など結ばなかったなら、いまごろは日独が東西からソ連を挟撃できたのに、バカな野郎だ、とあたまから湯気をたてて、悲憤慷慨されましたので、それではいよいよ日ソが戦端を開くとなりますと、［近衛］内閣は総辞職しなければなりませんが、そういう重大な時期に、つぎの内閣を担当する人がありましょうか、と水を向けましたら、荒木大将は［自分だというように］ポンとじぶんの胸をたたかれました」と話した。（『思い出す人びと』二五五頁）

ちなみに、七月一八日松岡外相は辞任し、第三次近衛内閣が発足した。荒木大将の出番ではなかった。父はこの話がおかしいので、笑いながら、この副社長を送り出して、待合室を見ると、宮城与徳が待っていて、「おもしろそうなお話らしいですね」と言ったので、聞いた話を繰り返した。現在なら、プライバシーの問題があるし、つぎからつぎへと患者が来るから世間話をする暇などないが、半世紀以上前は万事がおおらかだったし、のんびりしていた。このことを頭に入れておく必要がある。

昭和一六（一九四一）年七月頃、父安田徳太郎の医院に朝日新聞の記者、杉山平助が診察に来て、雑談のなかで、日ソ開戦は八月一〇日に決まったらしいと語った。

＊

この頃だったろうか、町会から割り当てられたというので、兵隊さんが二人わが家にも宿泊したことがある。優遇しないと、気が立っている兵隊さんが立腹して、剣で布団を切るという噂か、デマがあったので、ものがない時代だったが、母ができるだけもてなした。わが家に割り当てられた兵隊さんは二人とも、気が立っているどころか、物静かというか、しおれているというか、しょんぼりしていた。これが今でも印象に残っている。食事の相手をした父の話によると、北海道でトラックの運転手をしていた人ということだった。これまで運転手をして妻子を養っていた人が突如召集され、あとのことを思い、しょんぼりしないほうがおかしいと思った。これらの兵隊さんは二、三日しか宿泊していなかったように思う。

漏れた情報——御前会議

宮城与徳は検挙後、警察の訊問および予審判事訊問でこう述べている。「近衛師団に属する兵員その大部分が南方方面に動員されるらしく、兵員は夏服の支給を受けている（渋谷方面小学校に分宿せる兵員は夏季用半ズボンの支給があった）。兵員の年齢は二十五歳以上三十四、五歳に至る予備役兵を主力とするものである。輸送は普通民家に宿泊するものが、一、二週間内に出発する例よりして、最近に輸送が行われるものと思惟する」（『資料24』四四二頁、『資料3』三八五頁も同内容）。

宮城はこの頃、情報提供者の陸軍伍長小代好信がいた一四師団管下の連隊（宇都宮、水戸、高崎）を訪れ、召集兵の軍服について聞いている。その結果、同師団管下の南の連隊は夏服、北の連隊は冬服を着用していることを聞き出した。これから、宮城、ゾルゲらは、陸軍は北進と南進の両作戦をとるのかと推測し、さらなる情報収集と分析にとりかかった。

宮城の調査によると、防寒服は関東軍直轄部隊では十分であるが、日本内地より移動した兵員については防寒服の用意が十分なされていないし、東京の陸軍被服廠ではその補充が間に合わない（羊毛は日本では取れなくて、全部輸入である）。同じく宮城が尾崎秀実の情報により考察したところによると、日本の平時の石油消費量は四〇〇〇万トンであり、これは主としてアメリカ、蘭印、アフリカから輸入されていたが、その七〇%はアメリカからの輸入であった。それが禁輸されたのに、昭和一五年度の消費量は六〇〇〇万トンに増加した（戦後わかったところによると、一九三七年から一九四〇年まで年平均五三七万トンであったという。それゆえ、さきの数値はそれほど間違っていない）。それでアメリカの推定では、貯蔵量は日本海軍では一・五年ないし二年分、日本陸軍では一年分で、海軍九〇〇〇万トン、陸軍二〇〇〇万トン、民間二〇〇〇万トンである（『資料24』四四六頁）。またゾルゲがドイツ大使館で聞いたところでは、貯蔵量は海軍二年分、陸軍半年分、民間半年分であった（同書一九頁）。

日独伊三国同盟と日ソ中立条約を結び、中国の蒋介石政権と戦っている昭和一六（一九四一）年の時点の日本の軍部は、独ソ戦が起きたときどう対処すべきかが問題になっていた。独ソ戦近しという情報は、駐独日本大使・大島浩から再度来ていたからである。その対策については、三つの意見があった。一つは中立を守り、情勢を見て対策を考える。二つ目は北進論で、ドイツに呼応してシベリアに兵を進め、ソ連軍を東西から挟み撃ちにし、北辺の安全を確保する。三つ目は南進論で、米英がソ連援助に汲々としているすきに、東南アジアに進出し、その資源を確保し、また東南アジアから中国へ物資を輸送する道路（援蒋ルート）を遮断する、という三つだった。これを陸軍首脳が討議し、六月一四日「情勢の推移に伴う国防国策」原案ができた。その八日後の二二日、ドイツはソ連に侵攻し、独ソ戦争が始まった。そこで、翌二三日、陸海軍の部局長が集まり、その会議で、原案を修正して、「情勢の推移に伴う帝国国策要綱」が完成した。これは、七月二日御前会議で採決された。

さて、この御前会議が日本の命運を決した。当時の国民はそんな重大な会議があったとは夢にも知らなかった。知っているのは、六月二二日独ソ戦争が始まり、さきに述べたように、七月日本では大規模な動員が行われ、東京では広範な地区で、兵隊さんが民家に泊まったとか、八月初めに兵隊さんがどこかへ行ってしまったとか、九月南部仏印に日本軍が平和進駐をしたという現象面だけであった。その他に、食料やその他の物資の不足がはげしくなったという生活面の困窮は身に沁みて感じられたことであった。

では、ゾルゲや尾崎らはどうだったのか。尾崎秀実は、検挙後の昭和一七年三月八日玉沢光三郎検事に訊問されて、つぎのようなことを述べた。

独ソ開戦後の日本においてもっとも注目すべき政策の一つは、外交政策との関連において作戦計画の確立されたことであります。従来は未だ四囲の情勢が緊迫化しなかったことにもよるのですが、陸軍と海軍とは、夫々異なった見地から作戦計画を樹て、従ってその間に不調和や政治的意見の不一致を免れなかった実状にありました。すなわち陸軍においては、大陸政策が眼目で、従って対ソ作戦を根幹とした作戦計画が樹てられてきたのに対し、海軍においては海洋政策が眼目で、従って南進政策に基づいた作戦計画が樹てられて来たのであります。然るに国際情勢の急激な変化に伴い、両者を統一的に結合せしめる実際上の必要を生じてきました。そこで、陸海軍の間においては、この現実に即応した決定をなす為、独ソ開戦の直後双方の責任者が集まり協議して、「南北統一作戦」ともいうべき作戦計画の基本方針を樹て、これが実施を決定したのであります。〔……〕前述のごとき陸海軍各々が異なる目標に向かって樹てた基本方針を変更し、日本の軍部としては国際情勢の変化の如何に即応して、何時にても北進し、又は南進し、あるいは南北同時にても進攻し得るよう戦備を整えること、すなわち当面においては南方仏印に対し兵力を増強すると同時に、満州、樺太、北海道方面へも兵力の増強を行うことを意味するものであります。この南北統一作戦の決定は、その後の［昭和一六（一九四一）年］七月二日の御前会議において決定をみた。いわゆる帝国重要国策の根幹をなしているのであります。（『資料2』二三五頁）

尾崎はこのことを朝日新聞社政経部長の田中慎次郎より聞いたと言った。田中は尾崎と同期に朝日新聞社に入社したよしみで尾崎に、この最高機密情報をごく気楽な気持ちで赤坂葵《あおい》町の「満鉄ビル」（虎ノ門の文部省の斜め前あたりの三角の土地にあった）七階の「アジア」で食事をしながら話したという。そして、対米交渉が進まなければ、軍部はこの計画に基づいて米国と一戦を交える覚悟をしていると付け加えた。しかし田中がそのとき「南北統一作戦」という用語を使ったかどうかは、尾崎ははっきり覚えていないということはわかっている。戦史では、「南北統一作戦」という用語は出てこないので、尾崎の造語でないかと思うが、ゾルゲ事件関係者は一般にこの用語を使った。

その後八月中旬頃以後になって関東軍の代表が上京し、軍首脳部と対ソ戦をやるか否かに付き相談しているとの噂を満鉄内で誰かから聞きましたので、これを確かめるため私［尾崎］は西園寺［公一］に聞いたところ、西園寺は「先週あたりにやらないことに決まったよ」と言いましたから、満鉄内部の噂通り間違いない事実と判断し、その旨ゾルゲに報告しました。ゾルゲは私よりこの報告を受けたとき、非常に重荷を降ろしたような喜びの様子をしておりました。その後宮城からも「この間の情報は良かったですね」と言われ、この報告がゾルゲにとって非常に嬉しいものであったことを察した次第です。（同書、二三八―二三九頁）

尾崎はこの情報を文書にして、翻訳担当の秋山幸治に渡し、秋山が英文にし、それを尾崎に渡し、尾崎がこれをゾルゲに渡し、ゾルゲがこの英文をクラウゼンに渡すと、クラウゼンが暗号にしてモスクワに打電した。このように次々に手渡して行くのは、さきにも述べたように、ゾルゲ、尾崎、宮城の三人以外はお互いには誰も知らないからであった。クラウゼンはゾルゲを知っているが、尾崎や宮城の本名を知らなかった。クラウゼンは、警察で尾崎の写真を見せられてはじめて、この男が「オットー」という男だと言った。朝日新聞の田中が尾崎に漏らした御前会議《インピリアル・コンファレンス》の最高機密は「オットーいわく」あるいは「近衛側近者の話によれば」として、モスクワに打電された。打電の日時は忘れたが、自分が検挙［昭和一六年一〇月一八日］される二、三月まえだった、と、クラウゼンは警察の訊問に答えた（『資料24』三〇〇頁）。

門田《もんでん》判事によると、独ソ戦争勃発の当日、日本からモスクワに打電された情報の第一報は、徳太郎が聞いた荒木大将の談話であったが、第二報は田中慎次郎朝日新聞社政経部長のこの御前会議の情報であった。

つぎに父安田徳太郎が聞いて、漏らしたとされる荒木大将の話も、その元は報知新聞の記者が話した話であるが、これは、二つの部分から成っている。一つは、松岡がスターリンにだまされて日ソ中立条約など結ばなかったなら、今頃は日独が東西からソ連を挟撃できたのに、松岡はばかな野郎だと悲憤慷慨したことと、二つ目は、口には出さなかったが、つぎの首相は俺だという自負である。

この時期、第一次近衛内閣の次は、平沼内閣、その次は阿部内閣であるが、その次の首相について荒木大将という声が新聞では大分出たし、荒木大将は第一次近衛内閣と平沼内閣で、文部大臣をしたので、荒木を推す元首相もいた。しかし結局林内閣、第一次近衛内閣、平沼内閣の「三代にわたって海軍大臣をし、議会のことも呑み込んでいるし、人柄もいいし、世間の評判もいい」からという理由で、米内光政が首相になり、昭和一五年一月一六日米内内閣が成立した（『平和への努力』八九頁）。したがって荒木大将が、新聞の下馬評でも俺の名前があがっているから、つぎの首相はおれだと思ったとしてもおかしくないだろう。

独ソ戦争勃発の翌日の昭和一六（一九四一）年六月二三日、駐日アメリカ大使グルーは次の日記を書いた。

日本は独ソ開戦によって窮地に陥った。三国同盟でドイツと誓約し、ソ連と中立を誓った日本は、どういう政策をとるつもりだろう？　東京は、ほとんど間断ない閣議と陸海軍高官の会議と、天皇との会議で、ブンブン唸っている（その後数日間もこれは続いたが）。一体どういうことになるのかわれわれは知らないが、現在こそは日本が、何らかの建設的な政治道の手を打って米国との融和をはかる新しい進路を選ぶべき時である。現在こそ行く路の新しい曲がり角への多くの可能性をはらむ瞬間なのである。

この情況は、ウラジオストックと沿海州を占領するまでは、日本は決して安全でないと言い張ってきた荒木将軍と彼の一族郎党を、どんなにいら立たせることだろう。ドイツが防共協定成立後、ソ連と不可侵条約を締結して日本を裏切った時、平沼・有田内閣が全責任を負って辞職したことは想起されねばならぬ。今や近衛・松岡内閣、あるいは松岡自身が同様なこと［辞職］をなすべきだとの意見が伝えられている。（『滞日十年』下巻、一七六―一七七頁）

在野の人にすぎない荒木将軍の外国まで知られている年来の持論は、独ソ開戦の時点で果たして重大な機密情報なのだろうか。独ソ開戦後の何月何日何時に日本軍が満ソ国境を突破して、沿海州に進撃することに決定したというのならば、それは近い未来のことであり、重大な機密情報であろう。荒木将軍の話など価値がないのでないか。徳太郎はさきにも述べたように、宮城の下部組織のなかでは、懲役二年執行猶予五年という一番軽いとはいえ、刑を受けた。陸軍伍長小代好信は一五年という一番厳しい刑を受け、翻訳係秋山は七年の刑を宣告された。田中慎次郎は南北統一作戦に決まったという御前会議の情報を尾崎に漏らしたが、無罪で放免された。

ディーキンとストーリィは、父安田徳太郎の提供した情報についてこういうことを書いている。

安田から供給された情報の価値を評価することは困難である。おそらくそれは、大したものではなかったであろう。彼のグループにたいする最大の貢献は、ゾルゲが悪性の急性肺炎にかかった時、サルファ剤を与えたことであったかもしれない。（『ゾルゲ追跡』二四〇頁）

父検挙後の生活

ゾルゲ事件が司法省から発表されたのは、昭和一七（一九四二）年五月一六日午後五時である。それから二三日後の昭和一七年六月八日、父は検挙され、青山警察署の留置所に入れられた。父がいなくなると、今まで我が家で君臨していた祖母は急に弱気になり、「わては、あんたはんについて行くえ」と私の母に言って万事を母に任せた。それで、母は経済の実権を握り、家政の采配を振るう大黒柱になった。母は俄然張り切り出した。青山署は現在はないが、青山通りに面して、当時の青山南町五丁目の角にあった。現在の南青山四丁目にあたる。母は毎日差し入れに通った。つまり洗濯した肌着をもって行き、汚れた肌着をもって帰った。問題は、昨日まで患者が来ていたのに急に医院を閉めるわけにもいかないことだった。それに収入の道が途絶えたのだから、代わりの医者をさがさなければならない。しかし若い医者は軍医として出征しているし、遊んでいる医者などはいなかった。ところがまもなく宮川さんという女性が来て、父の代診を始めた。白衣を着て堂々と、たとえば患者の尿を遠心沈殿機にかけ、試験管の下に沈んだ沈渣を色素で染めて、顕微鏡で覗き、患者にもそれを覗かせ、「これがばい菌ですよ」と説明して、診断をつけた。母もたいしたものだとひと安心した。患者も、女医さんだと話しやすいし、相談しやすいらしく、好評だった。しかしこの女性は医者でなく、薬剤師だった。今だったら大問題だが、戦時中で人手不足の時代だったから問題にならなかったのだろう。しかしともかくこの人は手馴れていた。

あとで聞いた話によると、この女性のお兄さんは岩手医専（現、岩手医大）を出て、東北大の精神科の医局に入り、のち、郷里の四倉（現、福島県いわき市）で精神病院をしているということだった。宮川さんはおそらくこの病院を手伝っていたので、検査や患者の扱いには馴れていたのだろうと今になると思う。この宮川さんは、宮川寅雄の奥さんだった。宮川寅雄は元共産党員で、のち解党派といわれた人である。この奥さんは刑務所にいるご主人の差し入れのために東京に来ていたのだろう。戦後宮川寅雄は和光大学の教授になり、日本美術史を講じた。岡倉天心の『茶の本』の訳者として有名な人だった。母が青山署に差し入れに行ったとき、代診の件について相談し、父が古い共産党の人脈から思いついたのだと思う。

宮城与徳の絵

宮城与徳は、「自分の画を少なくとも一枚、安田に贈った」と、ディーキンらも書いている（『ゾルゲ追跡』二四〇頁）が、この絵は、さきにも書いた榛名山の絵だった。それはすぐ診察室に飾られた。昭和一六（一九四一）年の春頃でなかったかと思う。

その頃だったか、その後か、「湖畔の宿」（佐藤惣之助作詞）という歌がはやっていた。

山の淋しい湖に　一人来たのも悲しい心　胸の痛みに耐えかねて　昨日の夢と焚き捨てる　古い手紙のうすけむり
ランプ引き寄せふるさとへ　書いてまた消す湖畔のたより　旅のこころのつれづれに　一人占うトランプの　青い女王《クイーン》の淋しさよ

私は、宮城与徳はこの歌にひきつけられて榛名湖に行ったのではないかと思っている。そして、宮城はこの歌詞と同じように、わびしく、悲しかったのだろうなと私は勝手に想像した。雲行きの怪しい山の景色を描いたこの絵は、私には、なんとなく物悲しく思えた。この絵はそのときの宮城与徳の心境を示していたのであろう。あるいは自分の運命を示していたのかもしれない。しかし私はこの絵が好きだった。

この絵は父の青山の診察室に飾られていたし、家が戦災にあうまえに群馬県に疎開して、しまわれていた。戦後父が芝の白金に住まいを定めたとき、また元のように部屋に飾られ、父が存命中はずっとそのままであった。ところが、父が亡くなったときに所在がわからなくなってしまった。二〇〇〇（平成一二）年頃NHKが「日曜美術館」で宮城与徳の絵を紹介したいから、「榛名山」の絵を見せて欲しいと言って来たが、所在不明だとお答えした。その番組を見たが、宮城与徳の絵はかなりたくさんあるのには一驚したとともに、改めて残念に思った。

この奥さんは偉そうにすることもなく、いい人だった。それで、以後親戚以上に親しくなり、疎開地でも一時一緒に暮らしたし、周囲がまだ一面に畑だった江古田のその人の住まいに、私はよく泊めてもらった。

＊

青山署で父を取り調べたのは、高橋与助という警視庁の特高課の警部であった。この警部は鬼のような怖い顔をし、やくざのように粗暴で、なにかというと、どなりまくり、被疑者の父の髪の毛をひっぱった。そして「てめえはふざけたまねをしやがった。こともあろうに、ゾルゲの命を助けたな」と言って横ビンタをし、父が倒れると、まわりにいる何人かの警官が足蹴にした。そして「この国賊、非国民、天皇陛下に申し訳ないと思わないか」とわめいた。この警部が「てめえの子は、非国民の子だけあって、髪の毛をのばしてやがる」とどなったことを、母を通じて知った。当時私は中学の四年生で、中学生はみな坊主頭だったから、私は当然坊主頭にしていた。しかし弟は小学校四年生で、坊ちゃん刈りをしている友達もいただろうから、そうしていただけだろう。それで、高橋警部という人は妙なことを言う人だなと気にもしなかった。

この高橋与助警部という人は、立花隆氏によると、「一九三一〔昭和六〕年に蒲田署から本庁特高に異動してきた警部補だが、中川警部の部下として、プロレタリア文化運動を担当させられており、「共産」党中央のことにも、全協のことにもタッチしていなかった」という（『日本共産党の研究』下、三八五頁）。警視庁特高課と所轄署特高課の間には非常な対立があり、青山署の五十嵐特高部長は「先生はよりによってひどい警部にかかったな。あの高橋警部のつらがまえを見ると、胸くそが悪くなる。

ヤクザだな」とよく言っていたという。

ゾルゲの訊問

ゾルゲは、昭和一六年一〇月二六日から東京拘置所で、警視庁の山浦達二警部、一〇月二八日の三回目から特高部外事課の大橋秀雄警部補によって訊問された。そして昭和一七年三月七日の三三回で終了した。大橋警部補はゾルゲの取調べにあたって、寒い取調室を少しでも暖かくしようと、配給の炭をもっていき、ゾルゲの好物のジャムと紅茶を持参した。現在ならジャムや紅茶などはどこでも手に入るが、物資不足の当時そんなものは売ってもいなかった。おそらく警視庁警察官の「顔」で闇のルートから手に入れたのだろう。こうして、大橋警部補はゾルゲから多くの自供を引き出したという。ゾルゲは一九四二（昭和一七）年三月四日の日付で東京拘置所から英文のつぎの礼状を同警部補に送った。

大橋氏へ。一九四一年から四二年の冬の間の、私の事件についてのもっともプロファウンドで「意味深長で」、またもっともカインドリーな「おもいやりのある」訊問を思い出しながら、私は訊問のリーダーとしてのあなたに対して、私の深い感謝を表明します。私のもっともイヴェントフル「多事」な生涯のなかでもっとも困難な時期に、あなたから受けた親切を決して忘れないでしょう。

（二〇一〇年三月二〇日、産経新聞より著者訳）

警部補は後に渋谷署長になり、警視正で退官し、二〇〇二（平成一四）年六月一日に九九歳で死去した。同氏のゾルゲ事件関係の膨大な書類は、遺族によって沖縄国際大学に寄贈された（朝日新聞、二〇〇二年六月二四日。また産経新聞、二〇一〇年三月二〇日）。写真で見ると、大橋警部補は柔和な顔をしている。

尾崎秀実は高橋与助警部によって昭和一六年一〇月一五日から同年一〇月三一日まで七回目黒署で訊問された。その後東京拘置所に身柄を移された。その間翌昭和一七年一月中は訊問が中断された。二月九日から同警部によって訊問が開始され、五月八日まで総計二八回訊問がなされた。

宮城与徳は、高橋与助警部から昭和一六年一〇月一一日一回だけ訊問された。一〇月二六日の二回目から担当が柘植《つげ》準平警部補に交代した。一〇月二七日の三回目の訊問中に、宮城は築地署三階から身を乗り出して飛び降り自殺を試みた。柘植警部補はとっさに宮城のからだを捕まえて、一緒に落ちた。それで宮城はかすり傷ひとつおわず一命をとりとめた。これ以来宮城は犯行を全部自供するようになったという。そこで四回目の一二月一五日から東京拘置所に身柄を移し、ここで、昭和一七年一月二六日まで二一回訊問を受けた。

「よう。**先生来たね**」

父徳太郎は風呂にも入れてもらえず、ろくなものを食べさせてくれず、特高に朝から晩まで一日がみがみ言われたり、どなられたり、足蹴にされたりして、訊問されたが、冬に向かう季節だったので、体調を崩した。父は不整脈が出たので、他の被疑者と同じように、昭和一八年一月に池袋の東京拘置所に移された。ここは、戦後には戦犯も入った所で、現在はサンシャインシティになっている。

入所時、拘置所の受付の看守長が、名前を見て、「化学療法の先生［医者］じゃないか。どうしたんだ。人でも殺したんか」と聞いた。そこで父が「ソ連のスパイと言われたんです」と答えたら、看守長は「戦争で気が立っているから、みんなスパイに見えるんだろう。ここは静かだからゆっくり静養するほうがいい」となぐさめてくれた。そして着ているものをみな脱いで、宅下《たくさ》げ［自宅に返す］にし、半年ぶりに、風呂に入れてくれた。そして青い官服に着せられ、せんべい布団を貰って、独房に入った。

父は半年の留置所生活で髪もひげも伸び放題で、いかにも囚人づらだった。入所して、数日後、「理髪用意」という声が聞こえたので、報知機を出した。そしたら編み笠をかぶせられ、理髪室に連れて行かれた。順番が来たので、理髪の椅子に座ったら、「先生、いよいよ来たね。待っていたんだ」と理髪師が言った。「どうして知っているんですか」と聞いたら、「おれは青山三丁目の理髪店で働いていたんだよ。先生は青山一丁目だったたな。このまえ青山署から来た詐欺罪の男が、そのうち安田博士が来るよと教えてくれたんだ」。「あの人はいい人でしたよ」と言うと、「刑務所に来るような奴は、みないい人間なんだよ。殺人罪といっても、カーッとなって、人を殺しただけで、根は単純で、正直なんだよ。先生、今度は丸坊主はやめて、髪を伸ばしな。担当［の看守］に言って櫛と鏡とポマードを買ってもらいな」と言った。同年二月取調室によばれたので編み笠をかぶって行くと、高橋警部と依田警部補が待っていて、早速これまでの取調べを土台にして聞取書《ききとりがき》が取られて、治安維持法、軍機保護法、国防保安法違反の三つの罪名で起訴が決定した。

六月に予審にまわされた。予審判事は門田実という人であった。この人は戦後松川事件の裁判長をした人で、リベラルでいい人だったという。そこで父は「私は家にいて患者を診ていただけで、宮城さんのために諜報活動をしたおぼえはありません。それなのに治安維持法、軍機保護法、国防保安法違反という三つの罪名がついています。私はそんな犯罪をしたおぼえはありません。ただ特高警察官がそばにいて、ありもしないことを書くように強制しました」と言ったら、予審判事は「私は警視庁の聞取書を問題にいたしません。しかし犯行を全部否認されると困るのです。そこで、あなたが宮城さんに話した確実な情報だけをここに書いてください」と言った。そこで、東部戦線が危ない（独ソ戦争が起こりそうだ）という情報、荒木大将へのインタビューの情報、そして日ソの開戦は八月一〇日だという情報の三つを紙に書いた。それから父は「荒木大将の話はその後笑い話として、二、三の人からも聞きましたから、国家の重要な機密に属するとは思いませんでした」と抗議したら、門田判事は、「独ソ戦勃発の当日、向こうから至急日本の対ソ情報を送れという無電が来たのです。こともあろうに、対ソ戦争主唱者の荒木大将の意見がそのままソ連に打たれたのです。あなたはホット・ニュースを宮城に取りつがれたわけです。あなたのは第一報でした。これはやはり犯罪にあたります。第二報は御前会議で決定された南北統一作戦の秘密事項でした。これは、朝日新聞の田中慎次郎政経部長が友人の尾崎さんにうっかりもらしたものでした。それで田中さんも検挙されました」と説明してくれた。高橋警部のように、馬鹿野郎、国賊、非国民という罵倒だけでは、死にきれないが、門田判事のように条理をつくして話されると、なるほどそういうものかと、納得して死ねると思ったという。そして父は三つの罪名から、治安維持法違反の一つだけになって、昭和一八（一九四三）年七月釈放になった。帰るとき、担当の老看守が「戦争が終わったら、頭休めにまたおいでよ」と言ってくれた（『思い出す人びと』二六七―二七五頁）。

ところが、父、徳太郎は帰って何日もたたないうちに、熱が出て下がらないので診てもらったら腸チフスとわかり、伝染病院に隔離された。腸チフスの潜伏期間は一ないし三週間なので、拘置所の食事から感染したのは確かだだし、父以外の人が感染していることも確かだった。今なら大問題だが、当時は報道されなかったと思う。当時は死に至る恐ろしい病気だった。特効薬が無いので、腸が破れないように、絶対安静にして、流動食をとる以外方法がなかった。それで菌が出なくなるまで二か月半ほど入院して、家に帰って来たが、からだが衰弱しているので、病後の静養に母と祖母が交代でついて箱根の湯本温泉に行った。一〇月の終わり頃だったか、父から一度箱根に来いというはがきが来たので、新宿から小田急で立ちっぱなしで箱根に行った。父は元気そうだった。

判決と弁護のこと

翌昭和一九年、東京保護観察所の保護司の藤井恵照《えしょう》という坊さんが公判の打ち合わせに父のところに来た。父はそのとき、「一審で実刑になったら控訴せずに、ただちに服役しますから、官選の弁護士さんでよろしいです」と言ったところ、この坊さんは大変立腹して、「あなたのような社会的地位のある人が官選弁護士だけですまされるのは、裁判所を侮辱されたことになります」と言った。そこで「あなたのほうで、適当にはからっていただきます」と頼んだところ、先方では坂口亮という官選弁護士と、河上肇を弁護した鈴木義男という弁護士をつけてくれた。鈴木弁護士は戦後社会党内閣のときに、司法大臣になった人だ。東京地方裁判所から公判の通知があったころ、鈴木弁護士によばれて打合せに行ったところ、鈴木弁護士は「あなたの事件の一件書類を拝見しようと裁判所にまいりました。一件書類は裁判所の記録室に保管されていましたが、持ち出すことは禁止され、廷丁《ていてい》［廷吏］がたえずそばにつききりで、筆記することも許されず、一応読んだだけで、おそろしく厳重なのに驚きました。お引き受けしたものの、あれでは弁護はできません」といかにも迷惑そうであったという。二月末に公判が開かれた。裁判長は高田正、判事は樋口勝と満田《みつだ》文彦であった。廷丁が傍聴人を全部追い出した。そして、母と叔父の高倉テルだけが傍聴を許された。大逆事件のときにも問題になった秘密裁判であった。この前年の昭和一八年衆議院議員の尾崎行雄は不敬罪に問われ、四月公判があったが、このときも傍聴は近親者と知人ら数人に限られ、秘密裁判であったという。

それはともかく、父の公判のときは、平松検事が起訴事実を簡単に述べ、懲役二年と言った。ついで官選弁護士がなにかわからないことをながながとしゃべった。ついで、鈴木弁護士が「被告は博士だが、八宗兼学でないから、マルクス主義などわかるはずがない」とちょっと弁護するようなことを言った。そのうちにわけがわらないことをながながとしゃべった。そして「かりに一歩退いて考えますと、この非常時にあたりましては……」とはっきり有罪論をぶちあげた。ここで「八宗兼学」というのは、具舎《くしゃ》、成実《じょうじつ》、律、法相《ほっそう》、三論、天台、華厳、真言の八つの宗派の教義をすべて修めたということである。三月六日の判決の日に、鈴木弁護士は欠席した。裁判長は「被告人は鈴木弁護士の弁護を聞いて喜んだかもしれないが、ああいう弁護は意味がない。被告が患者からとった診察代や薬代は被告の社会的地位からいって安すぎるのはけしからん。ただし被告の場合いろいろな方面からの意見もあってとくに情状を酌量して、執行猶予にする」として、治安維持法違反で、懲役二年、執行猶予五年の判決が下された。聞くところによると、初犯で執行猶予五年は先例のないほど重いということだった。

裁判がすんでから父は平松検事にあいさつに行き、「正直に言ってこの事件はなにがなんだか、さっぱりわからないのですが、真相はどうなんですか」と聞いたところ、「わかるはずがない。わしらでさえわからないのだから。コミンテルンというが、実際はソ連赤軍第四本部の諜報機関なんだよ」と言った。警視庁は赤軍という名前を全然出さず、高橋警部にいつも同行していた依田警部補はしつこいほど「コミンテルンのために協力した」と書くように父に強制したという。それで、これはなにか裏があるなと感じたという。昭和一六（一九四一）年四月一三日、日ソ中立条約が調印されたのだから、日ソの情報交換や諜報活動は犯罪にならないはずである。だから、日本政府はゾルゲ事件関係者を逮捕するために、コミンテルンと言ったのかもしれないと父は思ったという（『思い出す人びと』一七五―二八一頁）。そのコミンテルンはその頃には実際には活動しておらず、一九四三（昭和一八）年六月一〇日に解散していた。

＊

ゾルゲ事件の弁護士について書いてあるものはないかとさがしたところ、尾崎秀実については、実弟尾崎秀樹の記述があることを発見した。それによると、尾崎秀実は友人のたてた作戦に従って、公判廷で争うことを避け、もっぱら「恐縮の意」をあらわすことにした。そこで、私選ではなく、官選弁護士にしたという。尾崎の公判の裁判長は、私の父の場合と同じく、高田正であった。高田裁判長は尾崎と一高時代以来の友人であり、独ソ戦の前にナチス研究のためにドイツに留学した人であった。この人は、昭和一四年東京帝大教授を追われ、昭和一九年に不遇のなかで亡くなった自由主義者・河合栄次郎の義弟であった。高田裁判長は、尾崎に治安維持法、国防保安法、軍機保護法、軍用資源秘密保護法違反で死刑の判決を下した。そこで、この作戦を立てた人は愕然としたという。

さきに述べた藤井恵照師が私の父に言ったという「あなたのように社会的地位のある人が官選弁護士だけですまされるのは、裁判所を侮辱されたことになります」ということばが思い出される。俗に「蛇《じゃ》の道は蛇《へび》」という。これは、ものには、専門というものがあって、その道の者は、よくその道を知っているということである。友人だけでなく、「蛇」にも相談されればよかったのにと思う。尾崎は昭和一九年四月五日上告は棄却され、死刑が確定した。さきにも述べたが、ゾルゲも同一の罪名で死刑の判決を受けた。そしてゾルゲと尾崎は、昭和一九（一九四四）年一一月七日、つまりロシア革命の記念日に死刑が執行された。宮城与徳は獄中で昭和一八年八月二日に病死した。ゾルゲ事件の主要関係者は一九名で、起訴された者一七名、刑死した者二名であった。その他取調べを受け、後釈放された者は多数いる。

エピローグ　戦後の生活

昭和二〇（一九四五）年五月二五日夜の大空襲で、赤坂区（現、港区）青山一丁目の自宅が全焼し、北多摩郡三鷹町牟礼在住の画家・柳瀬正夢《まさむ》のアトリエに疎開した。柳瀬はこの日新宿駅西口で空襲にあい、死去した。享年四五歳だった。柳瀬は上諏訪に疎開している娘さんに会うために新宿駅に行ってこの奇禍にあったらしい。その上、遺体を埋葬できないので、私の父は医療用のベンジンを提供して燃料にしたということをきいた。終戦八〇日前のこの頃は本当にみじめな時代であった。このアトリエに住んでいたある日、アメリカ軍戦闘機の機銃掃射を受けた。パリパリとすごい音がした。アトリエは麦畑の一軒家だったからだと思う。生きた気もしなかった。その上、妹は帯状疱疹で痛い痛いと毎日泣いていた。それで前から手配しておいた群馬県の赤城山の山麓に再疎開することになった。

八月四日、中央線の吉祥寺駅から八王子に出て、八高線を経て高崎で両毛線に乗り、前橋駅で降り、私鉄に乗り換えた。この私鉄は前橋市と桐生市を結んでいた。その中間あたりに新屋《あらや》という無人駅があった。そこから赤城山の中腹に向かって歩いた。今は前橋市の近郊だから住宅地だと思うが、当時は一面の桑畑だった。行く手には壮大な赤城山が見えた。所々に藁葺きの家があった。更に行くと集落になり十字路があった。その左側に木造の建物があった。そこは会議所と言われていたが、そこが私たちに貸してくれる家だった。会議所だから、一階はだだっ広い部屋が一つあるだけだった。二階は蚕を飼う蚕室だったが、その頃は蚕を飼っていなかった。二階へ行く階段はなく、天井に大きな穴が開いていて、そこに梯子が置いてあるだけだった。台所はなく、土間に木製の流しが置いてあった。井戸は外にあり、桶に竹竿が付いていていて、その竿をくり上げるようにして水を汲み上げていた。顔はそこで洗った。トイレは家の内からも外からも入れるようになっていたので物騒な感じがした。汚物はもちろん汲み取りだった。交通機関は荷馬車で、家の前は蹄鉄屋で繁盛していた。「村の鍛冶屋」という小学唱歌を私は思い出した。

私たちが疎開した村はこういう田舎だった。この宮城村は空襲とは無縁だったが、この村に来た翌日の八月五日の夜、前橋市は一晩で焼野原になった。毎晩はるか彼方で空襲の火が見えた。あれはどの辺かなと話し合った。そのうち「明日は重大放送がある」とラジオが伝えた。そして八月一五日の正午、玉音放送があった。しかしその言葉は聞き取れなかった。「もっと頑張れということか」と思ったら、「忍びがたきを忍び以て」という言葉が聴き取れたので、「戦争は負けたんだ。戦争は終わったのだ」と思った。しかし私には何の感慨もなかった。私は兵隊になるのが嫌で徴兵延期の制度がある医専に入っていた。私が旧制高校の二次試験に落ちたとき、私の中学の先生が「お前は兵隊になれないから、東京帝大附属医専に入れ」と言ってくれた。私は東京にいるのは嫌だったから、「昨年できた官立の前橋医専に入る」と言ったら、先生は「それじゃ横浜にも医専が出来るからその願書も出せ」と言ってくれ、内申書を書いてくれた。私はそんな男だから、戦争に負けたからといって感慨はなかった。私はほっとした方だった。

そのうちに父の古い友人や親類の人が関西からはるばるこんな山奥にやって来て、父に共産党から選挙に出ろと言い出し、父もその口車に乗って、選挙に出ることになった。そこで父と母は京都に行き、選挙運動をした。しかし父も父の友人の太田典礼も共産党から出たために、票が割れて二人とも落選した。それで父は群馬県に帰ってきて医者をしたが、こんな山村でははやる訳はなく、鬱屈としていた。

私はこの疎開地から前橋の医専に通った。当時私の家は貧困のどん底にあったが、医者になれたのは学校が国立だったこと、家から通えたことだったと感謝している。しかしそのうち、戦時中は勉強ができなかったのでアカデミックな勉強をしたいと思い、奮起して受験勉強をして、医専卒業後に東京大学文学部心理学科に入った。心理学を選んだのは、それがアメリカの新しい学問だったからだ。ここに入って驚いたことは地下の研究室はすべて航空心理学研究室になっていて、「米軍占領地につき立入厳禁」となっていたことだった。後に東京帝大附属医専を出た人と知り合ったとき、この人は勤労動員で心理学研究室に行き、淡路円治郎《えんじろう》教授の仕事を手伝ったと言った。しかし詳しいことは言わなかった。航空心理学研究室は秘密めいた所があった。地上では革命歌がうなっていた。授業をする教室は人が溢れていた。文部省がアメリカの新しい教育を新制中学と新制高校の教員に教えるため一年間の内地留学の制度を設け、旧帝大に派遣していたからである。それで私は心理学科の授業は休んで、病院のインターンに専念し、医師国家試験を受けた方がいいと考えた。インターンの生活は楽しく、また大いに勉強した。そして昭和二五年五月に合格し心理学科に戻った。大学のキャンパスは昨年に比べて人の数は少なく落ち着いていた。

東大を出てから、私は市中病院に勤めた。それは東大に入ったとき、私の母親が「相談をしないで文科なんかに入った」とカンカンに怒ったので、「医者に必ずなるよ」と約束したからだった。一年もたった頃、前橋医専のときの友人が学位を取っておいた方がいいから、国立予防衛生研究所（予研）に来ないかと言ってくれた。

＊

予研が東京大学附属伝染病研究所（伝研）から分離独立した頃で、予研は伝研に同居していて、伝研は当時、白金にあった私たちの家の目の前にあった。近いから行くことにした。三か月もたたないとき、予研は目黒駅近くの海軍大学校の建物に移った。そこも近いので家から歩いて通った。私の友人は寄生虫部にいたから、私もそこに入った。当時の日本は発展途上国で寄生虫が蔓延し大問題だった。寄生虫部の小宮義孝部長は上海のフランス租界にあった日本の研究所から引き揚げてきた人だった。予研に入って間もなくこの先生に呼び出された。「君は国崎定洞《ていどう》を知っているかね」と質問された。私はこの先生は妙なことを聞くと思った。今なら優れた研究書が幾つか出版され、知っている人も多いかもしれないが、昭和二八年の時点では知っている人は皆無だったろう。しかし私は父から聞いて知っていたので、「東京大学医学部の衛生学の助教授で、昭和元年頃、在外研究員としてドイツに留学したが、ドイツ共産党員になって帰国せず、ヒトラーが台頭したときソ連に亡命して、スターリン時代に銃殺された人です」と答えた。そのとき先生は言った。「国崎さんはぼくの先生だった。逃げる方向を間違えたんだな」と私の父が言うようなことをしんみりと言った。それが印象的だった。

こうして私は国崎定洞のおかげで予防衛生研究所で働くことができた。現在の国立感染症研究所の前身である。

参考文献

安田徳太郎『思い出す人びと』青土社、一九七六年
安田徳太郎『安田徳太郎選集　二十世紀を生きた人びと』青土社、二〇〇一年
石堂清倫編『現代史資料1 ゾルゲ事件（一）』、『現代史資料2 ゾルゲ事件（二）』、『現代史資料3 ゾルゲ事件（三）』、『現代史資料24 ゾルゲ事件（四）』みすず書房、一九六二―一九七一年
板垣退助『自由党史』岩波文庫、一九七五年
絲屋寿雄『流行歌』三一書房、一九五七年
臼井吉見『大正文学史』筑摩書房、一九六三年
江口渙『作家小林多喜二の死』書房ゴオロス、一九四六年二月
大杉栄『獄中記』（近代日本思想大系20『大杉栄集』）筑摩書房、一九七四年
大宅壮一『昭和怪物伝』角川文庫、一九七三年
尾崎宏次編『秋田雨雀日記』未來社、一九六五―一九六七年
金高ますゑ『根っこは枯れず――無産者医療運動をまもった人びと』東京民主医療機関連合会、一九六七年
河上肇『河上肇　自叙伝』（一）～（五）、岩波文庫、一九九六年
河上秀『留守日記』筑摩書房、一九六七年
木村毅『丸善外史』丸善、一九六九年
久布白落実『廃娼ひとすじ』中公文庫、一九八一年
グルー、ジョセフ『滞日十年』下巻、石川欣一訳、ちくま学芸文庫、二〇一一年
近衛文麿『平和への努力』（阿川弘之他編『昭和戦争文学全集』別巻『知られざる記録』）集英社、一九六五年
『斎藤茂吉全集』第三巻、岩波書店、一九五三年
島崎藤村『エトランゼエ』新潮文庫、一九五五年

三代名作全集『島崎藤村集』河出書房、一九四一年
清水幾太郎『わが人生の断片』下巻、文春文庫、一九七五年
末松太平『私の昭和史』みすず書房、一九六三年
鈴木茂三郎『ある社会主義者の半生』文藝春秋新社、一九五八年
洲之内徹『気まぐれ美術館』新潮社、一九七八年
『第十四版 大衆人事録』帝国秘密探偵社、一九四二年
高見順『昭和文学盛衰史』講談社、一九六五年
立花隆『日本共産党の研究』上下、講談社、一九七八年
谷崎潤一郎「磯田多佳女のこと」(『谷崎潤一郎全集』第一六巻)中央公論社、一九六八年
田宮虎彦『絵本』河出文庫、一九五四年
田山花袋『東京の三十年』博文館、一九一七年
ディーキン、F・W、ストーリィ、G・R『ゾルゲ追跡――リヒアルト・ゾルゲの時代と生涯』河合秀和訳、筑摩書房、一九六七年
長谷川時雨『美人伝』東京社、一九一八年
平出修『逆徒』(『日本文学全集』一〇五巻、『現代名作選(一)』改訂版)講談社、一九八〇年
マーティン・ジェイ『弁証法的想像力――フランクフルト学派と社会研究所の歴史1923-1950』荒川幾男訳、一九七五年、みすず書房
正宗白鳥『流浪の人』河出書房、一九五一年
森正蔵『風雪の碑――昭和受難者列伝』鱒書房、一九四六年
矢野暢『日本の南洋史観』中公新書、一九七九年
山口誓子「私の履歴書」(『山口誓子全集』第五巻)明治書院、一九七七年
山代巴・牧瀬菊枝編『丹野セツ――革命運動に生きる』勁草書房、一九六九年

あとがきに代えて（編者のことば）

本書は平成二九（二〇一七）年八月に九〇歳で亡くなった私の父、安田一郎が最晩年に書きためたものを、まとめたものである。明治から終戦直後までのわが国の出来事を織り交ぜながら、祖父・安田徳太郎を中心に安田家のできごとがつづられている。安田家について、本書と重複するところもあるが、簡単に紹介させていただく。

祖父・安田徳太郎（一八九八―一九八三）は、九歳上のいとこの山本宣治（関西人はそれを略して山宣と呼んだ）の影響をうけながら宇治で育った。山宣は若い頃にカナダで学び、自由と民主主義を身につけて帰国し、京都大学や同志社大学で生物学を教えていた。山宣は労農党代議士となり、昭和四年、治安維持法改正にただ一人反対し、その晩、都内の止宿先で刺殺された。

祖父徳太郎は旧制三高をへて京大医学部を卒業した。在学中の大正一一年、山宣とともに、来日した米国の産児制限運動家マーガレット・サンガー夫人と会い、産児制限運動に従事、無産運動にかかわった。戦前の共産党弾圧事件である三・一五事件、

安田一郎、自宅書斎にて
平成25年

四・一六事件の救援活動にあたり、小林多喜二の拷問死の際は解剖のために奔走するなど、戦前の左翼活動家の診療、救援を続けた。昭和一七年、ゾルゲ事件に連座して検挙された。戦後は執筆に専念して、昭和二六年から『人間の歴史』を出版し、当時ベストセラーとなったが、多くの批判も受けた。

本書を執筆した父・安田一郎（一九二六―二〇一七）は安田徳太郎の長男として生まれた。徳太郎は日本における最初のフロイトの訳書として『精神分析入門』を大正一五年から昭和二年にかけて出版したが、当時の医学界からの評価は散々であった。一郎は昭和二八年に『精神分析入門』の改訳版を出版した（角川文庫、一九五三年）。その頃の東大心理学科はゲシュタルト心理学と新行動主義心理学が正統で、フロイトの名前を口にするのもはばかられたという。長らく横浜市の病院や大学に勤務し、心理学や性科学の翻訳や研究を続けた。

本書を出版いただく青土社とは、先代社長の清水康雄さんが河出書房にお勤めの頃から知遇をいただき、多くの訳書の出版や、雑誌に執筆をさせていただいた。祖父徳太郎は晩年の昭和四九年に『思い出す人びと』の執筆の機会をいただいた。この本は当時、各紙で書評に取り上げていただき、本書でもしばしば引用されている。その四〇年後、父一郎までも、現社長、清水一人さんから破格のご厚意で本書執筆のご依頼をいただくことになった。父一郎は、亡くなる直前まで本書の資料の収集に余念がなかったが、生前にはまとめあげることができず、安田家三代の合作となった。

父は一介の心理学者に過ぎないが、二・二六事件やゾルゲ事件などを見聞きした最後の世代である。本書は令和の世となり、遠くなった激動の昭和の裏面史として貴重である。改めて父に本書の執筆の機会を与えて下さった青土社の清水一人社長、篠原一平さんと、編集にご尽力いただいた石井真理さんに深く御礼申し上げます。

なお、引用に関しては、細かなところで元になった本と一致しない部分がありますが、著者が既に故人であることから、あえて手を加えなかったところがあります。ご理解いただければ幸いです。

安田　宏

令和二年二月

ゾルゲを助けた医者
安田徳太郎と〈悪人〉たち

2020年 3 月31日　第一刷発行
2020年 8 月31日　第二刷発行

著　者　　安田一郎
編　者　　安田　宏

発行者　　清水一人
発行所　　青 土 社

〒101-0051　東京都千代田区神田神保町1-29　市瀬ビル
［電話］03-3291-9831（編集）03-3294-7829（営業）
［振替］00190-7-192955

印刷・製本　ディグ
装丁　桂川 潤

ISBN978-4-7917-7257-5　